丝路百城传

丝路百城传

特立,不独行

"丝路百城传"丛书
刘传铭 主编

THE
BIOGRAPHY
Of
LINQING

大运河文化的支点

王树理 著

临清传
Linqing

CIPG 中国国际出版集团　新星出版社 NEW STAR PRESS

总　序

刘传铭

如果说丝绸之路研究让我们洞见了一部全新的世界史，一定会有人表示惊讶与质疑；

如果说城市的创造是迄今为止人类文明进程中最伟大的事情，则一定会得到人们普遍的支持与认同。

"丝路百城传"丛书的策划正是发轫于这样一个历史观的文化叙述：

丝绸之路是一条无路之路；

丝绸之路是一条既古老又年轻，"不知其始为始，不知其终为终"的漫漫长路；

丝绸之路是一条历史时空里时隐时现，变动不居，连点成线，连线成网的超级公路；

丝绸之路是点实线虚，点变线变，点之兴衰即线之存亡的交通形态，那些关山阻隔，望洋兴叹的城市，便如一颗颗璀璨的明珠镶嵌在路；

丝绸之路是一个文化概念，叠加其上的影像曾被不同国家不同民族的人们呼作：铜铁之路、纸张之路、皮毛之路、奴隶之路、铁蹄之路、黄金之路、朝贡之路、宗教之路；

丝绸之路是中西文明交流与传播、邦国拓展、民族融合之路，也是西方探秘中国、解码东方之路，更是我们反躬自问"我是谁？我从哪里来？我向何处去？"的寻根之路、回家之路；

丝绸之路是今日中国走向世界的新起点、新思路，是"一带一路"中国倡议走向人类命运共同体的未来之路……

无可否认，一个世纪以来，丝路研究之话语为李希霍芬、斯文·赫定、斯坦因、伯希和、大谷光瑞、于格、橘瑞超、芮乐伟·韩森、彼得·弗兰科潘等东西方人所主导。然而半个世纪以来的大国崛起，正在使"夫唯不争"之中国快速走向文化振兴。我们要将《大唐西域记》《真腊风土记》的传统正经补史、继绝往圣、启迪民智、传播正信，同时也将丝绸之路城市传文学以实为说、以城为据、芳菲想象、拒绝平庸的创作视为新使命、新挑战。让"城市传"这样一个文学体裁开出新时代的鲜花。

凭谁问：昆仑巍峨、河源滔滔、玉山储秀、戍堡寂寞；

凭谁问：旌节刻恨、驼铃悠远、琵琶起舞、古调胡旋；

凭谁问：秦汉何在、唐宋可甄、东西接引、前路正新；

凭谁问：八剌沙衮今何在？罗马的钟声谁敲响；

凭谁问：撒马尔罕的金桃今何在？帕米尔上的通天塔何时建成、何时倾倒；

凭谁问：伊斯兰世界的科学造诣何时传到了巴黎和伦敦；

凭谁问：鉴真大师眼中奈良和京都的樱花几谢几开；

凭谁问：乌拉尔河上何时传来了伏尔加河的纤夫号子；

凭谁问：杭州湾的帆樯何时穿越马六甲风云……

诗人说：这条路是唐诗和宋词的吟唱，是太阳和月亮的战争；

军人说：这条路是旌旗卷翻的沙漠，是铁骑踏破的血原；

商人说：这条路是关涉洞开的集市，是金盏银樽的盛宴；

僧侣说：这条路是信仰鲜花盛开的祭坛，是生命涅槃的乡路……

一个个城市的前世今生，一个个城市的天际线风景，一个个城市的盛衰之变，一个个城市的躁动与激情，一个个城市的风物淳美与人文精彩，一个个城市的悲欢离合，一个个城市的内动力发掘与外开拓展望，一个个城市的往事与沉思，一个个城市的魅惑和绝世风华……

从长安到罗马和从杭州湾到地中海是卷帙浩繁的"丝路百城传"丛书的框架结构，也是所有参与写作的中外作家和编辑共同绘制的新丝路蓝图。《尚书·舜典》有"浚咨文明"之句，孔疏曰："经纬天地曰文，照临四方曰明。"《论语·雍也》曰："质胜文则野，文胜质则史，文质彬彬，然后君子。"又《易经·贲卦·象辞》曰："刚柔交错，天文也；文明以止，人文也。观乎天文，以察时变；观乎人文，以化成天下。"故文化乃"人文化成"而以文教化"圣人之教也"。"周虽旧邦，其命维新"，丛书编纂与出版岂非正当其事，正当其时也！

读者朋友们，没有踏上丝路，你的家就是世界；踏上丝路，世界才是你的世界、你的家园……唯祈丛书阅读能助君踏上这样一个个奇妙无比的旅程。

丝绸之路从远古走向未来，我们的努力也将永无休止。

戊戌谷雨前五日于松江放思楼

历史年表

24亿年前，藻类和细菌开始在临清繁盛，无脊椎动物偶有发现。

5亿年前，临清地块被抬升成陆地。鱼类、两栖类和爬行类动物开始出现。地表覆盖着茂密的森林。

3亿多年前，临清地块再次下沉，形成滨海沼泽。当时的气候温暖潮湿，植物茂盛，海洋生物丰富。以前地表的森林则形成煤炭层。

2.5亿多年前，临清全境又上升为陆地。气候由温暖潮湿变成干旱炎热，植物逐渐稀少。

1亿多年前，临清未出现侏罗纪恐龙，但侏罗纪蚊子十分繁盛。最早的蛇、蛾和蜜蜂以及许多新的小型哺乳动物出现。

2000万年前，临清气温寒冷干旱，到处是冰川，山东羊、猛犸象、四不像等哺乳动物兴起和繁荣。

200万年前，中国出现人类祖先，山东最早的人类还要再等150万年。

1.5万年前，冰期结束，临清气温终于回暖，但还是一片湖沼，不适合人类在此生活。

七八千年前，临清水草丰美，气候温暖湿润，开始有人类聚居，来的可能是北京猿人、沂源猿人或金牛山猿人。他们以农业为主，渔猎为辅。

临清先民早期披发文身，后期着兽皮、麻服。喜欢吃熟食，煮小米饭，蒸河鱼、猎物，有饮酒之风。

五千年前，临清的部落成员参加了"涿鹿之战"，这是黄帝和蚩尤集团在今天的河南、河北、山东交界地带进行的大规模战斗，是远古历史上最大的一次战役。最后黄帝胜了。

春秋时期，临清最早属齐国，后陆续改属晋国、卫国。

战国时期，临清属赵国。

秦实行郡县制，属东郡。汉朝，属冀州部魏郡。

三国时期，属魏地，属司州部阳平郡。

晋朝，属司州部阳平郡。

十六国时期，临清之名正式开始出现，临清之名始于后赵，取临近清河之意。

南北朝时期，临清属济州部济北郡。齐周属清河郡。

隋初废郡存州，后又废州为郡，临清属贝州清河郡。

唐代，临清属河北道贝州清河郡。唐代临清出了个名人，叫吕才，是唐代哲学家、唯物主义思想家、无神论者、音乐家、自然科学家，更难得这是一位自学成才的大家。

五代十国，后唐明宗李嗣源在临清戴湾建行宫（即皇殿岗遗址），后周将领昆仑大师，因兵败隐居于临清龙潭寺，传下"潭腿"，是临清武术最早的记录。

宋代，临清属河北东路大名府魏郡。诞生一位临清史上唯一的文状元，即临清肖寨乡杜洼村的王岩叟，乡举、省试、廷对皆为第一，三元榜首。

辽、金时期，临清属大名路大名府恩州地。这一时期，多有金人从草原迁徙至此。

元代，临清府县分治，临清府为万户府（全称"临清御河运粮上万户府"），属枢密院直辖，治所在今天津大直沽；临清县属中书省濮州。漕运总司设在河西务，分司设在临清。

明代，临清发生巨变。一是明朝的大迁民使临清人口剧增，临清土著人占十分之九，大多数人为山西和胶东迁民。二是漕运钞关的设立及临清贡砖窑的大量建设，给临清带来了五百余年的富庶繁荣，一举成为全国重镇，升格为临清州，外筑土城，内筑砖城，本地人加上各路商贾，人口数量接近百万。

临清明初为县，弘治二年（1489年）升为临清州，领馆陶、丘县，属山东布政司东昌府。

清代，顺治元年（1644年），临清州不领县，属山东省东昌府。乾隆四十一年（1776年），临清州升为临清直隶州，领夏津、武城、邱县，直属山东省。

1912年，临清直隶州降为临清县，山东省废府设道，境域为济西道（治所在聊城）。

1914年改为东临道。1926年改属德临道。1927年废道级建制，直属山东省。

1936年，山东全省下设12个行政区，区设行督察专员公署。鲁西北为第六区，临清时属第四区。

1940年4月，成立鲁西北行政主任公署，下设泰西、运西、鲁西北、运东4个专署，是时临清属鲁西北专署。

1941年6月，临清属中共中央北方局冀南行署第四专署。

1943年，临清属冀鲁豫行署第七专署。

1945年9月，临清解放，原临清县分设为临清市和临清县，均属冀南行署第一专署。

1948年5月，临清市升为临清专级市，县为市领。

1949年3月，临清因棉花哄抢造成"临清事件"，复降为县级市，县、市分治。

1949年10月，改属河北邯郸专署；11月改市为镇（县级），县、镇分治。

1952年11月改属山东德州专署。

1952年12月改属山东聊城专署。

1954年改临清镇为临清市，临清市、县分治。

1958年县市合并，置临清市，属聊城专署。

1963年撤市复县。

1965年1月，将临清县卫运河以西的五个区划归河北省邢台专区，建临西县。同时将河北馆陶县的潘庄、八岔路两个区划归临清县。

1983年8月，撤销临清县，设立临清市。

开头的话 / 1

第一章　沙性的土地柔性的河流 / 7

第二章　金线线 / 27

第三章　一条大河波浪翻 / 33

第四章　大运河在临清留给人类的文化遗产 / 61

第五章　马可·波罗和利玛窦对临清的印象 / 81

第六章　出粮出兵的地方 / 91

第七章　漕粮的兑运调拨与交仓 / 109

第八章　漕运的税收管理 / 135

第九章　临清青砖 / 155

第十章　源远流长的临清哈达 / 175

第十一章　临清的街巷胡同 / 197

第十二章　临清人家的市井生活 / 219

第十三章　舌尖上的临清 / 243

第十四章　临清的婚丧习俗 / 261

第十五章　临清猫事 / 275

第十六章　走进明清著名文学作品里的临清 / 297

第十七章　临清的曲艺 / 315

第十八章　帝王故事与平民心态 / 335

第十九章　临清的教育 / 347

第二十章　诗人臧克家与临清 / 373

第二十一章　走进宛园 / 385

第二十二章　生长着的城市 / 401

后　记 / 431

开头的话

当我空负着一个写作者的名号，要为地处鲁西北平原上的临清市立传的时候，说不尽的迷茫和理不清的困惑，便一股脑儿涌上心头。这是一座有着一千多年历史的老城，它的年龄就像脚下的黄河冲积平原，被一次又一次的黄河改道冲刷过、洗礼过。而每一次岁月的过滤，都会给已有的文明积淀和时光的沧桑糅进新的色彩。作为一种生命历程的记录和蓄势待发的能量，被存进了历史的光盘。

撰写如此厚重的一本地方性史书，不仅要有丰富的历史知识储备，更要对这片土地及与之相连的社情民意有一些必要的了解与知情。而这些对于我，还是有不少短腿与幼稚的。即如对本书所要表述的明清以来的大运河的漕运而言，我就比较生疏。翻阅《漕运全书》，看《明史》《清史稿》等，当然十分重要。但钻进去还得走出来走到"丝路百城传"这套书籍的立意与要求上来。于是，在收集资料之余，我去临清，去感受那片土地，感知那些父老乡亲的所思所想和民风民俗。

我站在鳌头矶古老而神秘的观望台上，看那"七分朝天子、三分下江南"的运河水，浩浩汤汤自南向北，在一条被人类用肩膀和铁锹开掘的长达一千七百九十多千米的河道里,恣肆而又平和地向前奔流。我回望脚下临清市区那鳞次栉比的高楼,正在毫无节制地扫荡着昔日宛如人体里的血管似的街巷胡同,情不自禁地打一个寒战:这就是那个在明朝初叶至清朝前期被称作可以与美丽富饶的苏州古城比肩的"天下第一商业古城临清"吗?这就是那个被那位赫赫有名的意大利旅行家兼商人的马可·波罗称为:"有环墙城村甚众,皆大而富丽,工商茂盛……临州城(当时临清是州的建制,马可·波罗沿用了民间习惯上的简称)名与城名同,盖国之都也。是为一富贵城,居民是善战之士,颇务工商,有带羽毛之猎物甚饶,凡适于生活之物,悉皆丰富。其城位置于上述之河上,河中有船舶甚众,船身大于前章所著录者,所载贵重货物甚多"(中华书局《马可·波罗行纪》第 135 章第 521 页)吗?还有,这里就是与马可·波罗同为意大利人、比他来华时间稍晚一点的传教士或者说是行走者的利玛窦记载过的那座平原上的富丽堂皇的城市吗?

带着这样的疑问,我行走在临清市里那些已经被岁月雕饰得面目全非的街巷胡同里,翻看着那些线装的或电子版的各种县志,和赵钱孙李周吴郑王的私家牒谱,竟然惊奇地发现,这里的居民,虽然也有祖上来自山西洪洞"大槐树老鸹窝"的,但更多的是徽商、晋商、苏商和陕西、内蒙古、甘肃等地商人的后裔,有许多人家的谱序里都有着当年在漕运的河道里经商,后来落籍到临清的记载。更让人惊叹不已的是:在古城临清,有两座被列入大运河文物保护序列的专供回族人礼拜用的清真寺,距今已有 700 多年的历史。据当地穆斯林群众说,本来还应当有一座更古老更雄伟的清真寺,后来被"破四旧"给毁掉了。保留下来的这两座,至今仍是我国北方建筑风格最好的清真寺。它建于明代,是典型的中华宫殿式建筑。除了建筑的墙垣、门楣、窗棂上装饰了伊斯兰教风格的木雕、砖雕、瓦当和各种花卉等之外,大殿和前殿的墙壁上,有着伊斯兰教建筑物特有的花卉雕饰，既体现了这个宗教无任何偶像崇拜的理念，又遵从了中国式建筑端庄、轻巧、玲珑、活泼、纤细、通透、朴素、淡雅、秀丽、雅致的风格。这两座紧靠大运河的古寺，以中国园林建筑的特色为中心，借助大运河河道的自然形态，将回族人敬主爱人的理念，寓于园林与河道相互照应的理念之中，表现出建筑自然化与回族风俗相适应的特点。是宗教坚持中国化方向、与中国社会融为一体的有力佐证。居住在临清城乡的穆斯林有两万多人，是山东省为数不多的几个回族人口较多的城市之一。这些穆斯林人口，不少是当年漕运大兴，临清成为全国最大的粮食转运基地的时候，朝廷派来的御用军队里的卫士的后代，更多的是明清商业鼎盛时期，沿丝绸之路从甘肃、宁夏、内蒙古等地迁徙而来的买卖人的后裔，在姓氏的分布上，也是沙、马、丁、黑、白、宛、杨、陈、金、米等具有地方回族特点的布局，也有的是沿着海上的丝绸之路，从广州、泉州、扬州等地登陆后，沿着大运河漂泊而来的波斯人。他们的先人，或者赶着成群的骆驼，越过浩瀚无际的沙漠丘陵，走过群峰叠嶂、戈壁连连的崎岖山路，来到中国后，又辗转到运河岸边，最后才来到这座富丽堂皇的临清古城。或者，他们压根就是怀揣着强烈的发财梦想，由海上的丝绸之路弃船登岸，跟着凌濛初笔下《拍案惊奇》里的那位用两筐柿子下南洋、换回无价之宝的商人，到中国发大财。历史成全了他们，临清的繁华与昌盛形成的巨大磁场，让这些对经商有着特别敏感又天生不怕迁徙的人们选择了临清。于是，他们跟着临清繁荣的脚步，一步一步地走过来，一辈一辈地奋斗过来，以至于最终成为中华民族大家庭里的一员。正是从这样的实际出发，我的临清笔墨，便有了一个活生生的民族融合的范例。

也许这样的范例还只是这个地处中原地界的运河古城包容性的一个很小的侧面，如果读者于阅读的惊奇与希望之余，打问一下临清从明朝开始为西藏的布达拉宫等佛教寺庙织造精美的哈达，直到十世班禅额尔德尼·确吉坚赞的晚年，还仍然点名他所用来进行各种宗教和交往活动的哈达，必须用临清的哈达。或许这哈达经过几百年的佛性浸润，已经具有了保佑一方水土上的百姓平安富庶、人杰地灵的秉性，所以几百年来，临清人才辈出，精英卓荦。

不分男女、不论民族、不计贫富，闻其达者远道辐辏而来，慕其名者梯山航海、远涉重洋匆匆而来，不管是明弘治、正德年间的文学流派，"前七子"的李梦阳、何景明、徐祯卿、边贡、康海、王九思和王廷相七人，还是后来嘉靖、隆庆年间出现的李攀龙、王世贞、徐中行、梁有誉、宗臣、谢榛、吴国伦以及后来加入的余日德、张佳胤等"后七子"，都先后把临清作为他们设坛开论、阐述自己文学主张的基地和讲坛，在这里留下了知识界研究与争论的学风和习气。虽然在文学主张上各有千秋，甚至形成明显的对立，但是他们多负气节，对腐败的朝政和羸弱的士气不满，强烈反对当时流行的台阁体诗文和"哗缓冗沓，千篇一律"的八股习气。

撂下这场争论给中国文坛带来的影响，来说咱们的临清。临清这座连接大运河南北的交通枢纽城市，确实对中国的历史产生过不小的影响。自从大运河南北全线开通之后，一种追求读书进仕的上进之风，日渐兴盛，先后出现了谢榛、柳佐、王朝佐、左良玉、吕恒安等一批武功文治的官员和学者，加上后来以兴办义学而闻名的堂邑县柳林镇人武训，在临清兴办"御史巷义塾"。武训五十九岁的时候，在这所学堂里与世长辞，给临清人留下了一种尚文好学、追求上进的社会风气。到光绪二十五年（1899年），一位曾在济南参加过社会进步活动的新青年吴秋辉，又回到家乡创办教育，成为曾在中国文坛上颇有影响的人物。进入民国时期，临清人受新社会风气的影响，出现了不少敢于"开眼看世界"的先驱和爱国者，这其中既有与中国共产党的创始人邓恩铭一起参加五四运动，并在邓恩铭同志担任省委书记时，成为山东省委秘书长、后来被敌人告密后惨遭杀害的张廷焕，在红军长征途中病逝于贵州的中国工农红军的红五团侦察作战科科长刘振亚，还有在抗日战争中亲笔书喻全军将士"为国家民族死之决心，海不枯，石不烂，绝无半点改变"的国民第十三集团军总司令、第五战区右翼兵团总指挥张自忠将军，都是临清这块大地上的人杰鬼雄。

当我在临清县的人物档案里寻找那些可歌可泣的民族英雄的脚印时，在这条以大运河为链条，衔接到丝绸之路的地方记忆的存盘里，竟有那么多为民族、为人类的英雄儿女、志士仁人，是从古老的大运河踏浪而来，又从临清的鳌头矶乘坐着一艘小帆船走向了世界，走到了人类文明的巅峰。这其中当然包括那位曾在临清中学任语文教员的著名诗人臧克家，正是他用诗人独到的眼光从临清人民在内忧外患交相摧压下，看到了"千斤的巨力往肉里扣"的穷苦百姓，在岁月的重压之下，昂起高贵的头颅，反抗阶级压迫和列强侵略的顽强斗争，看到了中华儿女立志为中国的富强而努力奋斗的矫健步伐和伟岸身躯。那位在二十世纪曾以浓墨重彩的大写意中国风享誉中外的穆斯林画家黑伯龙先生，与他同出于临清黑庄，后来担任宁夏回族自治区政府主席的黑伯里先生，真的是把故乡与"一带一路"紧紧连接在一起。还有，那位大名鼎鼎的季羡林先生，在他以九十九岁高龄告别这个世界的时候，牵挂的依然是老家临清送给他的那两只有着一黄一蓝的鸳鸯眼睛的波斯猫，或许在老人家的眼里，波斯猫之所以成为临清的特产，并且受到许多人的交口称赞，除了它的温顺依人、灵秀乖巧，也是故乡的一份作为丝绸之路上的一个重要节点的铁证与荣耀吧……

当我的临清传记被他们这些历史创造者的浓墨冲开笔锋的时刻，我的这个权当是全书楔子的开场白也该给正文让路了。

The
biography
of
Linqing

临清传

沙性的土地柔性的河流

第一章

临清市位于山东省西北部，漳卫河与古运河交汇处，与河北省隔河相望，是山东西进、晋冀东出的重要门户，是京九铁路自北向南进入山东省的第一站，举世闻名的京杭大运河从县城穿过。甚至可以说，如果没有这条河流，这座城市也就不会如此光鲜诱人。翻转远去的历史，这座有着历史悠久的文化名城，正是有了大运河这条能让中国的历史现出耀眼光芒的河流，才让这座曾屡遭黄河冲刷的土地，在元代之后的岁月里，尤其是明清，凭借大运河漕运兴盛而迅速崛起，成为当时中国三十个大城市之一，赢得了"富庶甲齐郡""繁华压两京""南有苏杭，北有临（清）张（秋）"等种种美誉。

这个城市是山东省聊城市下辖的八个县市中一个县级市，过去叫临清县，在最后一次成为县级市之前，也叫过临清市，但时间都很短暂，还叫过临清专属，总体上是叫"县"的时候比较多。

为这样一个名气很大、变化很多的县级城市立传，让我想到了莫泊桑的短篇小说，从体量上看，或许它很小，但是它折射出的光芒，却未必不能唤醒人类的关切与思考。我真的这样想过，临清在"一带一路"这个话题里面，与当下的京津沪以及广州、青岛、深圳、大连、福州、厦门、南京等一大批入选的城市相比，似乎有某种地位不对称的感觉。但是，作为古老的京杭大运河岸边的一座古老城市，它却是明清之际中国最为繁华的商品集散地和最大的漕运码头。翻开中国历史的画卷，当我们对焦一个民族前行步履的时刻，竟然发现，漕运作为一种与国家命运紧密相连的经济手段而存在的时刻,从秦朝建立统一的王朝之后,历朝历代,皆为国之"要政"。中国古代各个王朝,通过水道将各地的粮食等物资运至京师,以满足官俸、军饷和宫廷的消费。随着历史的发展和自身功能的拓展,漕运的含义有了更为广泛的社会性。而正是这样,才画龙点睛般地给了临清一次成为"一带一路"上重要漕运港口和码头的机遇。这宛如给一位惯于用肉眼看世界的人,配备了一架能够开眼看世界的高倍望远镜,让人有了一个打开封闭视野的契机。毫无疑问,这样的眼光带来的,当然是一颗大心脏的迅速形成。当一个人有了一颗能够包容与吸纳的心和眼界的时候,他对前景的展望和对历史的回望,都会出现一个几何级数的变化。我们看到,明清之前的临清人,在拿到这架望远镜的时刻,他们心理上,还是喜欢看一看来时的路,至于什么看世界,还是再观察一下时局的变化吧。于是,人们把望远镜架在眼前,开始朝着那段漫长而又尘土飞扬的道路,回望,回望。来时的路啊,怎么这么漫长……

黄河的秉性

在临清的大地上行走，弯腰抓一把脚下的土，朝着下风口顺手一扬，便成为一缕黄色烟尘，轻轻地飘走了。扛一把铁锹，朝着地皮使劲一扎，齐刷刷的剖面上，便有清新松软的土层展示给你，把这刚刚翻起的新土抓在手里使劲一捏，那沙性的感觉，便顺着手掌传感到心灵，原来，这沙性的土地，竟是那么柔和，那么温暖，那么乖巧，就像母亲那温暖的手掌抚摸着孩子的面颊，怪不得它能长出那么好的庄稼！造物主把如此肥美的土地置放在这个地处华北平原核心地段的所在，并且在它的土地上安放了一条超凡脱俗的黄河。而这条富有灵性的黄河，也是领受了造物的使命，承担起了塑造与打磨下游的黄淮海平原的任务。那浑黄的河水，从遥远的黄土高原，一路披荆斩棘，浩浩荡荡，遇到高山，把它劈成两半；遇到峡谷，将它截成湾转。削铁如泥，它剥蚀了黄土高原的表层；浊流翻卷，它把一路捎带的沙壤留给了平原。当然，也把那在高原难以生存的生命——草木种子和被吹到河道里的杨花柳絮等植被因子，带到平原，带到了水土肥美的土地。而这片广袤无垠的平原，就是大自然最为宽阔的胸膛，它接纳沙，接纳水，也接纳数不尽道不明的各种生命与植被。像一位手握巨笔的画师，涂抹着凸凹不平的山川大地，铺陈下这适宜人类居住的地形。我详细地翻阅了临清的土壤地质资料，惊奇地发现，这片辽阔的大平原，最初也是凸凹不平的丘陵和沼泽，只是由青藏高原迢迢而来的这条黄河，在流经黄土高原的时候，将那可用来再造平原的泥沙挟裹了过来，用它那纤细而又温柔的耐心与公平，一点一点地抹平了那些原有的落差与凸凹，又让那从上游挟裹来的生命，在这里深深地扎下根，再次获得了生根发芽的机会。于是，草有了，树有了，樵夫、牧童、渔夫、织娘们来了，那鱼、那虾、那牛、那羊、那飞禽、那走兽也来了，沼泽变成了适宜人类安身立命的所在。

黄河下游冲积平原的沙土，是半干旱气候条件下，形成的第四纪陆相沉积物，是由未经固结、并且50%以上为直径0.005—0.05毫米的粉体颗粒所组成，这些颗粒一般呈灰黄色，富含易溶盐及钙质结核，黄土中含易溶盐及钙质结核。这种土质性松散，具有肉眼可见的孔隙，柱状节理发育，干燥时较坚实，遇水浸润后易崩解。中国黄河下游冲积平原上，面积涵盖山东省九地区四十八县（市）。临清市就是鲁西北黄河冲积平原的核心地段。其境内土壤在地质历史上，属于黄河第四纪覆盖平原，由渤海凹陷大陆下沉逐渐为河流沉积物填充而成。境内土壤的形成，约七千年至八千年的历史，在地形、时间和生物等因素的综合作用下，经过人们长期的生产经营等活动，具备一定的肥力基础后，由母质转变为土壤。由于黄河的冲击与沉淀，全市逐渐形成砂质、砂壤质、壤质及黏质地。到20世纪末，全市褐土化潮土共有57万多亩，占全市大约一半，潮土近40万亩，占全市的31%，盐化土、风沙土、白潮土等22万亩，占约12%。

从有文字记载以来的记录看，曾经发生的二十六次黄河改道，其中四次是流经临清的。最早的记载是周定王五年（公元前602年）。那次黄河是在河南淇县东南的宿口一带发生的改道。那次灾难到来的时候，平坦坦的原野，顷刻间变成一片汪洋，庄稼被吞没了，房屋被推倒了，"人或为鱼鳖"的惨状目不忍睹。狂妄恣肆的黄河水，像脱缰的野马，横冲直撞地由河南荥阳以北和南乐以南、河北大名以北夺路进入山东冠县、临清、高唐、夏津、武城，再向东北方向的德州、吴桥、沧州、黄骅入海。这一次，黄河在临清境内游荡了四百七十年。

第二次则是汉元丰二年（公元前109年）黄河在上游的瓠子口一带的壅塞处改道，回归到二十多年前的古道。这一次，黄河又在临清游荡了一百二十多年，直到王景治水，黄河才结束在临清的肆虐。到北宋嘉祐五年（1060年）和绍圣元年（1094年）的那两次黄河决堤，照样没有放过临清，前前后后在这里折腾了四十多年，才把这片土地淤积成砂质土壤。

在沉积沙土层从十多米到一百多米不等的黄河故道里，虽说河道已经淤平，但是，它的沙性特质却难以更改，风沙涝碱也就成了黄河冲积平原上的心病。在地形、时间和生物等因素的综合作用下，临清与华北平原上绝大多数的地域一样，似乎永远也走不出与大自然的周旋与较量。旱涝沙碱轮番上演着考验人类意志的活报剧，也教会了人们许多"物竞天择、适者生存"的生存技能，形成了人们与古老的黄河既息息相关、互为因果，又相互依赖共生的关系。让人肃然起敬的母亲河，就是她用她温柔却又严酷的心肠，长年累月、不舍昼夜地、一点一点在为她的子民造地、造房、造福气，长草、产粮、生鱼虾。黄河母亲辛勤地抻拽，终于在这个东方国度自然条件最为适宜人类居住的地方，抻拽出了这片硕大无朋的平原。

人们口口相传的黄河水患，也是公元前602年的那次黄河大决堤。大概那次水患太过于凶悍了吧。或许，人们完全可以把那个尚处于蒙昧时代、大自然强加给人类的灾难用语焉不详的托词给省略掉，但是，造物用"山川焕绮，以铺理地之形"的鬼斧神工，却从来也未曾停下脚步。黄河奔腾着，咆哮着，抛洒着它挟裹的泥沙，在西出太行的黄河下游抻出这片广袤辽阔的黄淮海大平原的时刻,就把自己的心尖尖置放到了这临近清漳河的地方。直到历史的车轮滚到后赵时候,才有文人墨客用"临清"两个具有地理特征的字眼,命名了它的乳名。漳河的水是清澈的,它在上游被称为清漳河,那里就是清澈的。然而,临清的寓意并未能给这里带来清澈如许的河流。漳河水一旦流入黄河冲积平原,便顺随了黄河的浊流翻卷。在这里与黄河交汇之后,便有了那条浑黄咆哮的大河的脾气;大河边的人们,依旧要承受年复一年的旱涝频仍。

《尚书·禹贡》里记载的"九河"中,几乎包括了太行山以东、山东境内所有的地方性河流。这些河流包括:徒骇河、马颊河、鬲津河、太史河、钩盘河、简河、絜河、胡苏河、覆釜河,而从太行山脉夺路而来的清漳河,走到临清就与徒骇河、马颊河一起,在临清的土地上流过。它们折磨着这片土地,也爱护着这片土地,如果没有这么多"盛水的家什儿",那黄河决堤时形成的大水,还不知要冲刷掉多少民房村舍,或者像无处躲藏的野兽,用锋利的爪牙挠出数不清的沟壑与旋涡?这下倒好了,这么多的内河承接着黄河的泛滥,总能把翻卷的黄流送进烟波浩渺的渤海湾。是的,地势平坦,河流密布,旱涝灾害频仍,正是造物与生俱来的秉性。从这一点说,黄河母亲在点化这片土地的同时,也把经常出现的河流决堤、十年九旱、蝗灾虫乱当成砥砺她的子民奋斗精神的磨石,引导着人们,在与各种各样的困难与灾害的斗争中,蝉蜕着脆弱的农业经济带给人类的不足与弱点。

土地的祈祷

人类自从有了人的等级，便有了利益的追逐和地位的差别。作为临清这片土地上的平民百姓，所期望的当然是四平八稳的安居乐业和小康生活。但是，作为统治者的利益集团，却有着长生不老、开疆裂土、升官发财、呼风唤雨等数不尽的欲望与幻想。于是，人们便按照各自的心理期许，学会了用虚妄的祈祷充填心灵的办法。从秦汉时期，这片土地便有了庙宇，有了香火。临清之名始于后赵，意思是临近一河清水——这是一个多么富有诗意的名字！如果安居乐业的人能守着一河碧如蓝的清水，那真是天堂般的日子。在先秦时期的战国，临清隶属赵国。秦朝，这里还不叫这个名字，它被称作东郡，到了汉朝，又属于魏郡。正是离西门豹治邺的核心地带不远的所在。从这些变来变去的地名上就可以看出，不管是祈求长生不老的秦皇嬴政，还是拿着漂亮女孩的生命当儿戏去祭祀河神的巫婆，骨子里都有着某种为了一己之私而不惜把人类安危推向悬崖的基因。

由此推论，那位被他的下属用"鲍鱼混尸"的诡计抬着返回长安的死去的秦始皇，肯定是走在临清时犯了急病的，这不仅可以从古老的县志里看到记载，事实上那个沙丘城，也就在离此不远的河北省广宗县境内，当时的临清也和广宗一样，同处于秦始皇病亡的东郡沙丘，临清真的离这儿很近，加上当年县一级的建制还在逐步完善与探索之中，沙丘城真的就有与临清同属于一个行政圈子的可能，尽管今天的认证，已经把沙丘即临清的结论推翻，但是，从大的行政区划，特别是还原到当时的那个历史境遇，说临清属于沙丘也并非不是可能。

在数不尽的达官贵人把富贵和长寿作为祈祷的目的而顶礼膜拜的时刻，民间的祈祷却是依托土屋矮庙，把各类泥塑大仙放置其中。这在"南朝四百八十寺"的社会舆情下，实在是司空见惯。临清民间各式各样的原始宗教崇拜，也就应运而生了。伴随着整个中国社会的信仰危机，难以数计的城隍庙、天王殿、大雄宝殿、财神庙、关帝庙、灶王庙、碧霞祠、观音堂等，不计其数的这庙那寺，就如沙滩上的杂草，密密麻麻地出现在还没有真正开化的平原上。祭河神、请财神、求子嗣、求长寿、求平安、求稳定一类的这寺那寺，出现在遍布城乡的角角落落。与此相并而行的巫婆、信士、占卜、打卦等迷信活动，也开始在平原上盛行，一种以祈求人生平安、子嗣旺盛、多子多福和稼穑丰盈、六畜兴旺为愿景的膜拜，在临清的许多人中间蔓延开去。尽管这样的膜拜事实上并无作用，但是由于它在许多低能神职人员的助推下，形成了被神化的舆论涟漪，客观上填补了人们心灵的巨大空虚，竟也赢得了许多市场。祭河神，就是临清曾经的一个习俗。早在盛唐时期，境内就有了祭祀黄河的河神庙、祭祀漳河的漳神庙。时至今日，那条以漳神庙为背景而出现的漳神庙胡同依旧存在。然而，在人们善意的期待与大自然固有的运行规律之间，祈祷却从来替代不了规律。临清的历史上，仅仅有文字记载的黄河改道，就先后发生过四次之多。但是，每一次都是黄水挟裹着泥沙的匆忙转身与狂躁夺路。平原上的人们西望长安，借问苍茫大地：何时，才能将百姓心中的一片期望，化作一汪能够滋润人心的清流？

灾难过后，土地开始自己的祈祷。这在有着强烈的思维能力的人类看来，似乎有些不可思议。但是，造物既然成就了它，就不仅仅是让人类来践踏，来走路，它是一个承载人类所有活动的天平，它呼唤着上苍给予它的这种本能，得到大自然的厚爱和人类的关注。它把那些泼辣而又茁壮的种子收留下来，密密实实地撒在了平原的角角落落。于是，茅草有了，苍耳有了，柽柳有了，刺槐与爬山虎都有了。它们不怕旱，不怕涝，不怕碱，也不怕无情的野火与冬雪——春风吹又生，成了它们生命的宣言。上苍保护着这些虔诚的生命，因为它们是土地的使者，是土地祈祷上苍的代祭者。它们无私地祈祷，必将呼唤出一个替天行道的智者，用智慧和善良，战胜无知与愚昧，征服大自然强加给人们的灾难，还百姓一个安居乐业的环境。

王景治水的临清故事

懂得土地，能知道它的思虑，不是所有人都能做到的。有的人把土地当成人类活动的载体，精心服侍，种地宛如绣花，积极配合土地的要求，让土地最大限度地为人类服务；并且能从土地的自然属性中看到，土地与天、人相并列，"日月垒璧，以垂丽天之象；山川焕绮，以铺理地之型；此盖道之文也。仰观吐曜，俯察含章，高卑定位，故两仪既生矣。为人参之，性灵所钟，是谓三才，为五行之秀。"（《文心雕龙·原道》）。达到刘勰这样的认识高度的人，不是很多。然而一旦有了这样的胸怀，就必然是国家的栋梁之材，是名副其实的"五行之秀"。也有的人虽然知道土地的功能，经营起来却受到眼光与胸怀的限制，要么封疆裂土，圈地为王；要么以一己之私或小集团利益为念，陷入争权夺利的怪圈和计为己谋的"小算计"，难成大器；还有一种人，压根只知道自己的蝇头小利，根本不懂土地属性，一味索取，甚至认为只要把土地神拜好就行。临清县的发展史上，就曾遇到过对大自然不同态度的人，对山川河不同态度的争论。围绕王景治水引发的那场争论就是具代表性的一次。

把王景治水单挑出来，作为本书的一节，旨在还历史一个公道。关于王景治水，除了史书，很少有记载这次解决黄河几百年安全问题治河工程的文字。临清作为其中的一段，虽然不能代表全貌，却也能以管窥豹，记住这位了不起的水利专家。

王景治河的故事只是发生在黄河在临清四次改道中的一次。它或许并不具有临清独立个性的特征，但是那次黄河在魏郡的决堤，临清的确是处在灾难的核心，并被列为治理的重点才让它具有了某种让人一看便知的典型意义。王莽始建国三年（11年）夏天，奔腾呼啸的黄河像脱缰的野马，在河南魏郡决堤。年久失修的黄河大堤，危机中的百姓，在随时都有可能被洪水吞噬的危机中惶惶不可终日。为了夺取政权而筋疲力尽的王莽新政，哪里顾得上平民百姓的生死？决堤的河水，迅速淹没了兖豫二州的数十个县，地处黄河故道的临清（当时叫清渊县），当然也逃脱不了灾难的肆虐。匪夷所思的是，这次决堤，竟持续了五十八年。虽然这期间出现过三次帝王交替，却全是"恒兴它役，不先民急"，苦难中的黄河两岸百姓虽然想了不少办法，但全是"小补之哉"，解决一点临时的困难，过不了几天，又被大水冲毁。人们只能任凭肆虐的黄河在广袤的平原上东闯一头、西闯一头，四处泛滥，反复成灾。

汉永平十二年（69年），被黄河水患折腾得寝食不安的汉明帝刘庄，在听取了诸多人对黄河水患治理的意见之后，把水利专家王景招进宫里，请他谈谈对黄河治理的想法。这个王景，是个生长在山东半岛的汉子，字仲通，祖籍琅邪不其（今山东即墨西南）人，是个从青少年时期就酷爱学习的人，"好天文数术之事，沉深多技艺"。早就立下了建功业于社稷、救生民于涂炭的大志。这次黄河发大水且长期没有得到治理的现实，让他看到了朝廷争权夺利、不理民词的态度，给山川大地带来的满目疮痍。作为一名水利官员，王景在履职的十几年中，一直在黄河决堤的河北大名到山东千乘（今山东利津）这长达一千多里的黄河两岸奔波，临清是他必须经过且又经常勘察和研究灾情的地处，他一次又一次地呈上自己写的奏折。当时这个名叫清渊县的地界，属于冀州刺史部的魏郡管辖。王景多次出入这个屡遭黄河淹没的地方，从当地百姓的口里知道，"黄河翻了脸，清渊没人管""阴雨时久，河水泛滥""域内旱蝗成灾，粟一斤黄金一斤"，清渊县百姓苦不堪言。于是，他为民请命，屡上奏折。直到汉明帝刘庄从诸多的奏折里发现了他的见解和主张，才知道这位从青年时期就苦读《山海经》《水经》等重要典籍的人，在协助水利大臣王吴修治浚仪渠的时候，出了许多好主意，拿出了从根本上治理水患的方案，他积极主张并认真采用的堰流法，就是让这条为害多年的河流得到治理的重要措施。这次勘察黄河决堤，王景目睹五六十年来水旱灾害给平原上带来的灾难，这足以让一个对家园社稷有着慈悲与善良情怀的人为之动容。水灾如此严重，民不聊生，难道还能让水灾永无休止地延续吗？望着被撕扯得七零八落的平原，一种重整山河的责任心和敢于担当的精神交织在一起，心智的温床，催生着他写下了一份又一份奏折。那以浚渠为样本的条陈，写得有理有据，看得汉明帝眼前发亮。于是就请一些朝廷大员当庭讨论。让汉明帝出乎意料的是，大臣中竟有一些人，用"瓠子河决堤尚数年不即壅塞"为借口，主张"任水势所之，使人随高而处，公家息壅塞之费，百姓无陷溺之患"。这种放弃对决堤的黄河进行治理的想法，不仅仅是懒政怠政，根本是胸中无社稷，眼里无百姓。王景据理力争说："沿袭弊端，容忍黄水泛滥，百姓不得安宁，稼穑荒芜，百业废弛，我大汉国将不国。"汉明帝让王景把他的治河方略做一个全面陈述，王景口若悬河，滔滔不绝地讲起了自王莽三年黄河决堤以来，平原上民不聊生的情景，阐述了自己观察和研究到的水患活动规律，根本和要害是堰决堤溃，当堵不堵，当疏不疏。要想让黄水归漕，必须"疏决壅塞"，修筑一大批水利设施，"十里立一水门，令更相洄注"，使之"无复遗漏之患"。说到这里，王景把自己耗费数年心血绘制的治河图拿给汉明帝看，上面密密麻麻绘制着从河南荥阳到山东黄河入海口的千乘（今山东利津）这一千多里河道上的各种水利工程草案，其中，仅拦河坝、分洪河道就设计了几十处，用于疏浚和灌溉的"水门"设计了一百多处。经过激烈的辩论，王景的治河方略得到了进一步完善和充实，也获得了皇帝的恩准。

就在这一年汛期即将到来之前，声势浩大的修复黄河堤岸的工程从东到西全线展开。废寝忘食的王景白天现场指挥，审视每一项工程的方案，谋划着每一个需要不断完善的细节。经历一年多艰苦卓绝的施工，永平十三年（70年）夏天，大功告成。除了黄河下游的壅塞得到治理，作为漕运大动脉的汴渠也得到了根治。这年秋天，汉明帝到黄河下游沿岸视察，看到两岸大堤巍然屹立，几十道水门更相洄注，肆虐了一个甲子的"黄龙"乖乖地按照人们的意志注入大海。不由得赞从心出，话自口来，加封王景为护都水使者。自那之后，黄河八百年没有出现重大决溢改道，黄河中下游农业生产和社会发展不仅较快恢复，而且有了长足的发展。古老的黄河冲积平原，在这段漫长的岁月里得到了休养生息，平原上的沙质土壤经过农民的辛勤耕种，有了很大改善。在临清，直到今天人们说起王景治水还都津津乐道，说那是黄河最安宁的一段时间。

平原上有一条金线

神话与故事，在中国上古时期的文学萌芽中，是具有钥匙和导师作用的。不管是那些让全国人民耳熟能详的《盘古开天地》《共工触不周山》《羿射九日》《女娲补天》《夸父逐日》《精卫填海》《愚公移山》，还是一些地方性的神话传说，都在一定程度上起到了开启人们的心智、启发人们进行深度思考的作用。甚至由一个故事或者一段传说，形成一个地方某种特质的作用。

大概在很早的时候，临清人就有讲述南蛮子憋宝故事的传统。说的是古时候，有一伙儿说着谁都听不懂的语言的南方人，来到临清一片沼泽连绵的大洼里，肩头全都扛着铁锨，手里拿着各种各样的家什，围着长满芦苇、茅草的大洼，转了一圈又一圈，后来就不声不响地撤走了。后来，坊间的人们便开始传说，说是临清的大洼里是有条金牛的，因为被这伙儿憋宝的南蛮子给偷走了，所以把风水给破坏了。如果不是这样，好日子会来得快一些。如今，金牛没有了，看来，临清的苦日子还早着呢。

这故事的真伪且不去管它，但是临清地界确实在历史上多灾多难、旱涝频仍却是一个不争的事实。从隋唐五代到宋金元初，整个华北平原就是连绵不断的战乱和交替出现的各种自然灾害。唐代天宝年间发生的安禄山、史思明对朝廷的叛乱，把临清变成了抗击叛乱的主战场。当那位以平原太守的身份扼守九达天衢德州的颜真卿，在距临清很近的德州陵县，振臂一呼，联盟天下英豪抗击安禄山、史思明叛乱的时候，临清人义无反顾地投入了这场捍卫大唐王朝锦绣江山的伟大斗争，他们既出粮，又出兵，保证了这次"一十七郡联盟"平乱的顺利进行。

安史之乱被平定之后，一位能掐会算的江湖术士，行走在临清的土地上，他晃动手中的枣木罗盘，煞有介事地预测：这地方的土地太好了，只要一打眼，就可以看出，这里的土地上有一条贯穿南北的金线线。把这条金线线呈现在世人面前，临清的富庶将堪与天下最富的地方相比美。于是人们再次相信，那些会憋宝的南蛮子，并没有把这里的金牛挖走。力大无比的金牛抖了抖身子，把自己变成了一条金线线。只要找到它，耐心地打磨，它就可以成为一条连接四面八方的金光大道。这故事真让人提气，人们坚定地相信，这个由术士旋转着枣木罗盘推算出来的结论是对的，那个让人昼思夜想的生存环境是会来的。到那个时候，临清不再空有其名，境内会有一条作为国家大动脉的河流穿境而过，人们可以站在河岸上临流垂钓，也可以如子在川上，放飞诗思，敞开遐想，在平安惬意的日子里，编织一些对岁月的感叹与寄托。或许，那条金线线的尽头，就是临清人的金牛。

然而，这样的日子并不是靠遐想和浪漫等来的。那条曾经给这方水土带来土地，带来村舍，带来稼穑，带来牛羊，当然也带来风沙的黄河，又在平原上跌跌撞撞地摇摆了几百年，才在有宋一代，执拗地翻了一个身，朝着徐（州）泗（洪）淮（河）的方向远去了。留给临清的，依旧是那一望无际的平原阔野，人们在与风沙旱涝碱的较量中，虽然也赢得了一手老茧和紫棠色的肌肤，学会了让新生儿从娘胎里走出来的第一件事就是穿温热了的"沙土口袋";将田地里生产出来的板栗、瓜子,用盛了沙土的铁锅加温炒制后便格外香甜可口等,但是,这一切都不能改变大自然留给这片土地的贫瘠。黄河走远后的日子,"十年九旱"便成了华北平原上一个定则。

平展而又贫瘠的土地留给了华北,留给了临清,是要锻打一下这片已经历尽沧桑的土地吗?还是像那来此憋宝的南方人说的那样,把这片土地上的那条金线线抻拽出来?守着黄河的京城几经迁徙,从咸阳到西安、又从西安到洛阳,到了大宋王朝,竟又沿着母亲河的轨迹来到了东京汴梁(开封),看来,这条金线线也快出现了。

大概任何美好事情的出现,总要伴随着难以预料的痛苦与纷争,宛如一位即将分娩的母亲需要阵痛的折磨。

宋王朝经历了积贫积弱的病痛之后,终于在徽钦二帝手里,把好端端的江山拱手让给了金人。完颜阿骨打的队伍占领中原后的第一件事,便是将大批的蒙古人迁徙到内地来。金代天会五年(1127年),临清县城由如今的河北省境内,东迁至离原址几十里之外的曹仁镇,不到十年时间,便开始大规模接纳由蒙古草原上迁徙而来的女真族人口。天眷三年(1140年),由女真草原迁徙而来的女真人,在燕南淮北地区,已经多达五六万人。北人来此屯田之初,基本上不懂稼穑之道。出于对农业技术的学习,尚能与当地百姓合作。随着他们自己经营农业的逐渐熟练,由蒙古迁徙至山东、河北交界处的女真人猛安谋克,开始与汉人发生土地纠纷。田亩和财产的争夺,已导致大批原有汉人失去田宅。到大定三年(1216年),金廷将失业农民迁往地处豫南豫西的陈、蔡、汝、颍等地。到贞祐四年(1163年),临清地面已是灾民遍地,饿殍遍野,"人相食"。如此激烈的民族矛盾,激发出来的抗金斗争,很快席卷了中原大地,这场斗争在你方唱罢我登场的走马灯中,很快被金戈铁马的元世祖忽必烈所取代。1259

年，蒙古军攻克鄂州，继续向南入侵。1271年，忽必烈登基，成为元代的开国皇帝。德祐元年（1275年），就在文天祥任赣州知州的时刻，蒙古军队黑压压地入侵过来。文天祥主动组织义军保卫临安和他的防地，多次击退蒙古军队的入侵。第二年，他被擢为右丞相，派往元军大营进行谈判时被扣留。1279年，忽必烈突然要求把文天祥押送大都。他们从远在岭南的广东，押解一位至死不肯投降的宋臣文天祥，经由大运河至元大都，一段多么遥远的路程！走到临清，这位高吟着"人生自古谁无死，留取丹心照汗青"的汉子，目睹祖国大好河山满目疮痍的惨状，内心无比悲哀。来时的路上，他把自己满腔的悲愤吟成长歌，写成诗词，痛斥蒙古军队的暴行，呼吁人民奋斗起来积极投入抗敌斗争。如今，来到颜真卿抗击安史之乱的地方了，这条承载着民族命运的大运河，就曾经作为中原地带抗击敌寇的主战场。抚今追昔，一种大丈夫宁死阵前不死阵后的担当精神，让他与那些以民族的生死存亡为己任的民族英雄发生了联想。在临清和德州交界的大运河岸上，他突然想起了当年颜真卿平定安史之乱的壮举，雄心相同的感慨，让文天祥获得作诗的灵感。于是，在那被限制的没有方寸自由的木笼囚车里，他出口吟出那首怀念平定安史之乱的平原太守颜真卿的《过平原》诗，表达了自己像颜真卿一样至死抗敌的气节。那一时刻，这位被世人奉为气节之臣的英雄，目睹黄河冲积平原的辽阔而平坦的土地和百姓企盼早日安居乐业的愁苦与愤怒，也似乎看到了临清这片土地上的那条金线线。这让他更加坚信"天地有正气，杂然赋流行"，于是他下定了"以身殉道不苟生，道在光明照千古"的决心。铿锵有力的诗句脱口而出的那一刹那，文天祥似乎也看到了那条铺陈在平原大地上的金线线。他坚信，这一天一定会来到。

The biography of Linqing

临清传

第二章 金线线

历史，按响了临清的门铃

大概人们不会想到，几百年之后，当年疏通大运河的一段补充性工程，会成为当今中国实施"一带一路"倡议的一个可资纪念并再度起航的重要节点。这就是临清，这就是那个闪耀着金灿灿光芒的金线线上的要冲。

元代的忽必烈，到底是经多见广的一位能人，尽管他到处开疆辟土，却没能把挣来的江山保存下来，但是他的眼光还是有的。做了元朝的开国皇帝，定都大都做京城，这个一统大业、万古千秋的美梦，让他不得不重新谋划作为国之大策的交通运输业。如果解决不了这个问题，别说南上北下，西出东走，就是京城的官员、军队、守备、勤杂人员和数以百万计的居民的这张大口，都难以喂饱。于是，他想到了运河。这可是一条贯通华夏南北的交通大动脉呀。

说起运河，就想到历史。秦汉时期，政府把河南的粮食转运到陕西；隋唐以后，则将东南的粮食转运到西北；伴随着粮食转运而形成的漕运制度，使大运河从开挖的那天起，就成为丝绸之路的重要组成部分。这种现象的产生，一是首都所在地人口密集，需要较多的粮食；二是粮食生产受

临清彰卫运河（徐延林摄）

农业生产条件和水利设施的制约。临清作为黄河流域的集中产粮区，远在战国时期就曾开始兴建较大的水利工程。魏文侯时期（公元前445—前396年），西门豹担任邺令的时候，就在临清上游的临漳一带挑浚十二条河渠，引黄河水灌溉农田。到魏襄王时期（公元前318—前296年），继承了西门豹的基业，邺令史起再度开挖沟渠，引漳水灌溉。这样的经济导向，催生出一大批类似水利专家郑国式的人物；秦国完成的泾水流域水利治理，也使得关中平原四万顷卤泽之地成为良田（以上见汉书第二十九卷《沟洫志》；《史记》第二十九卷《河渠书》）。光武帝刘秀对黄河的治理，似乎比先秦的帝王更加关注。从他对长安至黄河和河东地区的汾阳、皮氏、蒲坂的治理，到刘彻下令开发洛河，到曹操令扬州刺史刘馥修筑芍陂、茹陂、吴塘诸堤岸，挑修沟通淮河的睢渠，令邓艾兴修寿春的水利，在颍南北部开凿沟渠六百多里，灌溉农田两万顷，极大地促进了农业生产的发展，这里成了政府的税赋要区。由东晋历经宋、齐、梁、陈，淮河流域变成了抗拒北朝的重要基地，军需补给与财政支出的需求，让统治者越来越清晰地看到，兴修水利，拓展交通，将是朝廷立国执政的基础，如果解决不好这些调整经济利益、促进商品流通的环节，国家的权力将受到严重威胁。尤其是隋唐时期农业经济重心南移之后，首都长安对粮食的需求变得更为紧迫，历史像嗷嗷待哺的婴孩，呼唤着漕运制度的诞生。而从地理布局和可以借助的工程来看，由东南而向西北，正好有古代遗留下来的运河，如东汉所开掘的由黄河到淮河的汴渠；东晋所开掘的引洸达汶到东阿的运河，加上从长江到淮河的运道，都是可以连成一条黄金水道的运粮河。隋文帝以他独到的眼光，看透了这件事，也撬起了金线线的一个线头儿。他命令宇文恺开凿大兴城西北到潼关的广通渠；后来为了发展漕运，又开凿了扬州的山阳渎。到隋炀帝时期（605—617年），又征发大批农民，对运河再度整修，实现了把原有的运河全部沟通连接的目标，引洛水达于黄河，再遏河入汴，开邗沟入江、淮，南北之间，运道开始畅通，粮食转运大幅度增长。为了接纳来自南方的粮食，隋炀帝又设置洛口、回洛等地的仓储设施，挖建总共可以储存粮食八千石的地窖三千三百个。这个举世闻名的伟大工程在隋朝大业七年（611年）全面完成。

  有意思的是，就在前一年的夏天，在中亚红海沿岸的阿拉伯地区，被奉为真主使者的伊斯兰教创始人穆罕默德，也宣布了伊斯兰教的诞生。当年，这些长于迁徙的伊斯兰教徒就沿大运河来到了中国的中原地区经商。看来，金线线的传说还真的有些道理，中国隋代大运河的开通，就让许多西域人来华经商的触角伸到了西安，谁能说他们今后不会像东方扩展呢？经过盛唐、北宋等朝代的融合，到元代，许多信仰伊斯兰教的西域来客，才由胡商、番客，逐渐演变成一个中华民族大家庭里的成员——回族。让人惊讶不已的是,这个优秀民族不仅在临清存在了下来,而且成为山东境内大运河两岸回族人口较多的一个县。后来,随着明代大运河漕运码头的建成,一些从京城而来的看守仓廒和保护漕运的御林军中,又有大批穆斯林军人相继加入。一千多年来,这些曾经的"胡商""番客"和守军,就这样一步一步完成了伊斯兰教中国化的转变,成为民族大家庭中优秀的一员。他们不仅是本地发展经济的一支重要力量,而且在"一带一路"的串连与传递中,起到了穿针引线的重要作用。直到今天,那个全市最大的纳税大户、回族企业家宛秋生,仍然是山东省企业家的优秀代表,他修建的那座江北最大的苏州园林风格的"宛园",也成了临清、聊城乃至山东境内的代表性园林。而就是这位穆斯林企业家,至今仍然保留着与"一带一路"沿线一些国家的紧密联系。他的主业——棉纺织品,80%以上的产品都行销国外。

　　历史,就这样敲响了临清的大门。从此,这条金线线便成为临清由内地走向世界的通道。这是个被先人们打造了若干年的光明大道,不管你叫它"丝绸之路"还是如时下更能概括它的基本功能的"一带一路",这个黄金通道带给人们的,将不仅仅是经济的交流,还有人与人之间的和谐之美,国与国之间的友好往来,还有世界大同的美好期盼与展望。

The
biography
of
Linqing

临清传

一条大河波浪翻

第三章

打通咽喉的期待

对于古老的大运河，不是明清之际才知道打通会通河是一条最为经济的路径。然而，大清河以南与大清河以北形成的高程落差，却使这段距离不算很长的航道成为大运河南北全线通航的咽喉。元代建都燕京，大运河原来东南西北走向的运道，已经不再适用，于是，在山东境内开凿会通河，使之北接御河，下达清泗；至徐州与黄河交汇，南通江淮。为此，向南又开贾鲁河，以畅通颍、蔡、许、汝之间的河道；向北，再开由京师到通州的通惠河。这样的构想，毫无疑问是南北大运河全线贯通的创始。然而，新开的会通河，岸狭水浅，根本漂不起运载过重的船只。有什么办法让这段咽喉之地成为吞吐正常的航道呢？

这真是一场漫长而久远的期待。细数这一段让人心焦的历程，我们不能不把过程拉得更为长远一些。让读者了解了这段事情的来龙去脉之后，或许对临清成为漕运大码头的经历更加明了。那就从女真人入主中原的金代开始说起吧。

当龙争虎斗的角逐，让政权的更迭呈现出改朝换代甚至迁都易主的关键时期，许多基础设施和定制，将会成为一场不可避免的再造或者更易。

南宋王朝以徽钦二帝的被掳而寿终正寝的时刻，女真人的大金王朝粉墨登场了。女真原为辽朝的臣属，天庆四年（1114年），金太祖完颜旻统一女真诸部后起兵反辽。于翌年在上京会宁府（今黑龙江省哈尔滨市）建都立国，国号大金，建元"收国"。并于1125年灭辽代，两年后再灭北宋。贞元元年（1153年），海陵王完颜亮迁都中都大兴府（今北京）。金世宗、金章宗统治时期，金国政治文化达到巅峰，金章宗在位后期由盛转衰。金宣宗继位后，内部政治腐败、民不聊生，外受大蒙古国南侵，被迫迁都汴京开封府（今河南开封）。女真贵族大肆占领华北田地，使得双方的冲突加剧，汉族纷纷揭竿而起。1234年，金国在南宋和蒙古南北夹击下覆亡。

成吉思汗统治的那个王朝，取代金朝的时候，仍然把大都作为自己的首都。从至元八年（1271年）蒙古人元世祖忽必烈建立元朝开始，到洪武元年（1368年）秋，明太祖朱元璋派兵北伐攻陷大都为止，元朝在全国的统治结束。前后共计九十八年。成吉思汗从1206年统一漠北诸部，建立大蒙古国，到攻打西夏与金朝，前后苦战了二十二个年头，1227年，八月攻灭西夏，元太宗六年（1234年），三月攻灭金朝，完全占领华北。在西方，蒙古先后发动三次西征，使蒙古帝国称霸欧亚大陆。元宪宗九年（1259年），那位在征伐宋朝的战争去世的蒙哥，在九泉之下看到的，是他领有汉地的四弟忽必烈与受漠北蒙古贵族拥护的七弟阿里不哥为了争夺汗位而发生战争。而这场战争的胜者忽必烈，是一位雄心勃勃的枭雄式人物。他于至元八年（1271年）改国号为"大元"，建立元朝，即元世祖。至元十三年（1276年）元朝攻灭南宋，统一全中国，结束自唐末以来四百多年的分裂局面。然而，忽必烈的大元，也是一个缺乏国家治理经验的王朝。它的鼎盛，也就是从元世祖忽必烈、中间夹一个成宗铁穆耳再到元武宗海山的三四十年。再往下的元仁宗、英宗等人，六七任皇帝，一个比一个不成器。随着军事上平定西北、征战日本和东南亚诸国的失利，出现了皇位频繁更迭、政治脱离轨道的情况。一些先前列入规划的事情，也由于怠政懒政和通货膨胀等因素被迫中止。对黄河泛滥的治理和开挖北线大运河的工程也因元代末年爆发的大规模农民起义而停了下来。到洪武元年（1368年），朱元璋建立明代后，元廷在明代大将徐达北伐攻陷大都后，终于退居漠北，成为被称为"北元"的一个落日王朝。这场乱哄哄你方唱罢我登场的闹剧，又迎来了大明王朝的再试牛刀。刚刚取得政权的朱元璋，多么希望自己的江山万古千秋！

然而，历史却永远不是一个按照统治者的主观意图朝前发展的乖孩子。它有自己的规律。规律，往往是遵循着民心——这个看上去像是虚拟，但却很实在、很实用的载体向前运行。深谋远虑的朱元璋在他生命的最后时刻，为了避免他那些被封了王的儿子再起杀戮，便标新立异地把王位传给了自己的长孙朱允炆。其实，这样的安排并不能消除封王们的野心，且不说诸王对朱元璋的这个做法心存不满，对争夺皇位觊觎已久的他们，怎能眼看着自己的踌躇满志化为泡影。于是，就在朱允炆登基不久，一场由燕王朱棣以"清君侧之恶"的名义发动的"靖难之役"便展开了。这场斗争至建文四年（1402年）由朱棣荣登皇位而告结束。关于这场斗争的前后经过，我在二十年以前，曾写作过一部纪实体中篇小说《第二百零七根骨头》。在搜集相关资料的时候，我惊奇地发现，这位名叫朱棣的皇帝，真的是有些不容小觑的地方。重振先帝霸业的雄心，让他在做了皇帝后的谋篇布局上，便有了一些独具慧眼的事情。第一件事，就是迁都。这不仅是出于对历朝历代定都黄河流域的咸阳、西安、洛阳、开封等"东府旧基"的反叛，也不是对六代豪华的金陵古城的眷恋与依赖。他做燕王的若干年里，拥兵十万，早就与守护内蒙古一带的宁（内蒙古宁城）王朱权，有了密切的合作。而且，他通过驻守北京，弄懂了女真人和蒙古人选择大都作为首都的初衷。这两个民族不管是从白山黑水的哈尔滨起事的女真人，还是祖祖辈辈从草原上成长起来的蒙古人，都有"逐水草而居"的游牧特征，是从草原上成长起来的民族，他们在发迹的过程中，积累更多的是马背上征战与草原上游牧的经验，仅从经营国家的角度看，从草原畜牧业到农区粮棉油这样的跨度，以及民众的生存习惯、风俗人情等，不能不说是一道无形的屏障。就像一只凶猛的豹子，争取到汗漫辽阔的中原大地，却不知道从哪里下口的困惑，让雄心勃勃的他们不得不把首都确定在刚刚跨过燕山山脉的大都。这里，进可以大都为中心，挥师南下，开疆辟土；退则北依自己老家那辽阔的草原和马上打天下的作战特长，又有坝上草原和燕山山脉为依托。既然北人可以这么设想，身为大明天子的朱棣，有着比他们更加长远的谋略。于是，朱棣做了皇帝十九年，把都城由金陵南京迁到北京。这样，即取得了南可以控中原、牵湖广，西可以驭旧京、安陇西，北可以扼草原、定边陲，东可以强海防、征列强的优势。北京城，实在是天赐的风水宝地。美中不足的是，这里缺乏水，缺乏一条横贯南北的水路作为交通运输的大动脉。如果有一条能用作漕运的河流，那该是一件多么让人拍手称快的好事。应当说，这个想法不能说不是上策，金人、元人都曾想过，但是他们由于种种原因，把许多该做的事情都给耽误了。大明王朝要让自己江山永固，就必须接受前朝的教训，把利用大运河漕运的事情做好。否则，作为支撑国家正常运转的粮食征运，就无法顺利进行。从长远看，漕运的社会意义与社会功能，必须定格在保证经济运转中的新格局能顺利开展工作，同时只有漕运正常运行，才能保证中国社会形成越来越紧密而广泛的各种关系，并把这种政治能力渗透到社会生活的各个领域和诸多方面。

但是，定都在哪里，都必须控制中原，确保江南，驾驭西南，稳定西北。为此，就必须让田畴四海平整，仓廪粮食充盈，交通发达，国防稳固……而这些事情都得一件一件去办，只有让自己所有的手指都动起来，才能在七弦琴上弹出和谐悦耳的音符。

敲定了大的治国方案，朱棣开始了他密谋已久的水利工程——疏浚大运河。只要把从德州到临清、再从临清到济宁的这段河道挖通，实现削弯取直，就能导流河水，让南来的水流涌进运河，实现运河通航，大运河就会一改绕道迂回的局面，成为名副其实的黄金水道，成为当朝的漕运大动脉。就可以更加有利地统筹与调拨以粮食为主的战略物资，也可以让南北之间、东西之间早已有之的丝绸之路，出现更为广泛的社会交流。然而，这是在前人基础上的再尝试，只有认真研究勘察好地形地貌，吃透前人成败的经验教训，才能少走弯路，取得成功。提升大运河的航运功能，成了让明成祖寝食难安的大事。

从1415年到1419年，朱棣这个事关全局的行动有条不紊地开始了。他像指挥一个战役的统帅，先开挖了北京至通州的通惠河。在开挖通惠河的同时，紧锣密鼓地对从德州至临清再到东阿的会通河进行前期准备。其间的困难是不少的。比如，怎样让来自南方的运河水流到黄河冲击平原？如何让低水位的水流流向高水位涌流，并能使河道正常通航？地处九河下梢的鲁西北及鲁北地区，历史上就是有名的黄泛区，怎样让大运河跨过密如蛛网的山东内河的问题，等等。在朱棣的眼里，所有这一切只要下决心去做，就没有办不成的事。只要把人的积极性调动起来，把人的智慧开发出来，是一定能解决的。这位处在专制集权政治最高位置的帝王，知道大运河的作用，他会不惜一切财力物力和人力，为自己江山的巩固而奋力一搏。

朱棣的这个设想是对的。他甚至做梦也在想，如果大运河能把临清这扇大门打开了，一条金光灿灿的水上交通的金线线，就会明晃晃地铺陈在横贯黄淮海平原的大地上。临清的门铃被叩响，作为丝绸之路上重要节点的北方重镇，像一只展翅高飞的雄鹰，扇动起了它巨大的翅膀。想到这里，朱棣经过反复考虑，要派遣他的最为得力的水利大臣宋礼，去督办这件确保会通河早日开通的工程。

在后面的章节里，讲到白英治水的时候，我会有一个完整的交代。

大运河的漕运功能，让临清这座城市的国家职能迅速提升。漕粮的征收、兑运、交仓，无一不与这座冀鲁交界的县城联系在一起。明代的漕运制度，实行的是每年由山东、河南、江苏、安徽、江西、湖北、湖南、福建八个省份，征收漕粮和白粮，运贮北京通州各仓，以供皇室食用，王公、官员的俸米以及兵丁之需。其中除白粮之外，计有漕粮 400 万石，耗米 235 万石，共计 635 万石，内除折耗、蠲免、改折及截拨等项，历年需要直接运抵京师的漕米有 300 多万石。

如此的漕运重任，不仅彰显了临清在华北平原上对京师人口有着"以食为天"的作用，在国家税收中占据着的重要地位，而且，它以漕粮贸易为基本交易系统的经营，必定带动中国的南北东西，以牵一发而动全身的综合功能形成丝路城市中一个十分重要的节点。于是，一座座粮食转运与仓储的设施，顷刻间仓廒迭起，码垛连云，通往装船码头和卸船码头的牛车和搬运工，你来我往，熙熙攘攘，穿梭不停。随着这些漕运仓储设施的兴建，临清作为连接中国南北方水上交通大动脉的一座商贸城市，以前所未有的速度和建筑风格的另类，呈现在世人面前，像一株被运河水滋润过的金合欢，迎接着四面八方的商贾大旅，成为丝绸之路上一片灿烂夺目的东方朝霞。

在写作本书的过程中，我走在临清的土地上，望着碧波荡漾的大运河和它身边的这座城市，陷入了深深的思考。对临清来说，它的时来运转，是从一条大河的全线贯通开始的。鳌头矶下面北去的一河碧水，波光潋滟，微风吹来，就像一首抒情诗，把两岸的景物收入怀中。当年的先哲们真有眼光，假如当年没有开凿会通河，运河一直按照昔日的老道航行，把

民国时期运河全图（孙震提供）

从江南征集起来的粮食，经过古老的邗沟、汴渠再绕道开封、陕西等地，把粮食运到北京，那浪费的巨大财力物力且不说，仅就绕开黄淮海冲积平原这个历来都是中国农业最为发达的地域来说，也是相当不划算的。明王朝的执政者当然是聪明的，他们不仅从前朝的方案中看出了其中的一些端倪，更从自己迁都北京的实际需要，把治理影响大运河畅通的会通河的开凿提上议事日程。

这是一段连接北京与江南最近的航程。自从元代建都燕京，原来东南西北走向的运道已不适应。于是开凿山东境内的会通河，北接御河，下达清泗，至徐州会黄河，南通江淮；又开贾鲁河，以通颍、蔡、许、汝之漕，再开由京师到通州的通惠河，初步形成了南北大运河局势。

20世纪末叶，我一直想从杭州湾起步，沿大运河走到北京，用双脚丈量一下这条长达1794千米的大河，但是，当我走到山东济宁、临清这两个地方的时候，脚步便慢慢地放了下来。这个地方，留给世界的东西太多，让人思考的事情太多。尽管随着中国步入近代社会后，漕运便在社会的巨变中由强变弱，有些河段甚至出现周期性停运，但我仍然对这条金线线情有独钟。

为了会通河能行船

问题的症结很清楚。这段让几个朝代的帝王都为之忧心的河段，真的就不可以改变吗？毕竟在这段长达三百华里的河段上，存在着南低、北高，落差达一百多米的障碍。要让大清河以北的张秋、临清的运河河道全都漂起船来，可不是几张圣旨或御批就能解决问题的。

在与侄子朱允炆进行了残酷的权力角逐后夺取了皇位的明成祖，清扫了朱允炆残部，稍稍平稳了一下局面就想到了把国都由南京迁到北京的问题。到永乐十九年（1421年）便把京城由南京迁往北京。然而，要让这个曾经是自己封地的所在全面履行好国家机器的职责，就必须有充足的物质基础来保障正常运转和京师贵族官僚及守卫军队的生存。同时，还要兼顾关外东北、口外西北那些急需朝廷关注地方的民生军需。而这一切，必须有畅通的运输条件才能实现。这样的需要和大运河遇到的实际问题，形成了明显的矛盾。明初刚一定鼎，这个麻烦就出现了。黄河在原武（今河南省原阳县地）决口，汹涌的黄河水漫过曹州流入梁山一带，淤积四百余里，切断了明代南北水路大动脉的运河。南北漕运的瘫痪，使朝廷百官、平民百姓，无不为之忧虑。

权衡再三,还是必须尽快凿通会通河。朱棣是一个对自身决策充满着自信,并坚定地认为在任何困难面前都会"火到猪头烂"的人。既然前朝的皇帝和现今的专家,都认为要实现南北通航,就必须凿通会通河,说明人们是不会看走眼的。至于地形上的南低北高,那本来就是可以"尿憋不死人"的困难。只要横下一条心,就没有削不平的高坡、挖不出的低谷。尽管他的这个理念总体上说起来并无过错,但实践中遇到的困难并不是这么简单——他才不管那么具体,帝王之责,在于用人。克服困难是他们的事。为了让大运河当仁不让地承担起贯通南北的漕运大动脉的神圣职责,朱棣一次又一次招来文武大臣和水利专家,讨论要让会通河承担起朝廷储备粮食运输的重任,河道易修,水源何来的问题。面对一个秃子头上的虱子,人们统一认识的难度并不大,谁都知道,仅仅依靠华北平原内河的输入,是远远不行的。要确保会通河水的浮力能够承载大吨位运输船只,就不仅要有足够宽阔的河道,还要保证南来的水流源源不断,让樯橹如林的河道始终处于充足并基本平衡的状态,才能真正实现一条漕运大动脉的全线畅通。明王朝的官员们也的确为此开动了脑筋。经过再三考量,最后确定集中精力把从徐泗、济宁南来的流水充分利用起来,在大运河与汶河交汇处,形成借水补源的措施,让充足的水源不仅可以滚滚北上,跨过大清河,而且还可以用李冰父子治理都江堰的办法,在适当位置形成可以分水的鲫鱼背,给南来的水源适当补充,就可以从此无忧矣。然而,事情并不这么简单。它的前提是,要想让南来的河水向着地势更高的济宁以北流淌,就必须拿出科学导流的具体措施,才能使大清河以北的会通河水涨船高,承担起载重航行的任务。明成祖朱棣思考再三,决定任命工部尚书宋礼,负责这项关系国家南北水上交通大动脉的任务。关于宋礼的情况,《明史》人物四十一中,做了这样的介绍:

"宋礼,字大本,河南永宁人。洪武中,擢山西按察司佥事,左迁户部主事。建文初，荐授陕西按察佥事，复坐事左迁刑部员外郎。成祖即位，命署礼部事，以敏练擢礼部侍郎。永乐二年拜工部尚书……诏留视事。九年命开会通河。会通河者，元至元中，以寿张尹韩仲晖言，自东平安民山凿河至临清，引汶绝济，属之卫河，为转漕道，名曰'会通'。然岸狭水浅，不任重载，故终元世海运为多。明初输饷辽东、北平，亦专用海运。洪武二十四年，河决原武，绝安山湖，会通遂淤。永乐初，建北京，河海兼运。海运险远多失亡，而河运则由江、淮达阳武，发山西、河南丁夫，陆挽百七十里入卫河，历八递运所，民苦其劳。至是济宁州同知潘叔正上言：'旧会通河四百五十余里，淤者乃三之一，浚之便。'于是命礼及刑部侍郎金纯、都督周长往治之。礼以会通之源，必资汶水。乃用汶上老人白英策，筑堽城及戴村坝，横亘五里，遏汶流，使无南入洸而北归海。汇诸泉之水，尽出汶上，至南旺，中分之为二道，南流接徐、沛者十之四，北流达临清者十之六。南旺地势高，决其水，南北皆注，所谓水脊也。因相地置闸，以时蓄泄。自分水北至临清，地降九十尺，置闸十有七，而达于卫；南至沽头，地降百十有六尺，置闸二十有一，而达于淮。凡发山东及徐州、应天、镇江民三十万，蠲租一百一十万石有奇，二十旬而工成。又奏浚沙河入马常泊，以益汶。语详《河渠志》。是年，帝复用工部侍郎张信言，使兴安伯徐亨、工部侍郎蒋廷瓒会金纯，浚祥符鱼王口至中滦下，复旧黄河道，以杀水势，使河不病漕，命礼兼董之。八月还京师，论功第一，受上赏。潘叔正亦赐衣钞。明年，以御史许堪言卫河水患，命礼往经画。礼请自魏家湾开支河二，泄水入土河，复自德州西北开支河一，泄水入旧黄河，使至海丰大沽河入海。帝命俟秋成后为之。礼还言：'海运经历险阻，每岁船辄损败，有漂没者。有司修补，迫于期限，多科敛为民病，而船亦不坚。计海船一艘，用百人而运千石，其费可办河船容二百石者二十，船用十人，可运四千石。以此而论，利病较然。请拨镇江、凤阳、淮安、扬州及衮州粮,合百万石,从河运给北京。其海道则三岁两运。'已而平江伯陈瑄治江、淮间诸河功,亦相继告竣。于是河运大便利,漕粟益多。十三年遂罢海运……礼性刚,驭下严急,故易集事,以是亦不为人所亲。卒之日,家无余财……"

宋礼的治运功绩也受到后人的赞颂,清代康熙、乾隆两朝皇帝对宋礼进行追封,对其后代特别抚恤,清代雍正时,敕封为"宁漕公",光绪五年(1879年)朝廷追念治河名臣宋礼的题词:"宋尚书圣德神功不居禹下。"敕封显应大王。循着宋礼的足迹,我来到汶上县南旺镇,想拜谒一下这位曾经的水利专家。当我走进那个刚刚圈起一道围墙来的大院子,除了一座刚刚建立的展览馆,原先的庙宇所剩无几,能够看清的,只有几座庙宇的基座和被后人祭奠着的几位治水者的雕像。这让我又一次想起了北宋王安石那首《金陵怀古》"东府旧基留佛刹,后庭余唱落船窗"的嗟叹。面对着这片纪念当年挖掘会通河的庙宇旧迹,听当地百姓讲几百年以前的故事,我才弄清了这次治水的前后经历。

原来,前朝开凿这段河流的时候,并非一直不通。只是到了洪武年间,黄河在原武(今河南省原阳县地)决口,汹涌的黄河水漫过曹州流入梁山一带,淤积四百余里,切断了明朝南北水路大动脉的运河。南北漕运的瘫痪,使朝廷百官、平民百姓,无不为之忧虑。济宁州同知潘叔正奏请朝廷尽快疏通河道以解百姓之苦。工部尚书宋礼受命同督都周长、刑部侍郎金纯等带领济南、兖州、青州、东昌等四个府的二十五万民工,对会通河水系进行了大规模治理,但因会通河水源不足,没有根本解决漕运问题。人们讲到这段历史的时候,无意中说出了白英的名字。这让我立即产生了极大兴趣。对这位协助宋礼完成修筑会通河大业的农民水利专家白英,有了更深的理解与敬佩。

白英(1363—1419),字节之。明初著名农民水利家。汶上颜珠村

临清运河三桥图（郭维元画，靳国君摄）

人，后迁居汶上彩山。白英是运河上的一位"老人"（十余名运河民夫的领班，不是指上年纪的人，而是指他出没河道里的经历而言）。白英治水、行船经验相当丰富，十分熟悉山东境内大运河及其附近地势、水情。因治河有功，于明正德七年（1512年）被追封为"功漕神"，建祠于南旺。清雍正、光绪帝追封他为"永济神"和"大王"，受到人民敬仰。时至今日，白英建造的南望水利工程和他的塑像，还被人们保存着。

白英自幼聪慧好学，早年以耕田为业，十分了解汶上的地理水势。相传明初运河水量不足，航运船只受阻，朝廷为此非常焦急。就在这时，白英挺身而出，承担了寻找甘泉、疏通运河的任务。他带领官兵沿运河而行，突然止步，指地跺脚，平地喷出一口泉水，很快涨满了运河，使航船顺利通过，解除了人们的疾苦。此虽系民间传说，但据史书载，白英不仅治水知识渊博，而且为人正直，不慕名利，老百姓热情地称他隐逸君子。

宋礼在治理会通河受挫后，便布衣微服出访，寻求治水方略。他来到汶上城北，适遇白英。白英对运河的治理，早已思考了十年之久，并对运河进行过勘察，掌握了山东境内运河一带的地理水情，及运河漕运受阻的主要原因。他见宋礼秉性刚直，真心诚意请教，便决定出山帮助宋礼治河。

白英根据会通河的地势水情，提出了六条治河方法。以汶水做水源，筑堤引水，西注运河地势最高的南旺，然后向南北分流。其中六份北流到临清，接通卫河，中间设水闸十七座；四份南流至济宁，下达泗、淮，中间设置水闸二十一座，从根本上解决会通河水源不足的难题。

宋礼采纳了白英的建议，按照白英设计的图纸组织施工。经过民工历时九年的艰苦奋战，终于完成了开掘汶上济宁段运河这一举世闻名的水利工程，使之河河相通，渠渠相连，湖湖相依，汇成一派巨大水系。白英治水的成功，使明、清两代六百余年间航运畅通无阻，尤其对当时的南粮北运发挥了很大作用，最高年运粮达五百万石。这有力地促进了明、清时代经济、文化的发展和社会的稳定。

元代会通河水源，曾采用"遏汶入洸"，即在汶河上凿堽城坝引汶水入洸河，洸水流至济宁，通过会源闸（又称天井闸）分流南北济运。由于济宁地势比南旺约低五米，洸水入运后，水小时难以北流南旺段运道，水源问题没有得到解决。明初建都南京，南北大运河没有受到重视。明成祖明成祖迁都北京以后，为了实现南粮北运走捷径的航线，在元代京杭运河的基础上，首先对山东省境内会通河进行疏浚整治。因为古代开凿运河，大都借助自然河道，这样可以大大减少工程量，会通河南北走向，是联结海河支流卫河与淮河支流泗河最近的路线。在元代末年，会通河被黄河决口泛滥的泥沙所淤积，运河中断。如果想恢复这条航线，必须进行疏浚。怎样改造大运河，保证漕运畅通，成为明王朝亟待解决的问题。

明永乐九年（1411年），根据济宁州同知潘叔正的建议，工部尚书宋礼等人奉命征调民工16.5万多人，重点放在山东丘陵地带的会通河段（从临清到须城安山），疏浚运河。由于会通河缺乏水源，宋礼深入察看沿运水系、地形，访问群众。在汶上县城东北白家店村，遇见乡官白英。白英虽居乡里，但人品刚正不阿，无视权贵，认为官宦锦衣肉食者多为蠢才，见宋礼"布衣微服"，深入民间调查治运良策，态度虔诚，便把他多年积累的治水通航的想法告诉了宋礼。宋礼听到"借水行舟，引汶济运，挖诸山泉，修水柜"等良策时大喜，遂邀白英参加治运工程，采纳白英的建议，使会通河得到了充足的水源，大大提高了运河的航运能力。

在古代，大运河是全国南北的交通干道。为了维持国家的开支和满足统治者骄奢淫逸生活的需要，历代封建统治者每年都要从江南搜括巨额粮米和财物，运到北方，称为漕运。京杭大运河在山东境内的临清到济宁河段，地处丘陵地带，地势高，水源不足，因此多数河段岸狭水浅，不能通行重载船只。此外，又常受到黄河决口的影响，河床经常淤塞，因而运河航运时断时续。

白英建议把位于会通河道最高点的南旺镇作为分水点，称为"水脊"。他还建议在南旺修建分水闸门，建议利用天然地形，扩大会通河沿岸的南旺、安山、昭阳、马场等处的几个天然湖泊，修建成"水柜"，并且设置"斗门"，以便蓄滞和调节水量。同时，开挖河渠，把附近州县的几百处泉水引入沿河的各"水柜"。

经过民工历时九年的辛勤劳动，终于完成了这项举世闻名的水利工程，使会通河得到了充足的水源。从此，沟通南北的大运河畅行无阻，漕运能力大大提高，每年从东南运粮米几百万石（最高达到五百万石），接济京师。大运河真正成为南北交通运输的大动脉，对我国南北经济、文化的交流和内河航运事业的发展起了重要的促进作用。

宋礼治运工程主要有疏浚会通河，建戴村坝，开挖小汶河，引汶水及山泉水济运，建南旺运河分水枢纽等项工程。宋礼治运成功，保证了明代漕运的畅通。

这次引汶济运工程有三项，一是筑戴村坝，二是开挖小汶河，三是建南旺枢纽工程。戴村地形两岸夹山，坝基稳定，距南旺较近，直线距离只有三十八公里，是分流汶河水济运最适合的制高点。戴村坝初建时为土坝，"坝长横亘五里十三步，遏汶全流"。又在戴村坝上游大汶河南岸开引河一道，名称小汶河，长九十里，纵贯汶上县，至南旺入运河，作为引汶水渠。同时在戴村坝上游的大汶河北岸坎河口（大汶河支流），筑一道滚水坝（沙坝），当大汶河水量小时，可拦汶水不旁泄，补充济运水量，当水大需要调剂时，起到溢洪的作用，启动沙坝泄水入大清河，以确保戴村坝、小汶河及运河的安全。

戴村坝建成之初，并不完善。土坝年年遭水毁、年年要修，不然无法向南旺引水，岁修劳费越来越高，到隆庆末年（1572年），总理河道的官员万恭令工部主事张光文在坎河口建成一道长宽各一里的堆石溢洪道，免去了年年岁修的劳费。万恭说："坎河者，旱则止汶以济漕，涝则泄汶以全漕。"万历十七年（1589年），总理河道的潘季驯，改石滩坝为石坝，长四十丈，面宽十五尺，底宽十七丈五尺，是一座溢流坝。清代延长到一百二十八丈六尺。戴村坝枢纽工程由三部分组成：一是汶河河床段溢流坝，全长435.5米，这是戴村坝的主体，由坎河口溢洪道演变而来；二是窦公堤，可以控制汶水济运水的水量，全长900米；三是灰堤土坝，是非常溢流坝，在大洪水时，可减少河床下泄量和小汶河水量。全坝总长1599.5米，兼有壅水、导流和溢洪的功能，至今仍在发挥防洪拦沙的作用。

据史料记载，始于战国吴越、开通于隋代、元明清时期改造成目前走向的京杭大运河，已有二千四百多年的历史，元代经过山东的全程通航也有七百余年，是我国古代许多闻名世界的规模巨大的工程之一。它北起北京，南达杭州，全长共一千七百九十四公里，流经北京、河北、山东、江苏、浙江等六个省市，沟通了海河、黄河、淮河、长江和钱塘江五大水系，是世界上开凿最早、规模最大、流程最长的一条人工运河。它是一条运输的河、文化的河、生态的河，更是一条科技的河。它孕育了独具魅力的运河文化，促进了我国南北经济的发展，带动了文化的交流以及政治上的统一。同时，它又是一条连接丝绸之路，把中国与世界连接到一起的友谊之路，交流之路，对外开放之路，对中华民族的发展做出了巨大贡献。它是中国水利事业发展的历史见证，是中国水运科技成就的集中体现，可以和长江、黄河所创造的灿烂文明相媲美。

这条水运大动脉，正是有了宋礼、白英等人治理会通河的努力，才使得临清这块在济南之南、地势明显高于济宁、汶上的地方，得以借水行舟，完成了大运河削弯取直、直通京杭的构想。岁月已经走过了六七百年的历史，时至今日，那些当年为了这段工程付出过沉重代价的地方，百姓还是深深地怀念着那些当年的治水英雄。他们几乎所有的人都能讲宋礼、白英的故事。

听那故事，就像突然间跫回到了明朝，看到了那位身材消瘦、面庞清癯的工部尚书宋礼和他的同僚督都周长、刑部侍郎金纯等，在一位民间治水专家的引导下，带领济南、兖州、青州、东昌等四个府的二十五万民工，对会通河水系及其以南的水系进行大规模治理的场景。

人类驯服大自然的斗争，从来都不是轻而易举。你只要走遍大运河，实地看一下从临清到济宁的这段路程，你就不能不为之惊叹。原来，这一段南低北高的落差竟达到一百多米。怪不得前朝的人，谁也不想去触动这个可以削弯取直的牛鼻子。但是，"牛若不穿鼻，不为人推磨"，要让运河通航，就必须给这个牛鼻子套上缰绳，让它乖乖地跟着人类的设计行走。

那场为牛套缰的工程，不仅要耗费巨额资金和人力物力，摆在面前的，是南低北高的地理走向和临清、夏津一武城带水源不足的问题。京杭大运河越往北越高的地势，呼唤一位能够解民倒悬的能人出现。因为找不到牛鼻子而陷于痛苦中的宋礼，被此事折腾得焦头烂额。一个夜深人静的晚上，难以入眠的他，独自来到运河岸边，借中天一派月色，与清清的河水展开了轻声对话。河水啊，你什么时候才能越过这段高于水平面几十米的障碍，乖乖地流向大清河以北的海河平原？想着想着，孔老夫子那句"三人行，必有我师焉"的教训，忽然间钻进了脑海。自己为什么不去问问长年生活在此地的父老乡亲呢？居庙堂之高的时候，经常听到人们谈论普通百姓用自己丰富的实践经验，把朝廷解决不了的困难玩弄于掌股之间的故事，怎么一到需要他们的时候就给忘记了呢？

受挫后的宋礼意识到了问题的严重性。如果解决不了这个问题，不仅

戴村坝(徐延林摄)

无法回复圣命,一批已经开工的工程也会成为半拉子而伤及民众的利益和心意。经过再三考虑,这位向来以沉稳多谋著称的朝廷命官终于想到了那些整天脸朝黄土背朝天的百姓。或许,他们能拿出一些点石成金的办法,帮自己把朝廷的这件事情办好。

宋礼开始了他的问计于民。他微服出访,走到汶上城北,与在民间颇有研究治河声望的农民白英进行了面对面的长时间交流。从中得知,这位出身贫贱的布衣,对运河的熟悉程度和治理设想,远在包括自己在内的许多整天纸上谈兵的官府人员之上。白英早在十年之前,就对运河进行过勘察,掌握了山东境内运河一带的地理水情,及运河漕运受阻的主要原因,对利用汶河水为大运河补源,早就有一套成熟的设想。在黄河与大汶河交汇的地方,筑起可以让水势更相洄注的涡流的建筑,使这个涡流能够滚上一道鲫鱼背形状的堤坝，就可以实现让水流分流的目的。宋礼听着白英成竹在胸地滔滔不绝，顿觉茅塞初开。他把白英留在身边，天天跟着他查看水情。走到东平县戴村附近，白英告诉宋礼，会通河水源不足，主要是以前选择的分水点不合理。没有在河道最高点的南旺镇作为分水点，如果用好这个"水脊"，在河东侧南旺镇南面，有沂水、泗水、洸水三条大河，水源比较丰富。把这些河里的水用好了，就可以随时补源；而南旺镇北面的大汶河，完全可以分成两个支流，一支向北流经东平县境，东流入海，一支向南流入洸水。为了解决南旺镇北面水源不足问题，白英建议改建元朝的堽城坝，阻止汶水南支流入洸水；同时在东平县的戴村修筑拦水坝（戴村坝），阻止汶水北支从东平入海，把大汶河的全部水量和它沿线的泉水溪流引到南旺注入会通河。他还建议在南旺修建分水闸门，使六分水向北流到临清，接通卫河、四分水向南流到济宁，会同沂、泗、洸三水入黄河（当时黄河是经徐州再折向东南，到淮阴和淮河汇合入海的）。为了便利航运，白英针对地形高差大、河道坡度陡的特点，提出在南旺南北共建水闸三十八座，通过启闭各闸，节节控制，分段延缓水势，以使船只顺利地越过南旺分水脊，经临清、德州、沧州直达京师。同时，利用天然地形，把会通河沿岸的南旺、安山、昭阳、马场等天然湖泊，修建成水柜，并且设置斗门，以便蓄滞和调节水量。同时，开挖河渠，把附近州县的几百处泉水引入沿河的各水柜。

听着白英的见解，宋礼的脸上终于露出笑容。他决定起用这位秉性刚直的民间能人，帮助自己治河。白英根据会通河的地势水情，提出了六个治河方法。以大汶河水作为水源，筑堤引水，注入运河地势最高的南旺，然后向南北分流。其中六份北流到临清，接通卫河，中间设置水闸十七座；四份南流至济宁，下达泗、淮，中间设置水闸二十一座，从根本上解决会通河水源不足的难题。

按照白英设计的图纸组织施工，终于完成了开掘汶上、济宁段运河这一举世闻名的水利工程。这项措施，让注入大运河的水流有了合理的划分，既解决了北向水源不足的问题，又解决了南向黄河断流的问题。一条河道长达450余里的会通河，有三分之一淤塞。朝廷大员率25万疏浚人员，劳作几年也未见成效，却让一个普通的"汶上老人"给破解了。在《明史》和《漕河图志》中，白英的身份都是"汶上老人"。"汶上"是县名，在现在的地图上还能找到。"老人"指他是运河上率领十个河工管一条船的头儿。关于白英的记载只有八十三个字的《白英策》：引汶济运，挖引山泉，修建水柜，修建戴村坝，遏汶至南旺，分水济运……让我颇觉惊奇的是，一个并没有饱读诗书的"老人"，却准确地找到了运河的"水脊"，实在是经验丰富。简单地讲，就是拦住下泄的汶河，再开一个小口引水济运。不过，即使根据现代流体动力学等水利科学来设计戴村坝的不同坝段，也是一件非常复杂的事情。白英是如何"算"出来的，很难查到史料。在每分钟流量上千立方米的大汶河主河道上，修筑高于河槽四米的戴村坝也是一项巨大的工程。戴村坝所用的建材主要是万斤方石和三合土。戴村坝采用的"勾缝剂"，也是中国特有的糯米浆和石灰——从现代坝工技术来看，这就是"灌浆治漏"。宋礼按白英的建议，凿了引水渠——小汶河，"遏汶至南旺"，在南旺设闸分流，"三分朝天子，七分下江南"，大大地改善了会通河的漕运能力，有统计数据说，"十倍于元代"。

这项被后人称为"七分朝天子、三分下江南"的水利工程，解决了临清及其所属的夏津、武城一带常年缺水的问题。昔日以干旱著称的会通河两岸，一下形成了大河碧波荡漾、漕运樯橹如林的局面，使明、清两代六百余年间航运畅通无阻，尤其对当时的南粮北运发挥了很大作用，最高年运粮达五百万石，有力地促进了明、清时代经济、文化的发展和社会的稳定。

宛如一个得了栓塞疾病的人体，一旦将血管中的斑块和血栓清除，一条大河就有了支撑经济命脉的能力。这样的变化，给雄霸中原的朱棣皇帝打了强心针，也让临清这座城市有了获得新生的机遇。坐在沿大运河南巡的龙船上，明成祖再次为自己当初下决心凿通会通河的决策感到心满意足。当宋礼把那位名叫白英的乡间老人的故事讲给他听的时候，这位真龙天子真的是高兴了。于是，一道圣旨传谕下来，他要在金銮殿上见一见这位乡间奇人。真是天有不测风云，让人想不到的是，五十六岁的白英，受到明王朝赏识和运河沿岸百姓称赞，在朝廷让他进京面君的路上，航船行进到临清与德州之间，他突然发病，病逝于大运河的河道上。一位隐姓埋名于民间的水利专家，就这样默默地走完了他的人生之路。今天，我们赶到戴村坝去的时候，只有先生的那尊雕像，在默默地注视着大运河那浩渺的水流。关于白英治水的故事，《明史》和《辞海》都有记载，读者不妨拿来一读。

织梦谣

　　流水潺潺的大运河，像一条晶体的传送带，从遥远的江南向北方输送着，那装载着整船整船的粮食的船只，走到临清地界，便开始它作为国家转运物资和粮食储备的使命，再次按照朝廷的调拨计划开始分配。大规模的漕运集散，催生了临清这座城市的迅猛膨胀，迅速发展的各个行业，吸纳了来自四面八方乃至世界各地的商人、官员、文人骚客、著名优伶、三教九流。这些成为城市生长的因素，在熙熙攘攘的你来我往中，通过各式各样的裂变与重新组合，不断刷新着临清这座古老城市的元素，使之有了一些吸纳外来长处的机遇与借鉴。

　　在翻阅这段历史的时候，面对着黄淮海平原的地形地貌图，你不得不佩服历史上那些封建帝王的眼光，尤其是元代以后，临清县又设临清府，实行府县分治，全称是"临清御河运粮上万户侯府"。查阅一下"万户侯府"这个职官头衔，便不难看出，这是一个具有时代特点的行政设置，颇有点今天直辖市的味道。明王朝做出这样的决策，足见当时对临清的重视程度是很高的。铺开当时的临清地图，当你审视这张地形地貌图的时候，就会立马知道，这里正是黄淮海平原的腹地，它躺在苏鲁豫皖冀的怀抱里，可以说是占尽了天下粮仓的最佳风水。怪不得朝廷把它叫"临清御河运粮上万户侯"，任何一个朝代，都不会放弃如此一块宝地。而这，也就构成了漕运作为集权政治与小农经济相互结合的基本因素，也成了催生临清成为中国当时最为强大的航运码头的产床。

朱棣正因为看到了这一点，才在执掌政权后不久，就克服重重困难，打通了京杭大运河上的这段栓塞，使大运河实现了由杭州到北京1794千米的全线畅通。有了如此一个事关国家命脉的水上运输大动脉，便有了让临清迅速成为重要的农业经济和商贸城市的基础。直到今天，我们站在鳌头矶最高处的顶层向四处放眼，会立马觉得胸怀骤然放宽，眼界顿觉明朗。不难看出造物主对这片土地的厚爱有加。南望，宽阔的大运河水道如挥师北上的行伍，烟波浩渺的水面上，荡漾的波纹像镶嵌了宝石的绿色地毯，翻卷着向前奔腾；北望，波浪翻滚的大河宛如晶体的传送带推送着装满了人间喜讯的彩车，把大运河自汶上县戴村坝形成的"七分朝天子，三分下南洋"的气势演绎得淋漓尽致。再掉过头来向西看，广袤的黄河冲积平原，把临清衬托得宛如穹庐笼罩之下一艘诺亚方舟，航行在长长的江流洋面，两岸的青纱帐，在自西向东奔流的河床里，你推我搡地争锋向前，像手携手前来投军的壮士，朝着这个曾经作为元明清三朝的天下粮仓蜂拥而来；举目向东，那被黄河不断抻长的平原，简直就是一幅铺天盖地的大画稿，以摧枯拉朽的气势，浪拉着浪，浪推着浪，浪挤着浪，浪拽着浪，演奏出奔向大海的波澜壮阔的曲调。明朝著名诗人、前七子的发起人李东阳，站在鳌头矶的运河岸边，目睹这一盛况，信口吟出两首小诗：

其一

十里人家两岸分，

层楼高栋入青云。

官船贾舶纷纷过，

击鼓敲锣处处闻。

其二

拍岸惊流此地回，

涛声日夜响春雷。

城中烟水千家集，

江上帆樯万斛来。

如此风光，真的是让人诗兴大发。

谁能想到，这个曾经被金朝南迁的女真人，把世居的汉人追赶得大批外逃的地方，转眼变成了一个樯橹如林、运力繁忙、人口过百万的城市呢？——恐怕就连编织临清这场灿烂梦幻的大运河自身，也不曾想到世界会如此热闹。据史料记载，大运河开通之后，每年由这里运达京师的漕粮达三四百万石之多，由朝廷一手扶持起来的国家商贸流通基地，吸引了大批东南西北的客商来此经营。直到今天，临清人在整理当地居民的族谱时，惊奇地发现，他们的先人，并不像是周围其他地方都有"一世祖来自山西洪洞县大槐树"的记载，而是大多数人家都有先祖来自浙江、安徽、山西、陕西和内蒙古等地的记载。双脚一踏上临清的土地，就像在古老的大运河河道里向北行驶，究竟在哪里上岸，不知道。再往前走，又觉得像是走进中国企业与某个国家的铁道部签署铁路建设项目的谈判桌。桌子上摆满了一些充满着开放性思维的文件软件。这个不大的县级城市，怎么会给人以如此扑朔迷离的不同民族不同文化在这里相遇相知的感觉呢？

在清真东大寺，我与一位几辈人都从事"千张袄"制作的马师傅拉起话来，问他临清的千张袄用那么多宁夏生产的二滩羊毛皮的下脚料，哪儿来的那么多原材料呀。老大哥笑着说，这你就有所不知了。咱临清的回族人，生就一副铁脚板，我们家老辈人就做这个生意，从明清时期，就是靠着水上运输，在黄河里用帆船把皮毛运到山西吕梁山区临县的碛口镇。由于那里被堆积的碛石累成落差巨大的"悬坝"，便不再有行船的人冒死前行。于是，人们便把货物从船上卸下来，由碛口雇上毛驴旱路运到各地。临清人的二滩羊皮，则须由碛口用毛驴运到天津，然后从天津走运河水道，运到临清。哦，这样一说，我就明白了，这就是丝绸之路，这就是沟通商品交流的黄金之路。买卖人的梦，庄户人家的梦，游牧者的梦，就是走在这条道路上实现的呀。怪不得从古至今，有那么多山东汉子，从临清这座最让人亮眼的运河码头城市，沿着大运河北上南下，走西口，闯关东，拉骆驼，赶大牛，买皮货，贩丝绸，下南洋，收珠宝……把那条永远走不完的路越抻越长，越踩越宽。而那些慕名而来的西域人等，也在这条越抻越长的"官道"上，更多地熟悉并恋上了临清，恋上了运河，也恋上了神奇的东方。

The
biography
of
Linqing

临清传

大运河在临清留给人类的文化遗产

第四章

列入世界文化遗产名录的遗迹

　　运河临清段是世界文化遗产的主要构成部分。京杭大运河是中国第二条黄金水道。这条黄金水道由人工河道，部分河流、湖泊共同组成运河文化区域——分为七块：燕赵通惠文化区、北运河文化区、南运河文化区、齐鲁运河文化区、中运河文化区、里运河文化区、江南运河文化区。大运河文化是与长城文化互为照应的姊妹篇。临清的运河，就是齐鲁运河文化的重要组成部分。2014年6月22日，京杭大运河成功入选世界文化遗产的保护名单，作为整体性入选这个名单的临清片区，是京杭大运河在临清段留给全人类文化遗产的重要组成部分。这一部分遗产主要包括以下内容。

　　一、大运河临清段的元代河道。世界文化遗产都集中分布在明清临清古城内，相依相邻。元代会通河穿城而过，明代小运河在鳌头矶分叉新漕，两条闸河都汇入卫河，鸟瞰中，元运河、明运河、卫河衔接成一个三角形，三角形所涵盖的城域，州志中称为"中州"。运河钞关位于明代小运河西汻、元代会通河最北端的一段。时至今日，这段河渠的流向、沿河的格局始终未变，东起鳌头矶前，西至临清闸入卫河处，全长1.2公里。

元运河月径桥（王滨摄）

在全长250余里元代会通河中，这是保持历史形态原貌的仅存的河道。

此段河道，建有临清闸、会通闸、隘船闸，"三位一体"管控漕河蓄泄、船闸启闭，确保漕船转输畅通无阻。《元史》中把这段河道称为"运环闸"，明代改称"联环闸"。会通闸始建于元代大德二年（1298年），是"运环闸"的船闸上闸。闸由南北闸墩、雁翅、裹头、万年枋、铺底石及木桩组成。闸口宽6.2米，高5.6米，四向雁翅长14.5—21米。明代弘治三年（1490年），户部侍郎白昂治理会通河，行巡临清，曾督理闸墩、雁翅加高扩崇，大学士徐溥有《会通东闸记碑》记之。万历年间（1573—1620年），船闸改闸为单孔拱桥。清代维修中增砌桥栏、雁翅挡墙，"会通闸"易名"会通桥"。此建筑闸桥叠砌，元明清三代相继砌筑，至今保存完好，曾出土记有元代至顺四年(1333年)的船闸绞关石及镇水兽。

临清闸始建于元代至元三十年(1293年)，是会通河入卫河端始船闸，与会通闸、隘船闸"三位一体"，《元史》称"运环闸"。闸口宽6米，高8.2米，四向雁翅长10.5—12米。明代弘治三年(1490年)闸墩、四向雁翅加高，叠砌2.2米城砖墙，使其牢固。万历年间闸河废弃，在两闸墩间砌筑双孔拱桥，"临清闸"易名"问津桥"。此建筑闸桥叠砌，元明清三代相继砌筑，至今保存完好，曾出土元代船闸绞关石及镇水兽等文物。

隘船闸位于鳌头矶前，始建于元代延祐元年(1314年)，会通河开通早期，因岸狭水浅，不能行大船，只行一百五十料船，但强权富贾无视政府规定，私自建造三百到五百的料船行驶，常致舟楫阻滞，《元史纪事本末》卷十二载：于沽头、临清建置隘船闸，违者罪之。隘船闸是在两闸墩间，再置小石闸，阔仅3米。

元代运河的这段遗迹的保存，成为整个大运河的唯一，不仅展示了当年大运河的风貌，更彰显了劳动人的智慧，是我们研究大运河非常珍贵的实物资料。

二、鳌头矶和大运河的明代河段。"矶"字的含义，是指突出于江边或河边的岩石或小石山。临清地处黄河冲积平原的腹地，本来就没有山，也不会有"矶"。它的矶，是明代开通会通河时，当时的设计人员根据所处的临清，是大运河最高的地方，为了做一个地标性纪念，从外地拉来了七根长条柱石埋在这里，并取名为"鳌头矶"，意思是这里是大运河最高的地段，像一只巨鳌昂起的头颅。后来，人们为了让南来北往的客商和行人看到鳌头矶的雄伟，就在埋着七根条石的河道对面，盖起了一座三层楼房的道观和它的配院，并且立起了牌坊，修建了孔桥，使得这片原本就高的地带，显得愈加居高临下。直到今天，人们站在道观的楼台上纵目远眺，仍然可以看到脚下那繁华的城市，人流如织，车水马龙，拥拥挤挤。

鳌头矶（徐延林摄）

给人一种地处大运河中心地段的感觉，虽然没有了昔日的"樯橹如林"，但是大码头特有的景观还在，城市的繁荣、热闹、华美还在，烟波浩渺的运河还在，它们已与现代化的城市融为一体，成为一篇美文中最为精美的点缀与亮点。

鳌头矶位于会通河与卫河的连接处。为了调节运河水位，保证运河通水通航，临清城内有很多河段修建了调剂闸，"鳌头矶"这个名字，是根据两河交汇处特殊的地理位置而命名的，建于明代嘉靖年间。当年的会通河在靠近卫运河的位置，分为两支，分别在南北两处流入卫河。这就使得会通河与卫河之间形成了一块周围环水的狭长陆地，被人们称为"中州"。"鳌矶凝秀"，是临清古时候的"十六景"之一，也是整个县城中最为繁华的地方。人们登上鳌头矶楼头，举目便是"粮舸麇集，帆樯如林"，碧波荡漾，景色绮丽。到了清代末年，津浦铁路通车，河运慢慢减少，才使鳌头矶显得有些冷落。

入明后，会通河淤塞日久。永乐九年（1411年），工部尚书宋礼调集十四万民夫，全面疏浚会通河。永乐十五年（1417年）新开河成，临清砖闸、南板闸启用，此段运河弃用。嗣后，为缓解新开河漕运转输重负，会通河段曾作为月河，承担部分转输功能，直至明末。这里是元、明会通河分流交汇之地。永乐十五年（1417年），平江伯陈瑄因为临清会通河北支河床淤垫浅阻、漕运渐滞，开凿南支新河。三河交汇，水湍流急，常致堤坍岸崩，为绝水患筑石为堰，从此矶固河靖，舟楫安流。矶坝用大型条石砌筑，铁锔相牵，横亘数丈（矶坝掩埋地下，保存完好）。是时，矶坝雄峙，高埠宛若鳌头，北支旧河临清、会通二闸与南支新河板闸、砖闸四布左右如鳌足，明代正德初年（1506年）知州马纶题曰"鳌头矶"。会通河北支与会通河南支在这里分叉，分别在南、北两个方向与卫河交汇，中间形成一个三角形城市地域，被称为"中州"之地。万历年间船闸改闸为桥。"会通闸"易名"会通桥"，"临清闸"易名"问津桥"。清代郡人多次捐资维修，至今保存完好。对沟通两岸商贸互市、市民往来，保障漕运的繁荣发挥了历史性枢纽作用。为保护这一珍贵的历史文化遗产，临清市严格控制建设项目，对遗产区内的项目建设严格依法、逐级审批，杜绝了工业项目进入遗产保护区。注重文化遗产的连续性和完整性，指导帮助居民改善房屋，旧城格局、肌理得到完整保存，古井、树木、古闸得到有效保护。会通河是京杭大运河的关键河段，它的开通实现了杭州直达北京的内河航运历史性变革，对我国封建社会晚期的政治统一、经济发展带来了全局性的深远影响。

鳌头矶还是历代政府、官衙进行重要事情集会的场所。历朝历代的官府衙门，看到了鳌头矶的作用，也经常把一些重要的活动搬到鳌头矶，打造声势。当然，也有一些重要而又密级较高的行动在这里进行。抗日战争时期和解放战争时期，八路军的高级将领萧华、陈再道，都曾利用鳌头矶的道观进行过战争动员，使"独占鳌头"的词性含义得到了最为有力的象征。还有一些鲜为人知的事情，也与鳌头矶有着密切的联系。它曾经亲历了大革命到抗日战争、解放战争的风风雨雨，见证了中国革命在临清的全过程。比如，它曾经作为"山东省第三民教辅导区"，为中国的抗日战争的胜利做出过贡献。1936年，一批来自北平的爱国知识分子，由朱启贤先生任主任、丁浩川先生为干事，成立"山东省第三民教辅导区"，为抗日宣传工作开展了许多有意义的前期工作。

鳌头矶曾是中国共产党人开展对敌斗争的桥头堡。1939年1月陈赓率部队赶赴河北省曲周县的途中，路过临清县城。在鳌头矶召开中共鲁西北特委和临清党组织负责人会议，向他们通报了日寇即将进犯临清的情况，对如何抗击侵略者的进攻做了周密安排。

1947年3月中旬，晋冀鲁豫野战军司令员刘伯承在南进途中抵达临清，在鳌头矶接见中共临清市委、市政府有关领导，向他们做了"当前解放战争的基本形势和我们的任务"的报告。

鳌头矶，既是临清的历史见证，也是让临清人民引以为豪的"秀聚中天"的标志性建筑。

三、大运河沿岸仅存的钞关遗址。钞关是明代征收内地关税的税关之一。宣德四年（1429年），因商贩拒用正在贬值的大明宝钞，政府准许商人在商运中心地点，用大明宝钞交纳商货税款，以疏通大明宝钞，并趁机增税。在这些地点设立征收商货税款的税关，因此得"钞关"之名。成化（1465—1487年）以后，钞关折收银两。设立钞关的处所有崇文门、河西务、临清、济宁、徐州、淮安、扬州、浒墅、九江等九处。各关屡有兴废，临清钞关因其所承载的税收任务比较繁重，最多的万历年间，每年可

临清钞关（徐延林摄）

征收税银八万三千余两，居全国各大税关之首。

临清运河钞关是目前大运河上唯一现存的钞关遗址。临清运河钞关，始设于明宣德四年(1429年)，宣德十年(1435年)升为"户部榷税分司"。临清钞关是明清两代朝廷派驻临清督理运河关税的直属公署，以御史或郡佐督理榷税，分季解京，以充内帑，下设德州、魏家湾、尖冢等五处分关。机构完备、税则严密，榷税丰盈，万历六年(1578年)税收居运河九大钞关之首。钞关延至民国19年(1930年)裁撤。

临清钞关还是明清两代运河之上九大钞关中设关最早、闭关最晚、延续历史最长、贡献最大的课税署衙。现钞关公署遗址占地三千五百平方米，尚存仪门、南北穿厅、船料房、券房。署衙遗址中公堂、衙皂房、巡栏房、二堂、后堂及书办房等建筑遗址整体清理保护，其遗址文化内涵积

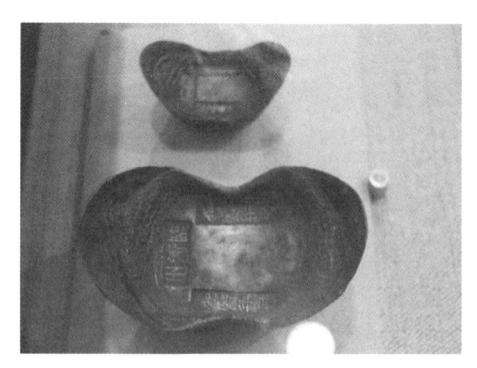

宝临铸钱局印（靳国君摄）　　　铸有"临清州"字样的元宝（靳国君摄）

淀丰厚，是运河文化的重要载体，是研究我国运河经济、文化、漕运、课税、吏治等不可或缺的重要文化遗产。2001年6月25日第六批全国重点文物保护单位公布，临清钞关名列其中。

四、临清铸钱局。商业城市的兴起，必然导致货币的大流通。临清这座有着悠久历史的城市，古代就有铸造钱币的记载。在临清诸多的街巷胡同中，专门有一条"铸钱局街"。百姓称作钱局街。这是一条南北走向的街道，因为清代的"宝临局"在此而得名，具体地址在临清东水门附近，是清政府设立的铸造铜钱的管理机构。

早在秦、汉之际，古榆阳（战国、汉代时期的古城，地址在今临西县西马鸣堂村东南，当时属于临清），就有铸造秦代"半两"和秦末汉初"榆荚半两"的铸钱作坊。近年，在此遗址碑南沟中，发现了秦代"半两"陶范、秦代"半两"钱币和秦、汉"榆荚半两"石范。它是临清附近至目前为止发现最早的铸钱作坊和铸钱陶、石范。到明、清之际，随着运河漕运的兴盛，临清作为商业重镇，不可避免地出现了钱币制作的机构。这既是朝廷对一个财贸收入巨大城市的信任，也是货币流通量、资金流过大的必然。据河北省临西县一位学者研究，除了这座秦代铸钱作坊，还有一个临清钱局，备受人们的重视。因为它铸造的钱分量足、品相好，其中还不乏精品之作，所以深受当时商民的爱戴。一直到今天，钱币收藏家们对临清钱局所铸钱币依然情有独钟。

明、清时期的临清，有着悠久的历史、灿烂的文化和特殊的地理环境。其治所自金天会五年（1127年）从古仓集镇（今临西县仓上村）迁今卫运河东，已有八百多年的历史文化积淀。它"襟控江淮，形错畿甸，雄持中原，乘其扼塞……"河运直抵京师，水陆交冲，"固南北之咽喉，近畿之锁钥""乃畿南之大都会也"（清乾隆十五年《临清州志》）。因此，临清受到历代王朝的普遍重视。自西汉建清渊县以来，历三国、两晋、南北朝、隋、唐、五代，至北宋数代，治所在今临西仓上的临清一直为望县，以至有不少人被封为"临清王"或"临清候"，汉昭帝时期，太常江德还被封为"榆阳（国）候"。金天会五年治所迁今卫运河东的临清，后又移至今址，明、清临清得天时、地利，成为大运河沿岸最大的漕运码头和粮食集散地，县域经济获空前发展，到明弘治二年（1489年），临清由县升为州，领馆陶、丘县二县。清乾隆四十一年（1776年），临清州又升为临清直隶州，领武城、夏津、丘县三县，直到民国2年（1913年），临清才由直隶州降为县。

明代崇祯年间，因为战事频仍，而导致军费激增。为支应庞大的军费开支，临清奉诏设"鼓钱局"铸钱，始铸年代不详。根据民国年间所修之《临清县志》记载："鼓铸钱局，设在临清城东水门外，有（铸）炉三十余座，明崇祯年间设，属工部，清属仓部（户部）。每年领银八万两，买铜铸钱，支应各属兵饷，停止年月未详"。据此可知，设在临清城东水门外的三十余座铸炉，铜钱的年铸造量约在八亿枚，铸量是相当大的。所铸之钱，主要是支应军费开支，其次是民用。临清"鼓钱局"所铸之钱，明崇祯年间已不可考，但根据钱式和临清卫运河明钱出水量等方面综合分析，是否为"崇祯通宝"背二（当二）式钱和"崇祯通宝"光背无文小平钱，不是定论，在此提出，供钱币研究者参考。

临清设局铸钱，在明代仅维系了崇祯一朝。入清以来，临清钱局继续铸行。清顺治年间（1644—1661年），临清钱局铸行"顺治通宝"，存世钱币有四种版式：一是"顺治通宝"背上有"临"字的钱；二是"顺治通宝"背面有"临"字的钱；三是"顺治通宝"背面有"临－厘"字样的钱；四是"顺治通宝"背面"临"字为满、汉文字的钱。在这四种版式中，以背上有"临"字的钱铸行量最小，存世亦少，故比较珍贵。"顺治通宝"背面"临－厘"字样的钱，稍次之，存世量也比较少。清康熙年间（1662—1722年），临清钱局铸"康熙通宝"，背面"临"字为满、汉文的钱，其中又有"分口临""合口临"两种版式（即繁体"臨"字右下面两个"口"字有"分口"与"合口"两种不同的写法）。清代临清钱局所铸之"顺治通宝"和"康熙通宝"铸量都比较大，特别是"顺治通宝"背面的"临"字，用满、汉文字，"康熙通宝"两式钱字的尤多。但时到如今，"顺、康"两朝的临清钱局所铸之钱也是芳踪难觅了。临清鼓铸局究竟停铸于何时，钱币史和地方史志上均没有明确记载，钱币研究者也没有详尽地考证。不过，根据存世钱币等方面的分析，其停铸时间当在清代的雍正初年。因为在雍正年间，一是战事较少，军费开支较小；二是雍正朝崇尚节俭，朝廷用度减少；三是铜矿禁采，铜源紧缺，以致很多钱局裁撤，而临清钱局亦应在停铸之列。也就是从这时候起，曾经辉煌近百年的临清钱局，再也没有恢复起来。从存世钱币看，亦不见有康熙以后的临清钱局所铸之钱币存世。根据这样的判断，临清钱局的铸造时间历明末崇祯，清代顺治、康熙三朝，至雍正朝停铸，共历九十余年的时间。

列入遗产保护的一串名单

  与这些遗产同时划入片区的，还有运河清真东大寺、临清铁塔、临清砖窑遗址等古迹。这些丰富的文化遗产，向世界证明着临清的历史，也证明着古老平原上的文化传承。临清在后赵设县治，隋唐时期（581—907年）就是华北平原上的重要城镇。尤其元代会通河的开凿，延至明清两朝，临清得益于京杭大运河的漕运，借着漕运的发达，城市崛起，经济社会繁荣五百余年，是当时全国重要的流通枢纽城市和举世闻名的商业都会，给人类留下了许多瑰宝。

  元代至元二十六年（1289年），元世祖采纳寿章县尹韩仲晖所奏，诏征三万丁夫，由礼部尚书张孔孙、兵部尚书李处巽等督工指挥开凿南起安民山，北至临清，全长二百五十余里的会通河。南北高程落差大，大清河以北明显高于济宁汶上一带，最高处落差一百多米。所以，修建临清码头，"地降九十尺，建闸三十座"，以节蓄泄，是我国人工运河中较早以多级船闸调节运河水深的运道，被称为"闸河"。这些年深日久的河闸，本身就是一道风景线。

  沿大运河而行，就会看到临清砖闸，永乐十五年（1417年）始建。正德八年（1513年）重修，砖闸改砌石墩台、石雁翅、上下两闸互联，前后启闭，蓄泄河水、转输漕船，是明清两代运河之上漕船转漕的管控枢纽，此闸河即是"南支运河"漕运起点。临清砖闸现保存完好，因明代工部在此设关督收短载课税，史称"工部关"。清乾隆元年（1736年）归并户部钞关。

舍利宝塔是临清城西北角一大景观。宝塔位于临清城西北约五公里处的卫河东岸。相传释迦牟尼圆寂火葬后，有八国国王分取舍利，建塔供奉。此后，供奉舍利的风气渐次盛行。《临清州志》记载，在临清城南的南板闸（今头闸口处）"有铁大士像，高三丈二尺"，风水先生认为"不宜"，"副使钟万禄亦以为然"。遂于明万历二十九年（1601年）将其"移北水门外"（即今址）。"越十年，柳尚书佐起建舍利宝塔。凡九年，造塔九级。相传有舍利子七粒置其上。天启元年（1621年），始建铁大士阁。崇祯二年（1629年），州人汪承爵（万历乙未科进士，曾任两淮盐运使、四川兵备道等职）建大殿及天王殿。崇祯十四年（1641年），协镇马岱建山门、僧舍。各竣工，名曰永寿寺。"塔体内镶嵌的刻石《迁移观世音菩萨塔疏》《修建观世音菩萨塔疏》等，对舍利宝塔的修建缘由和经过等皆有记述。在全国现存的三千多座塔式建筑中，临清舍利宝塔是一座较"年轻"的建筑，但也有近四百年的历史，是山东省仅存的一座明塔。舍利宝塔为砖木结构的楼阁式砖塔，高61米，九级八面，每面长4.9米。塔座为条石砌基，围长39.2米，自地面至密檐高约5.3米，密檐宽1.55米，由雕花砖砌成。底层设门向南，门楣石额刻有"舍利宝塔"四字，为郡人王成德（字象薇，万历进士，曾任真定县令、刑部主事、山西参政等职）所题。左款为"大明万历癸丑岁（1613年）仲秋吉日"。塔身自下而上逐层递减，但收分很少，为现存塔式建筑所罕见。舍利宝塔自第二层始，每层八面均设门，四明四暗，对称美观。各层面均嵌有砖雕"阿弥陀佛"，

临清舍利宝塔（徐延林摄）

总计216套。每层檐下砌有宋代建筑风格的雕花砖斗拱，转角柱下以莲花承托。塔体中纵横皆加有木筋，互相拉结，以增加塔的整体性和牢固性。其角梁较一般为长，雕花挑出，上系铜铃。塔内有金丝楠木通天塔心柱，壁有螺旋式转梯，可上至九层。塔顶为将军盔形，由五十五层砖砌成，上置重达吨余的圆形铸铁覆钵，以为盔顶。这一占地四十七亩三分的建筑群，颇为特殊，它是先有"铁大士像"，再有供奉佛骨舍利的舍利宝塔，后有殿堂佛阁，最后取名为永寿寺。《临清州志》记其盛况云："嵌空玲珑，极工人巧。上出重霄，下临天地。风生八面，五月清秋。旁有禅林，曰永寿。林木周遭，楼阁巍焕。水陆往来，咸瞻仰流连，忘人间世。时有好事者，放舟临彼岸，听晚钟静梵，铎响松涛，琴韵思清，江声欲起，殆不仅以多宝琉璃，侈壮观也。……仲春士女登游。每朔望缘壁燃灯，辉映星月，远望三十余里。"舍利宝塔数百年来一直是京杭大运河上的标志性建筑，漕运盛时，还具有灯塔作用。它与通州的燃灯塔、扬州的文峰塔、杭州的六和塔被并称为"运河四大名塔"。

临清是山东境内回族群众人口较多的一个县级市，目前有回族人口近两万人。这些人有当年在这里替朝廷看守粮食和藏獒的军人的后裔，有沿丝绸之路来临清经商，最后落籍山东的一部分，也有来自全国各地的商业界人士和专门在大运河的河道里当船工、纤工之类的人的后裔。当船工，走河道，是许多回族人家从老辈人那里就传承下来的。这一职业一直延续到20世纪70年代。1977年，大运河断水停运，我去航运局调查职工安置问题期间，惊奇地发现，在三千多名航运的工人中，竟然有四百多名是回族。他们的长辈跟着船帮，从全国各地而来，新中国成立时，船在哪里，就在哪里安家，成为航运局的职工。这些人出身贫穷，没家没业，成了国家职工后，才算有了自己的单位。临清因为回族人多，清真寺也多，所以，在这里落户的回族航运职工，就被国家安排在这里落户了。

临清清真寺（王滨摄）

　　临清城里的清真寺原有三座，位于古运河东岸的顺河清真寺，因疏浚卫运河，于1968年拆除无存；位于羊头锅街北端的东寺，规模较小。目前，规模较大、保存完整者，当数北礼拜寺，亦称洪家寺，为全国著名的清真寺之一。北礼拜寺，始建年代无考。据该寺的石刻碑文记载："明嘉靖四十三年重修"，至今已有四百多年的历史。

　　临清现保存完整的北寺和东寺，均在大运河文化遗产临清片区之内，属国家重点文物保护单位。北礼拜寺，是一座保存较为完整的古代建筑群。现存更楼、月台、正殿、传屏、北讲堂等大小房屋八十余间。正殿前半部为四阿庑殿顶，正脊两端装有鸱尾，后部为重檐，结顶呈山字形。中为八角攒尖顶，后出抱厦，两侧各掩一四角攒尖顶。坡度比较大，森然耸峙，错落有致。北寺位于会通河与与卫河交汇处，始建于明代弘治年间。

当时，正是临清经济与社会发展最兴旺的时期。朝廷对临清的重视程度达到极致，把它由县治升为州治，迁建了一批重要的国家政府衙门到这里。

据清真寺内的碑刻记载，从重修到现在，已有四百多年的历史了。此寺占地面积两万余平方米，主要建筑按东西轴线排列，依次为甬道，牌坊门，望月楼，沐浴房，南、北讲经堂，南、北角楼，正殿，后殿，影壁，后门等殿、堂、楼、阁八十六间。望月楼为歇山重檐牌楼式建筑，结构精巧，玲珑别致。门楣正面镶毛泽东手书"清真寺"匾额，这是借用的1936年毛主席给延安清真寺题写的牌匾。望月楼后面悬挂两块匾额，一块书"正意诚心"，一块书"彝伦攸叙"，分别由清代乾隆、嘉庆年间名人书写。

东寺，与北寺遥相呼应，是著名的临清三大寺之一。始建于明代成化元年，距今已有五百多年的历史。占地面积两万平余方米。建筑由大门，二门，穿厅，正殿，对厅，南，北讲经堂，沐浴室等组成。正殿为宫殿式造型，殿顶呈凸字形四角飞檐，门为落地格扇。殿内松木地板，悬阿文经字匾六块，水彩各形阿文通天木柱八根。尤为珍贵的是殿内至今保存的三十幅绵纸壁画，为国内同类建筑中仅见。殿内圣龛两侧为阿文圆光，左侧字意为："你们进入穆斯林行列吧"。右侧字意为："你们进入主的乐园吧。"殿堂内雕梁画栋富丽堂皇。对厅面阔三间，进深二间，落地格扇，六门相连，八角两窗，前有门楼彩绘精雕，造型别致。上悬古匾三方，为"万化朝真""一本万殊""道有统宗。"整个建筑融中国传统建筑艺术与伊斯兰文化为一体，是不可多得的建筑艺术精品，体现了临清回族穆斯林几百年来坚持中国化方向的正确选择。穿过望月楼，便步入由石材垒砌的丹墀，四面玉石栏杆环抱。一座宏伟壮观、富丽堂皇的高大建筑便展现在面前，这就是清真寺的主体大殿。它由隆起前殿、后殿，组成勾连搭式建筑。殿顶为庑殿式结构，是封建社会高规格的建筑形式，殿顶覆有黄色、绿色琉璃瓦，飞檐四出，若雄鹰振翼，雄伟壮观，殿门为落地花格扇，斗拱、透雕挂落，雀替仍保留着明代建筑的风格。正门两侧悬挂的是清代康熙年间临清知州、著名书法家王勃书写的楹联，上联是："物何明伦何察萃千古希贤希圣俱是克念得来"；下联是："乾资始坤资佳极两仪成象成形莫非真宰造化"。正殿广厦后檐连接着后殿，殿顶为勾连搭式，上部是三个六角形伞盖式亭楼为主体的窑亭，窑顶峰折陡峭，顶部装以鎏金葫芦形装饰。大殿左右，建有角亭对称。角亭建在台基之上，玲珑剔透，将大殿衬托得更加庄严肃穆。大殿南北两侧便是相互对应的讲经堂。讲经堂前为卷棚廊厦，花格落地门，八角开窗，匾额、楹联装点其间，具有伊斯兰风格的刻镂雕花，栩栩如生，看上去似透露出缕缕书香。

进入殿内，深沉而神秘的气氛扑面而来。殿内列柱林立，高大而空旷，墙壁上彩绘由暗红、棕色和金色的卷蔓纹及阿拉伯文字组成的图案。殿正中设有"圣龛"，朝向西方，象征圣地麦加，右方有敏拜楼，殿间有拱门贯通，殿内可供两千余人礼拜。弥足珍贵的是殿内拱门两面墙体上仍保留着明代的壁画，花卉果树，生动写实。后殿藻井绘制更是精巧，以阿拉伯文字和花卉组成几何形图案，工整细腻，古朴典雅，历经数百年仍光彩照人。临清清真寺建筑规模宏大，建筑风格既具有伊斯兰宗教建筑特点，又更多地体现了我国传统的木结构建筑风貌。在鲁西北地区可称寺庙之冠，充分表现出古代劳动人民的聪明才智，又体现出中华各民族大融合、大团结的优良传统。

看了临清大运河及其附带的文物，来临清考察大运河申遗任务的专家们，全都高兴得眉飞色舞。一位名字叫刘枫的先生说：大运河与长城和新疆的坎儿井，是中国对人类历史做出的巨大贡献，是著名的世界文化遗产。如果说大运河是流动的历史，而长城则是凝固的历史，坎儿井是人类的智慧在地下唱着的生命之歌。大运河和长城、坎儿井在遗产名录上应该是姊妹篇。如果将京杭大运河的历史价值、文化内涵和对中国历史发展的贡献相加，在某种程度上说可以与长城媲美。大运河与万里长城，被列为世界最宏伟的两项古代工程，是中国古代劳动人民和一大批水利专家征服自然、改造自然的伟大创造。清中叶后，南北海运兴起，津浦铁路通车，加之黄河迁徙后，山东境内水源不足，河道淤浅，南北断航，大运河作用逐渐缩小。到20世纪70年代，黄河以北大运河河段基本停摆。进入21世纪以来，中央政府、国务院，把大运河黄河以北山东段的通水，列入南水北调东线发展规划，并且已在2014年年底，实现山东境内全线通水。曾一度干涸的临清、德州运河，又一次焕发了青春的活力。临清市境内的河段，伴随着南水北调东线工程的实施和世界文化组织对大运河申遗工作的调查，得到了很好的修复与保护。借着这个机会，临清市也把自己的地方性工程，糅进调水规划，趁机对运河公园等进行了整修。尤其是大运河申遗成功之后，随着临清片区的榜上有名，爱运河、讲运河、保护运河，成了临清全体百姓的共识。如今再到那河边一站，真的是"天淡云闲，裂长空数行征雁；御园中夏景初残，柳添黄，荷减翠，秋莲脱瓣，坐近幽阑，喷清香玉簪花绽"。(《梧桐雨杂剧》)。秋天是这样，其他季节也各自成一派瑞色。加上那些长年累月在运河岸边翩翩起舞的靓男丽女，拉着胡琴唱京戏的角色们，就经常看到那柳荫树下，粉黛浓妆，管弦齐列，绮罗相间。眼下的人们玩得也时尚，常有人一边娱乐，一边带一壶茶，有的还带一壶小酒，石凳上放几碟小菜，那滋润，真叫"酒注鹅黄嫩，茶点鹧鸪斑"，那番景色，好不动人也！

临清传

The biography of Linqing

马可·波罗和利玛窦对临清的印象

第五章

旅行家马可·波罗的临清之行

一个地方，能够引起外国人的关注，总有它的特殊性。关注了并且非要去看一看，就说明这地方一定有它非同一般的地方了。六七百年之前尤其是这样。

会通河开凿，实现了大运河的南北联通，借漕运优势，让临清开始繁荣。声名鹊起的巨变，使曾经饱经风霜的古城，突然间吸引了海外洋人的眼球。凭着对这条水上南北大动脉的关注，一批一批外国人开始沿运河来到临清，探寻这座中国北方城市崛起的秘密。

元末明初，临清迎来的第一个有名望的外国人，就是那位以旅行和探索而闻名于世的意大利旅行家马可·波罗。关于他来中国的记载，集中在他的那本《马可·波罗游记》里。我在研读这本书的时候，发现他的确对临清作了翔实的记述。临清在中世纪时已是欧洲最早知道的东方名城之一。

六百多年以前，意大利人马可·波罗，在中国游历了十多年，虽然说他多数时候都是人在旅途，但是他口述的游记里，却把那些该记的重要事情和著名城市，都给予了精彩的呈现。像临清这样在中国漕运史上占有重要地位的城市，当然不会在一个探索世界奥秘的旅行家的眼睛中漏掉。更何况会通河开通之后，给临清带来的繁荣与喧嚣，让这昔日的黄河故道的城池陡然间变成了一座全国数得着的运河码头，樯橹如林、车水马龙的场面，不仅让朝廷把中国的漕运粮仓放在了这里，也把天南地北的行商坐贾、财税机关、金融寡头、五工六艺、军人兵卒、文人骚客、信士僧侣各色人等，迅速集中到这片雨后春笋般繁华起来的富贵之地，使之成为运河上名副其实的大码头。辽阔的平原，不管是它与京城的距离，还是投资基础设施的成本，都是非常理想的选择。

用探索人类社会发展秘密的犀利眼神观察世界的马可·波罗，虽然在临清住了没有多长时间，或者说只是浮光掠影的一瞥，但对于这座城市城中有街、街上有巷、巷子里有胡同，街街相连、路路相通、泾渭分明的城市布局却留下了深刻的印象。于是，他在书中用了这样的表述："我们将谈到另外一座城市，叫作临清。……临清也是契丹的一个城市，位于南方，隶属于大汗，居民同样使用大汗的纸币，从长芦到这里用五日路程，途中经过许多城市和城堡，同样也是大汉版图之内，它们都是商业发达的地区，从这里征收的税款，数目十分庞大。"（《马可·波罗游记》第二卷第521页）带着这样的印象，马可·波罗沿着运河一直南行，走到济宁地方，面对着繁忙的河道，又生出许多感慨。在记录临清所见所闻的时候，这位旅行家由于语言障碍和对地理环境的陌生，把"临清"写成"临州"，而且在周边地理参照上也出现一些错讹。后来的校注者，由于不熟悉地理，也做了一些与事实不符的注解。但是，这并不影响他对这座城市的认识，"环墙之城村甚众，皆大而富丽，工商茂盛……居民皆善战之士，颇务工商，有带羽毛猎物甚饶，凡适于生活之物，悉皆丰富。……河中有船舶甚众……所载贵重货物甚多。"尽管马可·波罗自言他能懂蒙古语，但是在他的纪行中对许多中国地名用的都是波斯名称，为什么一部原稿是用法文写成的游记，书中的名称偏偏采用波斯语呢？有人据此认为，此前马可·波罗只到过中亚的伊斯兰国家。当时来往的商人以波斯人居多，而在中国又遇上那么多的波斯商人，特别是临清这个地方，来自波斯的人居多。于是也就认为波斯语是受众最广的读者群了。马可·波罗对许多中国地名和事情的汉语不了解，只懂得波斯语，所以就用了波斯语。这样的说法对与不对都无关系，重要的是他对临清，虽然只是走马观花，却在自己的印象里描绘了当时临清的繁荣与富庶，而这样的表述基本上与当时的情况相吻合。

传教士利玛窦的临清之行

相比于马可·波罗，稍晚些进入中国的意大利神父利玛窦，对临清的了解与印象就深刻得多了。万历二十八年（1600年），已经于两年之前来到临清的意大利神父利玛窦，在这座运河码头城市，出席了时任天津和临清税监的太监马堂的宴会。马堂，可以说是临清历史上最为臭名昭著的贪官。他执掌着天津、临清两个重要港口城市税收参政大权，其贪婪的胃口达到了无以复加的地步。1598年，出使明朝的意大利人利玛窦，途经临清。税监马堂见到利玛窦的稀罕贡品起了歹意。大胆的马堂偷偷地把部分贡物转入他的府邸，而把利玛窦囚禁在天津的一座寺庙里。其间利玛窦曾经给马堂写过信询问，都没有什么结果。直到明神宗突然间想起了意大利人利玛窦在写给他的访问报告和呈送的礼单中，曾经有自鸣钟的记载。这个物件马堂早已藏诸私囊。如今圣上来文催要，可别惹了大麻烦。于是，才让马堂有了召见利玛窦的想法。

当然，他向这位外国来使展示的，首要的是他显赫的权势与财富。他要让来使知道，他是一位权高盖主、为所欲为的人物，他不稀罕利玛窦的自鸣钟，只是替皇帝先收一下罢了（这就是一位十恶不赦的贪官的丑恶心理,一方面贪婪得要命;另一方面还要硬充照章办事。一旦圣上追问下来,可以用这样的理由搪塞,也可以通过自己显赫的威势,给利玛窦一个可以摆平一切的印象,堵住他的嘴巴)。

这次招待场面的,足以与人们所能想象的最高君主相匹敌。马堂用自己的家班,举办了一场富丽堂皇的家宴,席间演出的杂技等艺术,让这位金发碧眼的利玛窦看得目瞪口呆:"走绳索的变戏法的耍酒杯的与其他这类艺人食客,他养了满满一家,豢养他们来供自己娱乐。他就是这样消遣日子,度过一生,从不想到生命会结束的。"这天,"宴会上表演了各种喜剧节目。"利玛窦觉得"以前不管是在欧洲,还是在印度,都从未见过如此奇特卓越的表演;而印度在这方面是很有名气的"。利玛窦感兴趣的节目一是杂技:"一个杂技演员耍着三把两掌长的刀子,一个接一个地扔向空中,然后抓住一把把刀柄,从不失误。另一个人背躺在地上用双脚耍一个大坛子,一下子又把它抛向空中,先使它向这一侧旋转,然后又向那一侧旋转;即使用双手模仿这些动作都会是很困难的。后来他又用一面大鼓,继而又用一张四尺见方的大桌子,做了同样的表演。"二是利玛窦称为"哑剧"而我们称之为"戏曲"的:"衣着华丽戴着假面具的巨人的哑剧表演真是独一无二,在剧场中有人替这些角色进行对话。"三是滑稽摔跤:"大概最有趣的节目是一个男孩的表演,他先跳了优美的舞蹈,后来仿佛是跌倒在地,但用双手撑着身体未沾地面,却变出了一个穿着和他一样的胶泥人,这个胶泥人从他两脚中爬出来。优美地用双手而不是用双脚异常巧妙地模仿男孩的舞步。然后这个胶泥人跌倒在地,他们两人开始摔跤,四处翻滚,做得如此之自然,看来真像是两个活生生的孩子在角力。"马堂的家班伶人众多,其实是完全可以演出更多的戏曲或其他节目的,可能考虑到利玛窦是外国人,因此多演了一些热闹的杂技节目,这是可以理解的。这些来自《利玛窦中国札记》的记载,反映了当时临清的社会现实，也揭露了贪官马堂的贪得无厌与胆大妄为。毫无疑问，利玛窦通过对临清的实地观察，对大运河给这座城市带来的繁荣留下了深刻印象，在审视临清经济与社会现实的同时，也加深了对马堂这样的官员利用职务上的便利作威作福的真实情况的了解。

利玛窦是一位来自意大利的传教士。他在来到中国的过程中，遭遇了不少磨难与周折。这位传教士的目的是来到中国后，能尽快见到中国的皇帝，并能当面向皇帝传播他的宗教主张。但是，事情并不像他想得那么简单。烦琐的查证、频繁的过关，就是一个难题。第一次在中国的南方遇到困难失败之后，他于1600年5月从南京出发，沿京杭大运河北上。河里挤满船只，遇到水闸，没有特权的船往往要等好几天。那个太监发现利玛窦是个很有用的人物。他请那些等候过闸的船老大来见他船上的外国人以及要进献给皇帝的礼物，他们往往爽快地答应让他的船队排在最前面。在山东的济宁，利玛窦遇到朋友李贽和刘东星。他们对他上呈皇帝的奏折不太满意，为他重新起草一份，并让城里书法最好的人誊写出来。利玛窦依依惜别，希望有一天能向他们汇报。但是，就在他离开半年之后，刘东星就去世了，又过了一年，七十五岁的李贽在狱中自杀。那一年七月，他们在山东临清遇到了税监马堂。发现传教士的行李中有耶稣受难像时，马堂大叫了起来，他认为这些外国人显然想用它诅咒皇帝。于是利玛窦一行被拘押了半年。眼看山穷水尽，1601年1月9日，圣旨到了，命令立即将利玛窦一行以及贡品送到北京。1月24日一行人来到北京。按理有关外国人的事务归礼部管，但太监们想绕过这个惯例。他们把利玛窦等人带到属于马堂的一处房子，并派卫兵把守。三天后，贡品和奏折送到了皇宫。马堂等太监蓄养家班以供享乐的事实，足以让这位远道而来的传教士唏嘘再三。那时，作为运河第一码头，临清榷税是全国八大钞关之首，是明王朝税收来源重要之地。因此，明神宗派亲信太监马堂担任临清、天津两地的税监官，是一种非亲莫属的信任，但是马堂却背着皇帝，利用手中的权力胡作非为。直到有一天，万历皇帝突然想起一份奏稿中提及的自鸣钟，问道："那个大西洋人在奏疏中提到的自鸣钟怎么还不送来？"这样马堂不得不交出贡物，利玛窦也因此得以进京了。1601年的一天，利玛窦和他的同伴被召进了紫禁城，因为他们献给明神宗的大自鸣钟走不了。于是他们在紫禁城中的钦天监住下，向被派去学习的四名太监教授如何使用和保养自鸣钟。三天之后，太监们掌握了技巧，钟被搬回皇帝身边，令他异常高兴。据说太后获知此事后，也想见识一下西洋宝贝。皇帝怕她不还，命太监将发条先松掉。太后觉得这座"死钟"索然无味，就完璧归赵了。神父们进贡的物品中还有一架铁琴。过了些时候，明神宗又派来四名太监学习演奏这种乐器。利玛窦借此机会编写了八首歌曲，名为《西琴曲意》。其中的第二首《牧童游山》这样唱道：

牧童忽有忧，即厌此山，而远望彼山之如美，可雪忧焉。至彼山，近彼山，近不若远矣。牧童、牧童，易居者宁易己乎？汝何往而能离己乎？忧乐由心萌，心平随处乐，心幻随处忧，微埃入目，人速疾之，而尔宽于串心之锥乎？己外尊己，固不及自得矣，奚不治本心而永安于故山也？古今论皆指一耳。游外无益，居内有利矣！

这已经是利玛窦来中国之后最接近皇帝的一次。六年前，他随兵部侍郎石星第一次往北京去。适逢大明与日本在朝鲜交战，刚到南京就被驱逐，随行的年轻教士巴拉达斯也在路上溺水身亡。传教士们一直渴望着见到皇帝，以获得在中国传教的钦准。他们一度希望罗马教廷派遣使节促成此事。而利玛窦的上司范礼安则不断催促他尝试接近"在北京的朝廷和皇帝"，那些进献给皇帝的贡品就是他准备的。尽管利玛窦如今已能经常出入紫禁城,他还是没有办法一睹龙颜。不过皇帝倒是对传教士们很感兴趣,虽未亲自接见,却指派了宫内画师为他们画像。据目睹当时情景的太监说,皇帝凝视画像片刻后,还把它当成了中国的回族人。此外,皇帝在见到利玛窦所绘的世界地图《坤舆万国全图》后,吩咐钦天监用丝织出,放进屏风里。传教士们之前一直不敢把图献给他,因为在这幅地图上,大明的版图远远不如中国人以往想象的那么大。所幸的是皇帝没有答复礼部官员建议,没有驱逐传教士。在朋友们的帮助下,1601年5月28日,耶稣会传教士们终于结束磨难留居北京。这时距他们从南京出发已经一年有余。此时的情形和利玛窦1592年夏天的一次经历有微妙的相似之处。当时一帮中国青年袭击了他在韶州的住所,他从窗口跳出时扭了脚。澳门的大夫们无法治愈他的腿伤,使他从此成了个跛子。现在,他在北京的事业注定也要一瘸一拐向前,一只脚拖着失望,另一只脚拖着希望。明代治下的中国在他们看来就像一片待开垦的处女地。一些进入中国的鲁莽尝试失败后,有的传教士认为让中国人改变信仰是没有希望的,除非用武力。一位修士这样说,"没有士兵的介入而希望进入中国,就等于尝试着去接近月球"。这些印象是否成为清代末年八国联军侵略中国的舆论前奏,历史的结论簿里总会给出结论。

The
biography
of
Linqing

临清传

出粮出兵的地方

第六章

粮食与兵备

经济的繁盛及人口的聚集，在不断提升临清城市品位的同时，对军警机构在这里的设施也提出了更高的要求，为临清的军事与防务发展创造了良好条件。作为国家粮食储备与调拨的集散地，毫无疑问离不开兵卒的驻防和军队的保护。加上临清历来就是出粮出兵的地方，漕运的发展，必然带来军事力量的强化和稳定。明清之际，社会因素分外活跃，在一个担负着国家重要粮食转运职责的重要城市，卫所军挽运漕粮是国家定制。明代刚一建国，宰相刘基就向皇上奏本，设立军卫法，颁布命令，调拨军队分驻要冲，借资防卫。其编制分为卫、所两级。卫设指挥使，所设千户、百户。对上，统一在都指挥使司的统领之下。

卫军是正规军。明成祖迁都北京之后，京师有庞大的政治机构，京师附近有重兵把守。每年从南方通过漕运，把数百万石粮食运输抵京，没有军队的保护与支持是不行的。朝廷毫不动摇地把保证运粮安全的任务，落实到军队身上。朱棣和朱瞻基两代帝王，都非常重视军队的建设。尤其是明宣宗朱瞻基即位之后，采取南北卫军分工的体制，北方军防边，叫防军；南方军运粮，谓之运丁。仅运丁就有十二万人。凡是有漕粮任务的省

临清永丰、永备二仓（靳国君摄）

份，挽运漕粮便成了卫所军的职责，由驻防军的性质改编为服劳役的性质。到了清代，继续沿用明代体制，有漕各省卫军继续挽运漕粮，除了将指挥官更名为守备、千户百户更名为千百总督、卫军更名为旗丁外，实质性的改动不大。由于旗丁主要任务是运粮，也有的称他们为运丁。当时，山东负责运粮的卫所，一共设立了德州、临清、东昌、济宁四卫。除征漕本省粮食外，德州、临清二卫还要负责运送河南的漕粮。为此，临清和德州二卫，还要和江苏的徐州卫协商。

清代运船组织，每一卫所之下分成若干帮，或称前后左右帮，或称头二三四帮，还有的被称为张家帮、李家帮等。每一帮的船数一般为50—60只，帮数原有一定，只是时间久了，帮数会出现一些变化。从清朝后期山东境内四个卫所的情况来看，德州卫所有正帮、左帮2个帮，76只船，在册运丁760名；而临清卫所，有山东前帮、山东后帮、河南前帮、河南后帮、东平所帮，255只船，在册运丁2550名。东昌卫所有东昌帮、濮州所帮、平山前帮、平山后帮四个帮，205只船，在册运丁2050名。济宁卫所有前帮、后帮、左帮、右帮、任成帮，368只船，在册运丁3680名。

临清的卫所军，最初是由京城派来的正规军队担任。如今，临清市里居住的许多回民，就是那个时候从京城派来的卫所军人的后裔。他们在这座城市建立家庭，生活稳定之后，便不想再离开这里。到了一定年龄，便承袭军籍给予的屯田，成为临清的居民。军籍的审编，一是审定军籍户口；二是根据每户的壮丁人数和贫富程度，佥选出运。乾隆三十七年（1772年）以前，军籍的编审，一般是四年或者五年进行一次，后来固定为四年一编。每次编审，所辖军丁按照旧管、新编、开除、实在四项呈报。仅乾隆三十八年，山东各卫所通过编审，厘清实有旧军管原额军丁36537名。到乾隆四十二年，新增军丁1537名，开除军丁1857名，实在军丁为36253名。这些运丁，不管编审在哪里，每次运粮都得到临清，或装或卸。仓廒连云的临清变成了运丁来往最为密切的城市。

运丁出运的报酬，主要是行粮、月粮和各项补贴。国家佥派运丁运粮，给运丁一定的津贴。这些报酬，大抵有三种类型，一是行粮、月粮、赠贴、修理船只等费；二是准令携带定量商货、土宜，优免关税；三是分派屯田耕种，以资补贴。所谓月粮，是按月发给的粮饷，大约在每人每月0.8—1石，每年在9.6—12石。出运之时另加"行粮"，也就是出差补贴，每人每年2.4—3石。两项合计，每丁每年大约在12—15石。其中一半给米，一半折合银两。谓之"半本半折"。对于这样的收入，许多人颇为眼红。社会上就有了"临清是出粮出兵的地方""晒不死的葱，饿不死的兵"一类的谚语传出。

到清代末年，河道运输改为海运，运丁人数大为减少。当许多人回过头来重新审视大运河的漕运督防时，那个时候的兵丁，只是单一地为漕运服务。与明代初年朱元璋在临清舍利屯兵训练还有性质上的不同。清末运丁减少之后，军队扩充兵员实行招募制度，地方官府设招兵处，没有统一章程，任何人都可以投军，有军队根据实际需要，确定长期募用还是随用随募。但是，这样的募兵制度，似乎缺少对应募对象的目的性教育，人们当兵的积极性并不高。"好男不当兵，好铁不打钉"，成了清代末年百姓的口头禅。尤其是军阀混战局面的形成，加剧了人们不愿当兵的想法。这种情绪延续到抗日战争时期，面对民族的危亡，许多人想去投军抗日，对究竟投哪支部队，却有了泾渭分明的选择。

到1939年，国民政府石友三的部队在临清设立十个征兵站，结果基本没有人去应征，只好采取抓兵的办法，强拉硬拽让人当兵。青年人被追得四散奔逃，最后，用了半个多月的时间，在临清抓到百十人。也是这一年的深秋季节，八路军一二九师路过临清，青年人听说八路来了，争先恐后要跟着队伍走。一位在石友三部队抓兵时有幸逃脱的赵姓青年人，跑到一二九师三六八旅的队伍里，找到旅长陈再道闹着要去当兵。他说，临清老辈子就是出粮出兵的地方，但是他们得看看去给谁当兵。石友三到处抓人，人们不愿意去，因为他们那队伍不是真正为人民的。八路军打鬼子，能把鬼子消灭掉，所以，他要当八路。1950年，中国人民志愿军赴朝作战，临清市一次就有六百多人应征入伍。不仅当兵入伍争先恐后，拥军支前更是敢为人先。解放战争时期，临清出动的支前大军成为鲁西地区的一面旗帜。

新中国成立以来，临清的征兵工作一直走在全省前列。从1956年到1983年的二十六年间，临清年年都是山东省的征兵工作先进县。

临清卫河造船厂的兴衰

漕运的发展,呼唤着造船业的现身。作为一条有着1900千米长的大运河,必须依照其对航运船只的实际需求,设有足够的造船和维修厂家,才能保证这条航线的畅通无阻。《漕船志》中有这样的记载:"永乐七年(1409年),淮安、临清肇建清江、卫河二厂。""临清卫河造船总厂大门,三间;二门,一间;正厅,三间;东西书办、军牢房,各三间;退轩,三间;住房,三间。"当年的临清卫河船厂有十八个分厂,自南厂街依次展开,东至都司庙,长五里。它们依次为临清厂、东平所厂、平山厂、济宁厂、濮州所厂、任城厂、东昌厂、德州厂、德州左厂、天津厂、天津左厂、天津右厂、神武中厂、定边厂、通州左厂、通州右厂、淮安厂、大河厂。

船厂的总部,就设在南长街。虽然如今的南长街已经全没有了昔日的踪影,但人们站在这片昔日造船厂的旧址上,依照史书的记载去按图索骥,那该是一个多么让人惊心动魄的场面!

永乐十三年(1415年)罢海运后,"始更浅舟由里河以达京师,南于淮安清江、北于临清卫河,设二提举司,以职专造理,是即先代舟楫之

运河船只（靳国君摄）

署，而经济规模尤大焉者"。这里所说的卫河提举司就是管理临清卫河船厂的署衙。当年，临清不仅设有卫河提举司，还设有工部都水分司、户部督储分司、工部营缮分司等中央直属行政机构。这些行政机构设立在临清，也恰恰说明临清在运河沿岸城市中的显赫地位。

　　南厂街，这个曾经规模宏大的造船厂，曾经支撑过一条漕运大动脉航运工具的诞生与应用啊。如果穿越时间的隧道，把目光回望于五百多年之前的那段岁月，说不定它就是一个相当于今天某个生产大国重器的兵工厂！它是大明王朝的卫河船厂，每年造船、修船达几百艘。与南京的龙江船厂、淮安的清江船厂一起，被称为明代最大的三个船厂。为保证船厂的安全，还设立有卫所，驻军一万三千多人。在《清江船厂志》里，有关于临清"卫河船厂"只言片语的记载。细细考究起来，围绕大运河的漕运，明王朝为了确保航行在这条河道里的运输工具的安全，先后在南京、淮安、临清，分别建立了龙江船厂、清江船厂、卫河船厂。临清的卫河船厂，是依托大运河北方河段发展起来的独立船厂，《漕船志》对此作了详尽的介绍。从这些记载中可以看出，古船厂留给临清的印记，悠远而又细微，古朴而又清新，像这座城市里的老胡同一样，挺着灰砖灰瓦的身板，向你喋喋不休地讲述那运河船只的来历……

造船用的楠木、柏木、水杉木大都是通过运河从南方运来的，除此之外，临清专门有商人为古船厂提供一些"小部件"，比如：有为漕船提供弹绳、棚绳、缆绳、纤绳的"打绳口胡同"；有专门为漕船修造提供铁钉的"钉子街"；有专门为漕船提供油灰、麻灰的"灰厂街"；还有为漕船提供水桶、亮子的"箍桶巷"。这些街道都是专门为船厂供应"小部件"的作坊一条街，可想而知，一个龙头企业的兴起，就是一个系统工程的设计与再造，而与之相适应的那些产业的诞生，带来的必然是经营的繁华，人才的麇集。古船厂工匠一部分来自工部和内府各监局控制下的民匠，这是具有专业造作技术的工匠，是官家工匠的骨干；另一部分是都司卫所控制下的军匠，是官家工匠的次要力量。据《漕船志》记载："景泰二年（1451年），令清江、卫河二提举司匠役二年一班。卫河提举司人匠、各府人匠，共二千一百八十四名。"在临清卫河船厂服役的有大木匠、细木匠、船木匠、铁匠、油漆匠、画匠、箬篷匠、橹匠、舱匠、木桶匠等几十种工匠类别。各类工匠竟达到2000多人！这些工匠不仅制造专门供运河漕运的浅船（平底船），也制造能够出海的洋船（尖底船），每年能制造各类船只七十多艘。从明代永乐七年（1409年），卫河船厂开始了它的辉煌，然而，在嘉靖三年（1524年），卫河船厂被裁撤，并入淮安的清江船厂。随后沉寂数百年。

这样规模宏大的船厂为什么仅仅在临清一百多年就突然消失了？从当时南迁的理由看，主要是当时临清生产草船的基础条件受限。首先是这一地区资源受限，不能生产用来做船的木料。每年都要为造船花费大量的财力物力，到南方采买适宜造船的松木、水杉等木材。加上造船木料一般要提前一年以上，"先俱于仪征地方收买，回厂打造。"规模扩大之后，再通过长途运输原材料到临清，不仅成本过高，而且中间环节增加，也容易滋生一些贪腐中饱之类的弊端。其次是临清造船厂的后期，正是马堂担任临清税监的初期，他的横征暴敛造成的经济萧条，也是船厂南迁的一个重要原因。南迁船厂既避免了原材料价格过高等生产上的不利因素，也有效地避开了钞关的横征暴敛和贪腐之风影响下形成的造卖私船等不法行为，尤其是社会上那些对临清运河码头税收产生的种种舆论越来越强烈的时候，朝廷意识到这种局面不能再继续下去了。于是，将卫河船厂裁并，归入江苏淮安的清江造船厂。这种看似挽救了一个造船厂的做法，却无法改变大码头由来已久的贪腐之风。船厂南迁后不久，那场有数万农民参与的反暴政、反苛捐杂税的斗争还是不可避免地发生了。当我们在临清税监遗址看到农民起义领袖王朝佐的"王烈士纪念碑"的碑文时，让我百思不得其解的是，像历史上反暴政中已经被证明了的大贪官马堂，本应当遗臭万年。但近年来一些电视剧不顾史实、杜撰其为民行善的事迹，实为一闹剧，不足为信。

临清卫河造船厂虽然仅仅存在了一百多年，但是，它留给人们的思考是深刻的。从最初的立项，到生产环节的管理，再到这家企业与政府关系和社会环境的处理，都存在一些问题。当然，我们不能用当下管理企业的标准去苛求古人，但是作为经营企业的教训却不能不提。

临清的棉花生产

写到这里，突然又写到临清的棉花，是否有点唐突呢？其实并不然。在前边章节里，曾经涉及临清的纺织工业和临清的棉花生产。如果对这一点不做一个详细的说明，就不理解为什么直到今天，临清仍然是一个棉纺织工业的大市，更容易忽略为什么山东省棉花研究所一直设在临清这一事实。其实，发生于20世纪80年代的山东省鲁西北地区广大农民靠"鲁棉一号"大打翻身仗的故事，就是从临清开端的。

说得再远一点，临清这座城市从它的兴建之初就与棉花联系在一起了。棉花的原产地是印度和阿拉伯，是地地道道沿丝绸之路而形成的农作物。在棉花传入中国之前，中国只有可供充填枕褥的木棉，没有可以织布的棉花。宋朝以前，中国只有带丝旁的"绵"字，没有带木旁的"棉"字。"棉"字是从《宋书》起才开始出现的。可见棉花的传入，至迟在南北朝时期，但是多在边疆种植。棉花大量传入内地，当在宋末元初，关于棉花传入中国的记载是这么说的："宋元之间始传种于中国，关陕闽广首获其利，盖此物出外夷，闽广通海舶，关陕通西域故也。"由此可以知道，棉花的传入有海陆两路。泉州的棉花是从海路传入的，并很快在南方推广开来,至于全国棉花的推广则迟至明初,是朱元璋用强制的方法才推开的。

最早的棉花和棉纺织工业的兴起,是元代从江南的松江府开始的,后来又传到苏州府。明朝二百多年的时间里,素有"丝绸之乡"之称的苏松二府,捷足先登地开始向种植棉花和发展棉纺业发展,它比蚕丝加工收益更大,赚钱更快。在临清的街道胡同布满全城,棉布成为商业经营重头戏的时刻,正是苏松二府大力发展棉花的时刻。精明能干的临清商人,乘舟沿大运河来到苏松地区,"要发家,种棉花"的口号,让他们眼界大开。加上明朝政府也在极力推广,于是,临清便开始棉花的种植。没想到,这个过去只被少数人当成花草养上几棵以供观赏的植物,一经大面积种植,即与临清的商业经营发生最为直接的联系。在诸多胡同街巷当中,最早应运而生的,就是位于城隍庙后身的线子市街。这是一条南北走向的胡同,长百余米,里面有几十家专门加工棉线的作坊。这种棉线作坊,主要是用纺棉花的木质车子,把棉花纺成棉线纱锭,民间叫棉线穗子,然后再将棉线穗子合成线子,再把这种合股而成的棉线,按照一定重量绕成把子,使之成为能直接上市的产品。乾隆年间王俊本先生编纂的《临清州志》说:"线子市,凡女红所需每日辰刻,携线而至者约一二千斤。"民国时期,临清大寺街有线子铺,专门从事棉线、带子、经子的经营。

与民间的线子经营密切相连,纺织工业很快在临清发展起来。万历年间,临清手工织布已经达到"家家纺车转,户户机杼声"的程度,明成化元年(1465年),一位姓王的外地客商,来到临清白布巷,投资兴建了白布作坊,他的织机一次达到了三十多张。乾隆《临清州志·市廛》用了这样的话语描述当时白布巷的情形:"白布商店白布巷,自明成化二年苏州南翔信义三回合而为行。隆万间寖盛,岁进布百万有奇。每岁轮行首一人,司一岁出入。"

随着纺织工业的发展，临清又先后出现过小白布胡同、纺织巷、高家染房胡同等与棉花生产和纺织业经营密切相关的行业。那个以纺织布袋、麻袋为主要经营项目的纺织巷，是专门为仓廒粮食服务的企业。他们把为远走他乡的粮食生产麻袋，当成丝路交往的一种手段，专门使用波斯人把棉花称为"吉被"的叫法，在胡同口树立起一块写着"纺吉"的石碑，受到许多西域客商的称赞。

临清很快成为中国棉花生产的重要基地。明朝中叶，它和其所管辖的高唐、夏津、武城，有了"金高唐，银夏津，铁打的临清"的谚语。这一传统，在漫长的农耕岁月里，一直被发扬光大。到新中国成立前夕，围绕着如何搞好棉花生产以全力支持中国人民的解放事业，进行过艰苦卓绝的斗争，有力地支持了以临清为重要革命根据地鲁西地区的革命斗争。1945年9月1日，临清县城解放。此前晋冀鲁豫边区政府已做出决定，以临清城区为基础建立临清市。在此前后，晋冀鲁豫边区政府、冀鲁豫行署、冀南行署以及华北人民政府等领导机关相继在临清设立了诸多经贸金融机构，包括晋冀鲁豫边区贸易公司、冀鲁豫区贸易公司、冀鲁豫军区临清裕仁商店、冀南区贸易第一公司、冀南烟草专卖总公司、冀南银行办事处、瑞华银行、冀南军区建华总公司、建华第一分公司、冀南一专署公义货栈等，从而进一步促进了临清经济的发展繁荣和冀鲁交界地区中心城市的形成。

1948年9月24日济南解放，华东和华北两大解放区连为一体，从而使东至烟台，南至临沂、徐州以及陇海沿线的商业贸易畅行无阻，两解放区货币也开始统一流通。当时，华东区的渤海、烟台等地极少生产棉花，以棉绒土布为例，济南市价格高于临清市22%，益都（青州）高出50%，潍县一度高出81%，其他各地也均高出50%左右。同时，华东区和华北区两地货币比价失当，在济南解放以前，华东区和华北区的贸易基本上是采用以货易货的方式进行的。为了避免在两大区货币统一流通后可能引起的市场波动，1948年9月下旬，两区贸易总公司在德州召开了联席会议，明确规定在货币统一流通之前的半个月内，华东区国营贸易机构要压价出售物资，华北区国营贸易机构则抬价大量购进物资。但因受到资金不足、货物运送周期较长等多方面的限制，实际上临清市场上购进的物资并不多，加之对胶东、鲁南等地的情况事先调查了解甚少，对于市场可能出现的险情也没有制定出必要的防范措施，致使10月5日两地货币通行以后，持北币的华东区商人云集临清抢购棉花和其他物资，从而引起了棉价和其他物价的暴涨。10月20日，华北人民政府发出紧急通告，指示："各区公营商店不许在临清市直接购进棉花。如有需要，可由当地国营商店代购。"至10月底，各公营商店停购退出市场。为了防止物价迅速下落和由于大落必然跟着来的再一次上涨，由华茂公司在市场上大力支撑，逐渐恢复了市场正常状态。从10月28日起棉价开始回落，一度非常严重的掺杂使假现象也全部杜绝，保证了收购皮棉的质量。1948年12月8日，《人民日报》头版头条发表了《临清事件》的长篇报道指出，这是一起违反新民主主义经济政策的严重事件。1949年1月20日，新华社发表了题为《临清事件与国营商业》的社论，剖析了临清棉花事件的原因，总结了这一事件的深刻教训。第一，有些国营贸易机关相当长时期没有明确认识自己领导市场的重大责任，并放弃了自己的责任，没能深刻了解市场的剧烈波动对于整个国民经济的危害。第二，他们对商业资本的本质特别是它的投机活动的破坏性也认识不足。在临清事件中，他们对私人商业资本的投机活动既未认真防范，也未设法制止，终至推动并帮助它们进行了投机破坏活动。第三，不少国营贸易机关工作人员还很不懂商业，很不懂得经济活动和市场发展的规律。第四，这次事件是经济工作中长期存在的各自为政、无集中统一领导、无政府无纪律状态必然产生的恶果。所有这些都

鲁棉一号棉花丰收（靳国君摄）

告诉我们，虽然新民主主义国家的国营贸易机关拥有一切必要的条件，如雄厚的资本、便利的国家信贷、优先的交通条件、灵通的商业情报等，但是如果没有或不执行正确的政策，仍然不能达到国营贸易的目的，终会被私人资本主义打败，并断送新民主主义经济的前途。新中国成立前夕，在临清发生这么一次事件，说明我们一部分同志还没有完全学会或者简直没有学会如何做经济工作，特别是如何做被人视为"市侩的""不体面的"商业工作。平息这场风波，证明了我们是完全能够把经济工作做得很好的，只要我们善于学习，我们就一定会得到像在军事方面一样重大的胜利。1950年10月，根据中央商业部的指示，为了指导河北、山东、平原三省以及全国的棉花收购工作，在临清市（镇）建立了棉价委员会，临清棉花事件的余波才告平息。

这件事情对于刚刚取得政权的中央政府而言，增长了学习如何领导经济工作的知识与本领；对于地方政府和广大群众而言，经受了一次讲诚信、守规矩的教育。在之后的岁月里，临清的棉花照样种，纺织工业照样上。到1977年，临清国营棉纺厂已经成为全省为数不多的几个过三万纱锭的企业。尽管这个数字今天看来已经不足挂齿，但是它却为近四十年来临清三和公司的发展奠定了良好的基础。

在本章的开头，曾经用"鲁棉一号"这个话题来引出临清，现在，可以把这个缘由告诉读者，那个叫"鲁棉一号"的种子，就是出自临清。那个时候，山东省的棉花研究所就设在这里。一位名字叫庞居勤的农业科技人员，领着他的两位同事，就在这里辛辛苦苦地研究了若干年。直到这个品种众望所归地坐上20世纪80年代棉花生产优良品种的第一把交椅，成为鲁西北地区乃至黄淮海平原上广大农民翻身脱贫的救命良种，我才在临清的一块棉花试验田里见到这位1961年7月毕业于山东农学院农学系农学专业，留校任教，1962年2月调山东省棉花研究所，历任山东省棉花研究所育种室副主任、主任、副所长、所长、党委书记的庞居勤。他主要从事棉花育种工作，先后主持过耐盐品种选育、高产优质抗病新品种选育、棉花雄性不育系选育、棉花杂种优势利用研究等多项国家攻关项目和省部级重点课题，鉴定出一批耐盐品种资源，为耐盐品种选育奠定了基础。主持"1526"新品种的中后期选育，主持育成鲁棉1号棉花新品种，在山东省及华北地区推广种植，1981年获国家发明一等奖；主持育成鲁棉3号、"343"棉花新品种，曾创单产皮棉161斤的高产纪录。主持育成新杂交种H28、H123等。发表《棉花杂种优势利用探讨》等论文二十余篇，参加编写《鲁棉一号》《棉花实用新技术》两本书。1984年被批准为国家级有突出贡献的中青年专家，山东省劳动模范，1991年被评为山东省专业技术拔尖人才,1992年被批准享受政府特殊津贴。

如今,老人已经退休,但是,他研究的那粒从临清的土地上走出来的种子,却一直长在我的心底。或许,如今已经有更好的种子超越了它,正如前人栽树后人乘凉的哲理,我们不应当忘记他。

临清传
The biography of Linqing

第七章 漕粮的兑运调拨与交仓

南粮北运的国家政策

行走在临清,我看到了暗河一样涌动的一种植物,它们像波涛汹涌的大海,呐喊着,奔腾着,夺人的气势足以让见到这样场景的人心惊胆战。这种植物叫柽柳,也有的叫红柳。我之所以有这样的感慨,是因为我的大半生生活在与临清相隔不远的地方,对这一带曾经的植被有着毕生难忘的印象。倔强的柽柳成为这片土地上不假人力就能狂放恣肆地成长的强者。这样的情景,不能不把你内心视像的思维迁徙到那个被灾难浸润过的岁月。物质生活的生产方式,制约着整个社会生活、政治生活和精神生活的过程。经济是基础,是第一性的,经济的前提和条件对人类社会的存在和发展起决定作用。上层建筑的各种因素是属于第二性的,是受经济基础所制约的。但是,上层建筑不是消极地,而是积极地反作用于经济基础。

我们考察临清社会发展的历史时,可以发现,繁荣的漕运事业,带给这片土地的,不仅有经济的繁荣与城市的发展,更重要的是它对人生的磨砺,赋予了一方百姓一种"响当当一粒铜豌豆"似的性格。这性格的形成,又让一座古城具有了抗击各种各样艰难困苦的能力与韧性。这来自大运河的洗礼与砥砺。

明清两代，出于巩固国家政权的考虑，以极大的努力，延续着前人实行的漕运制度。每年由山东、河南、江苏、安徽、江西、湖北、湖南七省征收的漕粮和白粮，运输至北京通州各仓，以供皇室食用、王公官员俸米以及兵丁的口粮之需，其中除白粮之外，计征漕粮400万石，耗米2350万石，合计为6352万石。内除折耗、蠲免、改折以及截拨，每年实际运抵北京的为300多万石。这些粮食，都必须经过临清闸口的再装卸才能抵达目的地。

这就涉及漕粮的财政政策及赈恤功能。这些政策和功能的产生，让明清中央政府把许多办事机构都搬到了临清。庞大的行政机构，扩充了城市规模，更让这座古城具有了某种国家中心城市和财源要地的品位。总体上看，当时的临清粮仓，主要承担了四个方面的职能：一是历年的征运积贮；二是漕粮供应京师的俸甲米石；三是各地截拨漕粮、调剂畿辅之地民食和赈恤与平粜；四是漕粮拨充各地的驻防兵饷。这些职能客观上起到了对京师民食的调剂作用，稳定粮食价格的平抑作用，统一国家税收、增加国家财政收入的作用。

粮食的征收与交兑

明代临清一带的漕粮征收，实行的是运丁负责制。即粮户缴纳漕粮，直接向负责运输的运丁交兑。一到征粮季节，运丁驾船到兑粮州县码头停下来等候，粮户把肩挑驴驮的粮食向运丁交兑。这个办法看起来省事，但是，日久天长，养成了一些运丁的特权思想，他们倚仗着手中权力，百般刁难粮户，或者仗势欺人，压低粮色；或者挑斥米色，额外勒索；或者公开索贿，暗地坑拐。百姓屈于权势，不敢争执。或者忍辱认孙，含泪交粮；或者多给米石，或者另外给钱。这种办法延续到清代。如此这般的克扣与刁难，在普通粮户中形成了极大的愤慨。农民抗粮抗捐的斗争不断发生。于是，清廷决定停止由运丁直接兑交漕粮的做法。顺治九年（1652年），官府为预防运丁私弊，将粮食的交兑改为"官收官兑"。由各州县设置仓厫，等待调拨船只的到来，由州县负责粮食调拨的官员进行交兑。此项措施虽然加大了各州县衙门的工作量，却有效地解除和控制了运丁乘机勒索粮户的弊病。

漕粮改为由州县征收，查验米色，应筛应扇应收应退，由州县官吏主持。为预防拖欠和官吏侵蚀，征收之前由州县政府预先颁发易知由单，通告开仓日期，听民完纳。按里甲粮户和应纳粮数，填成三联单，州县据三联单征粮。粮户对策完纳，随即扯给一联，谓之串票，作为完粮收据。其余二联，一发经承销册，一存州县备查对。国家对防止漕务诸弊极为注意，规定许多条款加以限制。主要的有：收粮力求迅速，粮户送米到仓，州县验明米色，随到随收，以减少漕官、漕书和胥役等勾结作弊的机会；加重州县官吏接受漕粮的责任，收漕时州官县官须亲身查验，以防止漕书胥吏营私舞弊；简化征收手续，防止浮收。如，乾隆四年（1739年），朝廷责令湖北省将南米和漕粮合收分解，地方官吏违令分收，立即对当事督抚查禁；注意斛量，令各省收兑漕粮，由粮户自行执挡以防止斗级多收斛面。先是斛底面尺寸相等，量斛口面宽度，易滋浮收之弊；使地亩所应征粮额明确化；为预防豪绅拖欠，雍正六年（1728年），令于漕粮地亩花名册下，注明绅衿某人，于奏销时查明完欠情况，有拖欠者按律治罪；改善征收漕项银两手续，杜绝额外浮勒。应当说，雍乾两朝帝王针对漕运问题进行的整饬，是收到一定成效的。但是后来伴随着清代吏治腐化，漕政又一次败坏。州县官吏征收漕粮，浮收勒折诸弊丛生。

这种漕粮调运中出现的舞弊之风，严重侵害了种粮农民的切身利益，极大地伤害了农民种田的积极性，影响了运河码头的经营，也导致了广大农民反抗苛政压榨斗争的不断爆发。发生在清代咸丰十一年（1861年）的山东乐陵县郑庙村郑淳领导的农民起义，口号就是"免粮减税，严惩贪官污吏"。时至今日，乐陵市仍然矗立着为纪念郑淳而竖立的"乐陵县漕米碑"。无独有偶，在临清市，我们也看到了万历年间因为聚众抗击贪官税监马堂而被杀害的王朝佐的"王烈士碑"。据临清县志记载，在贪官马堂担任税监的时期，对商户、农户横征暴敛，不仅导致了王朝佐领导农民起义，而且使一大批商业客户远走他乡。临清的经济发展受到了严重影响。小手工业者王朝佐，以编筐为业。因受不了苛捐杂税的盘剥，聚众造反,闯进税监,杀死税官。王朝佐去世后,当地官员亲自登门慰问其家属。到了清代,当地官员又为其立碑纪念。可见,漕粮的征收与交兑,是一个与百姓生存息息相关的热点,处理不好,由此引起的矛盾,在许多时候会导致社会的动乱与骚动。

名副其实的商业城市

在封建社会，无论是地主还是农民，都是一个经济实体。就其经济收支而言，都具有实物收入的单一性和生产生活支出的多样性的矛盾。即都不具备使用价值方面的自给自足。这种矛盾的解决，要求不管是地主还是农民，都必须和其他经济单位发生商品货币关系，也就是说，必须出卖部分农产品、购买部分生产资料和生活必需品，不经过这种转化，社会生产的继续进行几乎是不可能的。和市场发生联系，促进商品经济的发展，就是社会进步的重要标志。在明清两代，沿大运河城市商品经济的发展，就是伴随着工农业生产的发展而出现的一种进步现象。早在明代永乐年间，临清就是一个人口过百万、每年由这里运达京师的漕粮就有三百万石到四百万石之多的漕运码头。如此繁重的商品流通，势必促进商品经济的发展。从临清经历的漕运历史看，每年经过和到达这里的漕船，最初只有一万多只，后来经过裁并，到雍正四年（1726年），调整为6400多只。这还不包括来往穿梭于其间的商船、客船等。

山东大运河两岸的城市，发展的路子虽然略有不同，但是仔细分析，大体不外乎这样几种情形：基于工农业生产的发展；成为政治中心而人口

漕船在临清码头卸粮情景画（靳国君供）

密集；是水陆交通要冲，人民过往频繁。山东沿运河的临清、济宁、德州都具备这几个特色。相对而言，临清似乎因为成为政治要地和水陆交通而人口密集、过往频繁的特点更为突出。对此，清代中叶的大书法家、包青天第二十九代孙包世臣看得比较清楚，他在《安吴四种》卷六《中衢一勺》中，做过这样的记述："闸河以台庄入东境，为商贾所聚，而夏镇，而南阳，而济宁，而张秋，而阿城，而东昌，而临清为水码头，而济宁尤大。"他的这个看法是对的。济宁作为靠近孔子故乡曲阜的商业重镇，曾以"民风朴实""农夫稼穑，不习商贾之事"为荣。但是，成为大运河岸边的重要城镇之后，这种观念受到了严重冲击。过去从事稼穑的农民，如今突然讲究起"种什么更合算"的问题来了。过去种粮为主，突然间也开始种枣子、柿子、花生等经济作物。种植烤烟更成为一种时尚。有人甚至作诗记录当时济宁烟草生产的情景："新谷在场欲糜烂，小麦未播播已晚。……愚民废农偏种烟，五谷不胜烟值钱。"在这种风气的助推下，济宁很快成为山东排名靠前的烟草生产区。

临清则是另外一种情况。如果用临清这座城市因为有了大运河和漕运而成为一座商业城市的变迁来说话，对漕运与商业发展的关系似乎更有说服力。"临清商业称盛一时，借助此河之力颇大。"由于大运河南北货物可以负载而至，达官富商亦皆取道于此。客商摩肩接踵，商品四通八达，正是临清商业城的最大特点。

从临清所处的地理位置来看，在华北平原的核心地段，西望太行，东接渤海，扼会通河与卫河交界，为南北"舟航之所必由"。这样的地理位置加上漕运码头的作用，让临清的商业城市地位在明清之际不断得到强化。

明代初期，临清是东昌府的一个下辖县，后因漕运升格为州，城垣得到进一步扩张。民国临清县志里面记载，临清的鼎盛时期，"北至塔湾，南至头闸""市肆栉比"。这就告诉人们，你从城市开头的塔湾，走到最南端头闸，没有一处不是街巷店铺。要不然，那上千条的街道往哪里放？有意思的是，这些街巷和店铺，基本上都是以工商业的性质而定名的。诸如锅市碗市盆市，牛街马街鸽子街，果子巷白布巷油楼巷箍桶巷。除了专业商店，还有兼手工业加工的厂房，如油坊、碾坊、磨坊，以及各种各样的店铺。据《乾隆州志》记载，全城大小商店可达一千余家，其中粮店达一百余家；布店、绸缎店、杂货店、瓷器店、纸张店、茶叶店数十家。形成这种局面的原因，从硬件来说是漕运码头带来的城市繁荣；从软环境看，来自四面八方的客商形成的巨大磁场，吸引着越来越多的淘金者。谢肇淛的《五杂俎》卷十四记载："临清十九皆徽商占籍"，其次是苏州商人，他们资金雄厚，经营有方，许多苏州人经营的店铺，都有良好的信誉与名声。名气最大的当数苏州南翔信义合股的布行，"岁进布百万有奇。"

临清作为商品集散地，是一个具有中转性质的流通中枢，流入和流出的商品，并不以本地产品为主，而是以外地商品的转运为主。在诸多的商品中，棉布是主打种类。据嘉靖《常熟县志·卷四·食货志》记载，"捆载舟输，行贾于齐鲁之境者常什六"。这种布匹主要通过临清，向其他城市转销。常熟县的棉布是这样，苏州、松江两府也是如此。陈继儒在他的《无税议》一文中，做过这样的记述：商人自数千里之外携重金到江南贩布，"其溯淮而北走齐鲁之郊，仰给京师，达于九边，以清源（临清）为绾毂"。这种把临清作为推销棉布二传手的做法，极大地强化了临清与京师和北部边疆的联系，形成了世人对临清既有的"生产棉布"的印象。这又从另一方面调动了临清人对棉花种植的极大兴趣，使其很快成为我国北方最大的产棉基地。即使到如今，也还是山东的产棉大县和纺织工业大县。20 世纪 80 年代初期，临清就是靠着棉花种植，才实现了农村的脱贫和农民的翻身。

植棉优势的形成，引起了政府对临清的关注。明清之际，京城衙门和驻军所需大量布匹都必须经临清北上抵京。辽东、山西、陕西、河南等省富商纷纷到临清购买布匹。一直到清代中期，远销整个华北、东北及西北的布匹绸缎，主要以临清为中转轴心。由此临清城内布店和绸缎店，多达数十家，每年的销售量都在一百万匹以上。明代中叶后期，临清成为我国北方最大的纺织品贸易中心，万历《东昌府志·卷二·风俗》中，用"冠带衣履天下"形容。就连西藏藏传佛教信徒喜欢的哈达，也开始由临清生产。在临清历年来的财税收入中，绸缎布匹始终处于领先位置。

以运粮为基本任务的临清运河码头，粮食经营当然是主打内容。除了官方兑交转运或者储藏的"官粮"，"民粮"的经营也是商品经济的大宗。乾隆年间，临清的城市粮食市场有六七处，粮店多达数百家。年贸易额为 500 万—600 万石，多的年份能超过 1000 万石。从清朝档案中查到的资料看，乾隆二、三、五、七、八、九、十年等七年统计，每年免税银两少者 12830 两，多者 52970 两，平均每年为 27810 两。有意思的是，当时粮食市场上的品种走向，竟然与今天的市场走向有惊人的相似之处。麦谷等品种，多来自苏南、皖南、河南和山东的济宁、汶上、台儿庄和泰安、东平等地，其中以河南为最多。而属于秫梁一类的小杂粮，则多由天津港口溯流而至。这大概是由于长芦、沧州一带多旱作农业，盛产黍稷高粱豆类和从关外转口的杂粮较多吧。因为直到今天，天津、沧州等地仍然是小杂粮的重要产区。关外的黑土地更是对小杂粮情有独钟。由于光照、水源、无霜期等基本自然条件的差异，南北之间在农产品的互通有无方面，确实得益于临清商品市场的发展。

除了纺织品的输入及粮食的贩运，由外地运进的商品还包括铁器、瓷器、纸张、皮货、茶叶等。铁器有广东锅、无锡锅、山西潞安锅，潞安的铁钉、铁铧、火盆，宁夏的二滩羊皮等，有的供临清深加工，有的在临清交税后转销外地。高唐、河间等地使用的山陕铁器，大都转运自临清。来自江西景德镇的瓷器，成了临清市场上的抢手货。据乾隆《临清直隶州志·卷十一·市廛》记载："每岁进货多者十万，少亦不下四万。"来自安徽、福建江西的茶叶、纸张等，都在临清市场赢得了极好的信誉。

商品市场中转销外地产品，当然是商家和买卖人的追求，也是丝绸之路进行交流的必要内容。更重要的是，商品流通本身并没有只准买卖外地或本地产品的约束。伴随着商品物流潮的形成，首要的是本地及附近州县产品的向外输送与转移，这样的增值机遇，不管是商家还是农民，谁都不肯放弃或者让给他人。本地产品与外地产品之间的竞争，就在这种流通的过程中一见高下。临清及所属州县的高唐、夏津、武城等地，全都搭上了运河漕运的班车。外销的主要有棉花、大枣、梨子等农产品。高唐、夏津、武城三县全都有棉花专卖市场。如，乾隆《夏津县志》就有棉花市场呈现出"秋成后花绒纷集""年之丰歉率以此为验"的描述。而与之相邻的武城县，"每岁秋成，四乡棉花云集于市"。这些县的棉花，大都汇集在临清的棉花市场,"日上数万斤",然后经由运河航运南下。同时,临清丝织业和棉花加工也起步较早。明代时期,临清城内织机机房已有一百多家,生产的茧绸、丝布、手帕、汗巾、哈达等,成为"远近多用之"的紧俏商品,据《山东通志·卷八·物产》记载,每次集市可销售丝织品一千余匹。

讲述临清历史上这种商品经济发展的状况,就像在一条亮晶晶的金线线上面缀满五光十色的珠子一样。数来数去,给人的印象是,临清的商业,是一种以中转为主的形态,它的繁荣,也是中转贸易带来的繁荣。这不仅让当地及附近的百姓沾了市场繁荣的光,接受了商业发展带给地方经济的利益与实惠,更重要的是让人民大众有了对商品经济雏形状态的理解和认识。作为与河北、河南及山东境内沿大运河一带的城市,也享受了商品经济发展带来的各种服务和说不尽的思想观念方面潜移默化的影响,市场的发展惠及了鲁西、冀南、豫东等周边地区,在区域化发展的过程中,为周边地方树立了样板。同时,南来北往的客商云集于一个县城,在经济发展的经验和方式上,得到交流和提高的机会也很多,这不仅促进了经济的取长补短,更带来了思想和文化新风,这种潜移默化更具有春风化雨的作用。

船工们的生活

作为在20世纪70年代便停摆了黄河以北地区的运河航运，行走到今天，那些曾经在航运系统"玩船"的主儿们，年龄最小的也有八十多岁了。真的感谢这本书的写作，让我在这大运河留下来的最后一批船工还没有完全离开的时候，能在这个曾经的漕运城市的老运河大堤上，讲述他们对运河船工生活的最后记忆。如若不然，在这个世界上，对这块空间曾经发生过的一种职业形态的记载，或许将成为永远被封闭的一种遗憾。既然我来了，我就应当把这些老人的述说记录下来，作为一种文化，一段历史，也作为一种大运河曾经出现过的形态，保留下来，传承下去，以便让后人对临清的曾经，有一个比较清晰的了解。于是，踏着朝露，借着月色，听着老人们那瓮声瓮气的船工号子，我从他们滔滔不绝的絮语中，记录下了船工们的生活。

咳，玩船，不易呀。那就是个玩命的职业。你不知道，要把一只船玩转，得有多少人为它操心。一只船上，至少有五种职业，一是舵工；二是火工；三是号工，四是纤工；五是装卸工。这当中，除了纤工可以在需要的河段，上岸临时雇佣，舵工是负责掌舵的人，是船上的核心；火工是给大家忙吃忙喝的大师傅,一船的人常年风里来雨里走,吃喝拉撒全在船上。这就全得指望火工师傅了。他弄得好,我们吃的喝的就舒服一些;弄得不好,就多受些难。可是,你想,在这河道里忙饭,哪能那么一帆风顺?刮风下雨、船漏渗水、吃水搁浅……什么样的情况都能遇到。

师傅们七嘴八舌,讲得绘声绘色,我们听得聚精会神。从那略带哀怨的眼神里可以看出,他们对长年累月"走水道"的日子是心存恐惧的。我就想,在大运河上跑船,长年累月,他们到哪里休息呢——船工们告诉我,人啊,只要吃上玩船的饭,就别想得好。上了船,很多人一干就是大半辈子,船上吃,船上睡,居无定所,食无定点。许多人一辈子没个家。

玩船的人难道没有一点福利或者好处吗——船工们接着我的提问,讲述了他们的先人或是上一辈、上几辈人留给他们的那些记忆:明代后期和清代,为了维系漕运体制,保持运粮通道的畅通,做出了漕船可以附带一定比例的商货的规定,他们把这种商货叫作"随船土宜",意思大概就是"土特产"吧。这种土特产可以"免征税钞"。但是允许的数量不大。明朝成化(1465—1487年),每船准带土宜10石;嘉靖(1522—1566年)末期,放宽到40石;万历(1573—1620年)又增加到60石。但是,在允许携带一些土宜的同时,明代又对携带的数量作了严格的规定,《大明会典卷二十九》就有"多带着入官"的规定。到了清代,朝廷对携带土宜的限制逐渐放宽。土宜数额伴随着商品经济的发展屡次增加。雍正七年(1729年),皇帝谕令称:"旗丁驾运辛苦,若就粮艘之便,顺带货物至京贸易以获利益,亦情理可行之事。"令漕船带货"于旧例六十石之外,加带四十石。"雍正八年,又规定漕船头舵工人(额定每船二人),每人准带土宜三石,每船水手合带20石,至此每船所带免税土宜合计为126石。乾隆二年(1737年)又临时为江南和浙江的漕船每船增带40石。嘉庆四年(1799年),又准每船增带24石。"共是一百五十石之数。"道光八年

(1828年），又增到180石。至此，漕船所带的土宜，为前明的三倍。道光年间运河上的漕船以6326只计算，共该带免税土宜1138680石。清王朝为漕船增加所带土宜的目的，是对运丁"以资运费"，实际效果是"恤丁伍而通商贾"，由此调动船工的航行积极性，提高货船通行频率，这正是商品流通规模不断扩大的客观要求。

这一政策，适应了临清及所属州县船帮和船工们一心想多挣钱的要求。当时，临清的砖瓦因为享誉京华，北京城的需求量很大。据乾隆十四年出版的《临清州志·卷十·关榷》记载："明永乐初，山东河南并直隶河间府俱建窑烧砖，临清设工部营缮分司督之，岁额百万后省诸处窑厂征收。""专场有四，上中下后……砖承运于厂，漕船至，附之北输。"永乐三年（1405年）规定，漕船百料（船料，是船只的容积，一石为一料），允许带砖20块。天顺年间，令粮船每艘带城砖40块；民船依船头长度，每尺可带6块；嘉靖三年（1524年），规定每艘漕船每次可带96块，民船每尺可带10块；嘉靖十四年（1535年），增加到每艘每次带120块，民船每尺带12块。

这里记载的当然是一种官方调拨临清砖的运输形式。但是，随着京城建设规模的扩大，对砖瓦的需求仅仅靠这一渠道是根本解决不了的。于是，到了清代，随着土宜携带量的增加，漕运搭解和民船运输青砖的规定开始放宽。漕船重运和回空所携带的免税土宜之外，其额外加带部分更多。漕船于沿途口岸码头，尤其是繁华市镇、商货集散地，成了包载船只的商人与等候在那里的商贩们进行货物交易的场所。据《清史稿·食货志》记载：漕船除携带额定土宜之外，夹带其他商货，"漕船到水次，即有牙侩关说，引载客货又于城市货物辐辏之处，逗留迟延，冀多揽载，以博微利"。这里需要说明的是，清朝中叶之后，漕船多为包揽及运载货商，一般的船工和运丁，多数处于从属地位，少数人参加包揽商人的股份。为了博取利益的最大化，许多船只实际比规定的尺寸大出不少。《天工开物》中记载：运丁每遇打漕船，"私增身长二丈，首尾宽二尺余。"这种通过加带土宜而形成大宗物资流通的局面，后来逐渐影响国计民生。《清高宗实录·卷1403·乾隆五十年十一月》中记录："漕粮为天庚正供，所关匪细。况京师众人所用南货，俱附粮艘装载带京，总以催令抵通，多到一帮，与国计民生均得其益。"

除了临清砖的运输，其他物资的交流，也成了漕运的热门。据杨锡绂先生《漕运则列纂》列表，当时捎带的各类货物，多达十二项。包括：农产品、棉纺织品、油类、酒类、干鲜果品、各种食物、纸张、竹木藤器、各种杂货、铁铜器、药材等。其中，仅纸张一项，就包括了扛连纸、官方纸、毛边纸、花尖纸、色纸、表料纸、阡纸、荆州纸、火纸、淌连纸、油纸、辉屏纸、川连纸、沙绿纸、神马纸、黄塘纸、毛厂纸、表芯纸、表青纸、申文纸、元连纸、竹绵纸、古柬纸、黄表纸、对方纸、文号纸、毛六纸、桑皮纸、古篓纸、古连纸、九江纸、金砖纸、卷筒纸、高白纸等三十四种。十二项捎带的商品名下，每一种都有不少的单项。此外，还有窑货、扫把、扁担、竹子、杉篙、木头等。这类商品"俱不算货"，可以任意携带。

行走在临清的竹竿巷，我得出一个长时期找不到答案的问题的结论：为什么山东大运河两岸的城市，如济宁、临清、德州，都有一个竹竿巷，而且生意特别火爆呢？原来，从南方来的船只，携带这种商品，根本不用纳税，船主除了受点累，利润大着呢。漕船所带商货，或沿途出售，或运到北方再出手。重运漕船过淮河之前，把从南方湖广带来的各类商货，卖给商人，再由商人另行出售。对于不征税的竹木之类，则随意携带，"向来额外装带竹木，到北方售卖（《漕运则列纂》16卷）"。这类免税商货，通过漕运大量流入北方，成就了山东境内运河城市的竹竿巷，形成了一个

临清竹竿巷竹木生产（靳国君摄）

个颇具规模的竹木市场。济宁、临清的竹竿巷就是这样形成的。江南的大批毛竹、篙竹，在临清的广济桥码头卸货之后，一些南方来的竹木商人、篾匠编工，也随之上岸。很快形成了"亨通""薛德和""泰和永"三家竹木商场和"无双盛""周兴隆""庆丰"以及傅家、柏家、田家、张家、刘家、彭家等竹器加工作坊。直到今天，临清城里的一些老住户，说起过去的竹竿巷，还都流露出深深的怀念之情。

漕船携带土宜形成的局面，调节了南北商品供给的矛盾，也给一些不法商人以可乘之机。到光绪时期，出现了"贩卖私盐之弊，在粮船为尤甚"。社会上出现了一种"积枭巨棍"，民间称其为"风客"。这种人把粮船买通，借机搭载私盐。"其所售之价则风客与运丁、舵手三七朋分。"粮船贪图风客的贿赂,风客则"恃粮船为护符",所贩私盐直达江、广,造成"私贩日多而官引日滞"。在这个过程中,作为船工的等级划分,火工、号工以及专门在岸上拉纤和装卸的人工,只能被富商大贾和非法经营者夹在中间,承受出卖苦力的辛酸。

弄杯？——弄杯！

在临清的大街上，接近午餐或者晚餐饭食的时候，经常会听到两位或是几位像是许久不见的老朋友，互相招呼一声："弄杯？"——接着就听到对方的回答："弄杯！"于是，几个人就朝着一家饭馆里走去。还会经常看到，有人打开手机，向着不知正在那里做什么的对象，半喊半吼地说："半个小时之后，到某某酒店集合……"据说，这样的请客方式，在欧洲的法国、德国等地，是很不被人接受的。要想请客吃饭，最好是提前一个礼拜预约，否则就被视为不礼貌或者缺乏教养。但是，在出过打虎英雄武松、鼓上蚤时迁的地方，总是保留了某些大碗喝酒、大块吃肉的豪爽，梁山好汉的饮酒遗风，至今成为许多山东人的风格。临清当然也不例外，成为运河岸边著名的商业城市之后，熙来攘往的人际交往，让"喝一杯"成了临清人的口头禅，也成了相互之间心碰心的不言而喻。据说，在20世纪90年代，一位欧洲国家的企业老板要来山东临清谈生意，听说这里的人们特别喜欢喝酒，就在来中国之前，先自我练习着"弄两杯"，但是来到之后，临清人并没有出现那种非要把人灌醉的行动，客人深感不解地询问原因。原来随着改革开放的不断扩大，这种动不动就"来两杯"

的习俗，已经有了很大改观。尽管饮酒在这里仍然具有地方特色，但是，"来二两"或者"弄两杯"的习俗，大多停留在多年不见面的老朋友、老同学或者有特别重要的事情，需要相聚一乐的层面上了。

临清人喜欢喝酒，常常与他们所从事的职业有着极为密切的关系。终日里赤裸着身子在大运河岸上为漕船拉纤的汉子们，筋疲力尽上岸之后，借着几杯烧酒驱除一下身体的疲劳，说几段令人捧腹的笑话，然后再美美地睡上一觉；烧砖的窑工泥里水里高温下，劳累了一天，收工回家之后，产生一种获得重生的感觉，烫上一壶酒，就着一盘小咸菜，咀嚼着岁月的艰辛，唖摸一下人生的滋味，说一些北京城里捡煤渣的老太太突然捡到一块没有燃烧的原煤的喜悦，或者戏谑一下煤油大王亏本的懊恼，然后陪着老婆孩子进入梦乡。当然，除了靠出苦力谋生的普通劳动者的饮酒，也还有求取功名者、升官发财者、打家劫舍者、巧取豪夺并取得一些眼前利益的人恣肆狂放的豪饮。这种社会若干层面都有人喜欢饮酒的习惯，形成了一个地方某种自身不以为然的风气。这种风气甚至连城市周边的乡下，也给熏染得喜欢用酒来排遣自己的不快或者抒发对某件事情的得意。比如，临清是华北平原上重要的产棉区，早在明代，民间就有"桃子碰着腿，酒壶不离嘴"的谚语。这就是棉农喝酒的理由。"桃子碰了腿"——指的是七月中旬。一般情况下，这个季节棉花单株已经搭起了丰产架子，第一茬伏桃已经长出，棉花管理进入"打顶心，掐边心，四门落锁"的阶段。棉农为争抢农时，常常在地里一干就是一天。为了保持工作的连续性，许多有饮酒习惯的农民，身上背一个酒壶，一个水壶，累了就喝一口。所以，才有了这样的谚语。

酒这种商品，就其属性而言，是人们日常生活中的消费品。需要它的人，会有不同的理由。祝贺大功告成的，祝贺年老添寿的，祝贺喜添贵子的，祝贺荣登榜首的，喝酒解乏的，寻欢作乐的，醉酒哭天的，结拜兄弟的,玩世不恭的……真是应有尽有。而且,不同的国家,不同的地区,大都有自己的酒和自己喝酒的规矩。嬉皮士可以因为喝酒,在闹市区撒泼;大力士喝酒,可以借动酒劲与猛虎搏斗。临清人喝酒,尽管也逃不出这些路数,但是,这样的生活方式,总是与它的城市定位联系在一起。同样是喝酒,达官贵人喝了它,可以于醉眼蒙眬中发号施令,可以让个人的欲望超出所有约束;汽车司机喝了酒,可以不顾一切,闯红灯,开飞车。揭竿而起的起义军领袖喝了酒,可以一呼百应,扯旗造反;文人骚客喝了酒,可以"斗酒诗百篇",也可以"把酒酹滔滔,心潮逐浪高"。总之,不同层面的人对酒的不同态度以及饮酒后的不同感觉,就像五光十色的调色板,变换着人间各种各样的脸谱与表情;有时,又像一件乐器的键盘,在不同音节、不同音色下发出不同的声响。临清人的饮酒史,简直可以说就是一部人类社会的人情交往史。有朋友说,饮酒的习俗,应当放到风俗史的内容去表述,但是我却觉得,尽管饮酒是一种风俗,但是它在社会形态的运行中,远远超出了风俗习惯的范畴,甚至可以归到人类社会的政治层面加以考察。

大运河的困惑

大运河在发挥着漕运大动脉作用的同时,也有它自身难以克服的弊端,河道的壅塞与断流,造成的间隔性停运,成了运河的心头之患。其所牵动的连锁反应,常常让从朝廷到船家的相关人士,全都应接不暇。此类问题的产生,既暴露了人工运河的天然不足,也反映了黄淮海冲积平原上的地质,容易出现水土流失、沙性土壤比较松散的特点。《皇清奏议》卷十七《敬陈淮黄疏浚之宜疏》中说:"国家之大事在漕,漕运之务在河";《清圣祖实录》也说:"河道关系漕运,甚为紧要。"可见,加强运河河道的修治,确保运输畅通,是明清王朝一件十分重要的事情。为此,对大运河的修治,有定期挑浚,有临时兴修,小修一般一年一次,大修一般隔一年或数年一修。即使这样,也很难保证河道一直畅通。运河的水源,主要靠利用沿大运河的河水、湖水和泉水。不同的河段,有不同的水源。山东临清向北到天津这一段,则主要靠发源于河南省辉县苏门山百脉泉的卫河,将发源于山西省上党县的漳河水导入卫河济运。由临清至鱼台的会通河,则借用汶、泗、沂、济等河流的水源。其中,汶、泗、沂诸河,靠引泉水济运。济河则是一条发源于河南省滑县和开州的小河,流入寿章县

（今属山东省阳谷县寿章镇）倒入运河的。对这些河道的疏浚和清理，就成为沿大运河两岸民众承担的一项重要任务。一切河政事宜，在管理体制上，由朝廷河道总督督率，下由分段同知、通判责负。据《山东运程备览》记载，所有境内运河，定一年一小挑，隔年一大挑。大挑分三段：一是德州柘园至馆陶，运河流经卫水，漳水全流域入卫济运，水势浩大，以防汛为主。临清砖闸外之长河，每至冬季，先挑古浅之处；干旱年代，则用混江龙挑挖。二是临清砖闸至汶上南旺，即会通河的北段，引用汶水北流济运。三是自南旺至台儿庄，引汶水南流，经南阳至夏镇，在两湖之中，地平水缓，河水足资浮送。把这三大段，再具体细化为五小段，临清、聊城、堂邑、清平、馆陶五县隶属上河厅管辖，每年出夫1911人，其中仅临清县就需出工456人。挑河用费，或由户部拨款，或于通济库税课项下报销，或由地方设法筹款。不管钱由哪里出，沿河百姓的负担都是很重的。面对这一情况，朝野对漕运弊端的发现越来越细。淮安到临清，运道长达1100余里。经过的地区先由低到高，再由高而低。其高埠地带或凿山通道，或借助山泉之水，有时还要截流农民的溉田之水，气候稍干旱，便淤浅南行。咸丰五年（1855年），黄河北徙之后，临清运道遭破坏。同治年间（1862—1874年），山东开始回复漕运，河水非常微弱。许多河段都靠临时起拨，漕船磨损河床而行，多靠纤夫人力挽牵。同治九年，由八里庙到临清的一段河床干涸，运到半路的货物，只好靠民车陆运。

临清是依靠大运河的开挖兴盛起来的城市，也是因为有了大运河而增加了许多额外工作量的地方。从百姓过家之道讲，运河的繁盛给临清带来了商品交换的有利条件，也给了让人们打开眼界看世界的际遇。所以，近代以来，临清从一座移民城市、一座游子遍及四方的城市，形成广泛的人际网络，都是大运河哺育的结果。当然，为了赢得这座城市的开放和档次的提升，居住在临清的人民也承担了更多的劳务，承担了修葺运河的诸多事情。

  当历史走过了岁月的坎坷，大运河不再作为最主要的航运载体，或者说只是诸多运输方式的一种重要补充的时候，留给这座城市的，依然是古代中国人伟大智慧的一种实际展示。2018年夏天，作者走在临清市修葺一新的运河片区，映入眼帘的一湾碧水，宛如系在华北平原腰间的一条绿色彩带，轻歌曼舞地穿行在黄河冲积平原的怀抱里，鳞次栉比的高楼环抱着古老的街巷，错落有致地展示着城市的昨天和今天，用令人陶醉的景色昭示着美好的明天，诠释着"绿水青山也是金山银山"的伟大命题。

临清传

The biography of Linqing

第八章 漕运的税收管理

北宋时期的王安石，写过一篇有名的文章，题目叫《度支副使厅壁题名记》。作者在简略说明自己的写作缘由之后，以很大篇幅来阐述财政管理这项工作及负责管理财政的官吏的重要性，提到了社稷安危的高度，进而提出完善法制、选才理财的主张。同时，还具体论述了三司副使这一职位的重要性，点出了现任三司副使吕景初记录历任本职情况的用意和效果，提出朝廷财政制度改革的一些建议与想法。"夫和天下之众者财，理天下之财者法，守天下之法者吏也。法不善则有财而莫理，吏不良则有法而莫守。"对于这样一个浅显易懂的道理，历来的执政者似乎都知道，但却又不是所有的人都能做到。常常是狸猫卖鱼，管不好自己的那张嘴。日子久了，千里长堤，溃于蚁穴。被几个硕鼠或内鬼啃吃得漏洞百出。

随着临清运河码头的日渐扩大，这座以漕运起家的城市，很快成长为国家重要的纳税和财政收入基地。朝廷在此设立了"钞关"，成为国家分设的一个理财中心。由钞关打理国家税收，是明王朝经营国家财政的重要举措。这样一个肥缺，国家当然要选拔得力人才担任主管，但在理财、守法、择吏三者关系的处理上，稍有不慎，就容易留下让硕鼠为所欲为的漏洞。在本章节，除了介绍临清钞关的概况，还讲述这个岗位上主政过的官员正反两方面的故事。

临清钞关

规模空前的粮食集散地，仓廒连片的基础设施，让临清顷刻间变得富贵而忙碌，繁华而拥挤。街道胡同多了，临街铺面多了，国家便有了增加税收的来源。像临清这样的商业贸易城市，本来就是国家的税收大户，成为全国最大的粮食集散地，同时促进和形成一系列为之服务的产业和服务业链条，势必成为国家财政的蓄水池和制高点。

为此，明代宣德年间，户部于临清设置榷税分司，也称"钞部"。康熙《临清州志卷之一·职官十二》："户部榷税分司，明宣德十年设关，以御史或郡佐，无专职。正统、成化间再罢，景泰、弘治初再复，乃岁出主事一人，督收船料商税之课。课无定额，大约岁至四万金。钞不盈百贯者，谓之小税，掌于税课局官，而以州印票防之，分季解京，以充内帑。嘉靖庚戌，以东昌府幕一人为监收官，寻罢。朝廷在临清钞关设满汉各一员并苴，课二万余金。"户部榷税分司署即临清钞关。临清运河钞关旧址，至今仍然保存完好，遗址位于今临清市城区青年路西首南侧，会通河南支西侧。民间称谓往往以钞关代署。这座钞关是目前中国保存最为完整的一座大运河钞关遗址。在我国，这样的户部榷税分司，本来就不多，随着年代的推移，临清钞关成为仅存的一座。

钞关之名，源于明代的一种税收制度——钞关税。钞关税为明宣德四年（1429年）新增商税税目之一。当时，政府在沿江和沿运河要地皆"置署命官，以榷其利"。所征之钞或银，称钞关税。运河上共设钞关十一处，临清钞关系其一。同时设立的还有漷县、济宁、徐州、淮安、扬州、上新河、浒墅、九江、金沙洲、北新等。设钞关税的目的，在于通行钞法，依法征收在运河河道里航行的经营性船只的税金，增加朝廷的财政收入。

钞关税初行时，只对受雇装货的过往船只征税，"量舟大小修广而差其额"，这种税称船料或船钞。船钞税一般不税货，只税船，"唯临清、北新则兼收货税"。

户部榷税分司是中央政府直属机构，清康熙年间改隶于山东巡抚，乾隆中期专委临清州牧兼理税务，民国2年划归财政部直辖。钞关初设时，其衙署形制颇大，廨宇成片，廊庑相接，雕梁画栋，自成独立的建筑群，自临清运河以西依次建为南北三进院落，内有正关、阅货厅、牌坊、玉音楼、正堂、后堂、仓库、仪门、巡栏房、舍人房、船料房、后关、官宅等。明隆庆元年（1567年），"榷关主事刘某呈买北邻民房五十余间拓之"，至此，房舍终达四百余间，占地面积约四万平方米，是当时临清城内最为显眼的建筑群。

清乾隆十年（1745年），临清知州王俊，奉山东巡抚喀尔善令，对钞关进行重修。临清钞关停废后，"民国22年（1933年）鲁北民团军指挥部驻防其间，指挥赵仁泉增建舍宇，形势益复崇焕。"现原址存有仪门、正堂、南北穿厅、舍人房等三十余间，面积六千多平方米，内存明清石刻数通。

户部榷税分司置署之初，建有玉音楼。玉音楼是把皇帝的圣旨比作

临清钞关一角（徐延林摄）

"纶音佛语"加以保护的地方。楼上刊刻明宣宗专为各地钞关颁布的圣旨。圣旨明确规定"南京至北京沿河船只，除装载官物外，其一切装载人口物货，或往或来，每船一载按其料数若干，程途远近，照现定例纳旧钞。着有风力御史及户部官，分投于紧要河道处所监收。如有隐匿及恃权豪势，不纳钞者，船没入官，仍将犯人治罪。若空过船只，往回不系揽载者，不在纳钞之例。"

为防越关逃税，阅货厅前设置的"河内为铁索直达两岸，开关时则撤之"。明万历二十四年（1596年）闰八月，又"于关前建浮桥"，并另设七处分关，分别稽查水陆船货。这七处分关分别是：

州内前关。在关署前，稽查会通河来往空重船只，鉴盘货物，验票放关。州内南水关，距正关六里，稽查卫河来往空重船只，鉴盘货物，验票放关。州内北桥口关，在今舍利塔南约一里处的卫河岸边，距正关八里，稽查南北来往空重船只，验票放关。德州分关，距正关旱路180里，水路330里，查收正关以北由水路到德州的一切货税。清平县魏家湾分关，距正关旱路60里，水路70里，查收东昌等处绕道的一切货税。州内尖冢镇分关，距正关旱路50里，水路90里，查收一切绕道货税。州内樊村厂关，距正关旱路20里，水路30里，查收一切绕道货税。万历二十四年（1596年）闰八月，"又于卫河广济桥东岸建验货厅，以免卫河商货调至关前查阅之苦"。密度如此大，看出了朝廷对税收的重视。

这种状况，引起了许多过往船只的反感，认为过于烦琐，对行船不利。清乾隆六年（1741年）二月，曾对钞关所设分关口岸进行检查。经查德州、魏家湾、尖冢、樊村厂四处，皆系"相沿已久，并非近日增添，自应照一日设立，奉部覆准"，其他予以撤除。并规定今后所有分关口岸的设立，都要报户部审批备案，凡有私设，则为非法。临清钞关，初由"御史及户部主事监收船料商税"，间有"郡佐（临清州知州）兼领"；弘治初"户部出主事一人莅之，一年更替……景泰以来屡以文武重臣奉敕临莅，天顺年间（1457—1464年）以中官镇守"。清"顺治间设满汉各一员并莅"；乾隆二十一年（1756年）"专委临清州管理"。

宣德四年（1429年），明政府规定，各钞关要照钞法例监收船料钞，"……唯装载自己米粮薪刍及纳官物者免其纳钞"。临清、北新两关除征收船料钞外，还要兼征商税（后来各钞关都是船料钞和商税兼收）。所谓船料，是船只大小的一种计量单位。宣德四年规定，每船百料收钞一百贯。景泰时减至十五贯。至成化时，因为船料难以核定，又依船头广狭为收税依据。万历十一年（1583年）议准，一应商货，如在临清发卖者，要纳全税。在四外各地发卖者，临清先税六分，至卖处补税四分。其赴河西务、崇文门卖货者，临清先税二分，然后即发红单，注明某处发卖，给商人执至河西务、崇文门，再税八分，共足十分之数。其所榷本色钱钞，归内库以备赏赐，折色银两则归太仓以备边储。明弘治初，临清钞关"课无定额，大约岁至四万金"。明万历时，沿运河主要钞关有崇文门、河西务、临清、九江、浒墅、扬州、北新、淮安八处。万历六年（1578年），临清关岁征83200两，居八大钞关之首。而山东一省税课折银只8860两，仅及临清一州的十分之一稍多。中国历史博物馆收藏有自康熙五十六年（1717年）至宣统二年（1910年）的238件有关临清钞关税银收支的奏折，皆系时任山东巡抚所撰，收支、节余、运费、火耗（范铸银币的损耗）等一一详列，清楚了然。

钞关是我国海关的雏形，其职能除"监收船料商税"和货税外，还有稽查的职能。要协助各地稽查逃犯、检查过往官员的通行证明等。同时，还有对外国船只进行海关稽查的内容，对日本、朝鲜、意大利、英国等外国使船进行检验勘合。临清钞关的设立，为明清两代政府立下了汗马功劳，却也给临清工商业带来了很大冲击。明成祖朱棣说："商税者，国家以抑逐末之民。"其意即在限制商品经济的发展。"临清至东昌仅百里，东昌至张秋止九十里，张秋至济宁仅二百里，层关叠征。""其时所解税款多或六七万两，少或二三万两，其余浮收则均归中饱矣！"故当时有"够不够，六万六"的民谣。加之乱罚款、乱征求资助之事，几将临清工商业推向崩溃的边缘。明代弘治时，大臣倪岳上疏说："户部官员出理课钞，其间贤否不齐。往往以增课为台能事，以严划为风力，筹算至骨，不遗锱铢。常法之外，又巧立名色，肆意铢求。船只往返过期者，指为罪状，辄动科罚。商客资本稍多者，称为殷富，又行劝借，有本课该银十两，科罚劝借至二十两。稍有不从，轻者重加笞责，重则坐以他事，边船拆毁，客商船只号哭水次……其科罚者……率皆供名入己……此等官既出部委……是以肆无忌惮。"至万历时，两宫三殿火灾，营建不资，开始增设矿税。

自明宣德四年（1429年），临清钞关初置，正统及成化间曾两次罢废,景泰初年及弘治又两次恢复,临清钞关作为明朝政府沿运河设置最早的钞关之一,在经历了四百多年的风风雨雨之后,于民国19年(1930年)结束了自己的历史使命,成为最后一个被关闭的钞关。其他钞关已于光绪二十七年(1901年)关停。时至今日,临清运河钞关成为国内仅存的钞关,于2001年被确定为全国重点文物保护单位。

在回顾临清钞关这段历史的时候,我们看到,不仅现在的人们对钞关如此怀念,当时的许多文人骚客、社会贤达,也对钞关给予了极大关注。对于发生在钞关内外的种种社会现象,进行了认真的记录与描写。《金瓶梅》一书的作者,对临清钞关的记叙,用极似白描的笔法,记录了西门庆与钞关人员沆瀣一气作弊贪赃的行为。让人觉得不是小说,而是当时的社会新闻。

小说作者像一位有经验的驯兽师,看准了钞关在朝廷财政中的地位与作用,一把抓住了它的七寸,在第四十七回、第五十八回、第五十九回,都写到了临清钞关。大都是西门庆勾结钞关要员或者主官,从过往客商船主那里说事图财、受贿枉法谋取私利的事。阅读《金瓶梅》的时候,每每看到西门庆与钞关上那些贪官污吏勾结的细节,就想起那个臭名昭著的税监马堂。虽然文学作品不能与现实生活简单地画等号,却能从那些骇人听闻的故事情节中看到马堂的影子,甚至马堂本人就是那个十恶不赦的西门庆。著名学者、吉林大学教授王汝梅先生,在参观了临清钞关遗址之后,以"天然的明代历史博物馆"赞誉之。临清钞关以其遗存文献最多、最丰富,成为人们研究漕运史、关税史、运河文化发展史、运河城市发展史、货币史等不可多得的实物资料。保护好临清钞关,对它进行认真研究,对我们研究大运河航运史、明清两朝的财税制度、社会制度的形态及运行等,都有十分重要的意义。《临清直隶州志·关榷志》记载,嘉靖朝在临清钞关任职者有杜绍、吴缙、孙继鲁、崔应极、陈玑、王柄、刘玺等

49人。

2016年年初，中国财政出版社出版了一本井扬先生的专著《居天下之首的临清运河钞关》，其中有一章，专门考察了明清临清钞关管关官员的情况。从中可以看出，临清钞关的官员，一般由正六品的户部主事或从五品的员外郎担任，任期一年；这些官员多为进士出身，整体素质较高，不乏能臣贤吏。细数这些历代担任此官职的官员，雁过留声至今仍有美名的，当数嘉靖年间的孙朝鲁和万历年间的李梓。

以刚正不阿、为官廉洁著称的明代回族政治家孙继鲁，他在临清钞关任职时间不长，却留下了美好的政声。万历年间的李梓，是一位户部钞关税使，他任职临清钞关税监其间，"出税一蠲，商民咸利之。国计且易盈焉"。他奉行张居正"扫无用之虚词，求躬行之实效"的作风，坚持"米盐锜釜之贷，不取于下民。以故中殁清肃，行商无口售其巧，愚民无所肆其诈"。李梓大胆整饬税收制度，提出"省法而商至""法烦而商离"的主张，开创了临清码头恤商悯民的风气，涵养了税源，积累了财富，赢得朝野一片赞扬。然而，随着万历中期朝廷向各地派遣征税太监，昏庸无道的贪官马堂取代了先前税监，用横征暴敛代替了依法纳税，把临清弄成了民不聊生的重灾区。直到今天，还被当地百姓天天"油炸"、骂不绝口的，当数万历时期被派遣到天津、兼管临清的宦官税监马堂。

忧国忧民意自深

孙继鲁（1498—1547），嘉靖二年（1523年）进士。嘉靖三年主政临清钞关。关于他的生平，《明史》有传记叙："孙继鲁，字道甫，号松山，云南右卫人。嘉靖二年进士，授澧州知州。坐事，改国子助教。历户部郎中，监通州仓。历知卫辉、淮安二府。织造中官过淮，继鲁与之忤。诬逮至京，大学士夏言救免。继鲁不谢，言不悦。改补黎平。擢湖广提学副使，进山西参政。数绳宗藩。暨迁按察使，宗藩百余人拥马发其装，敝衣外无长物，乃载酒谢过。迁陕西右布政使。二十六年擢右副都御史，代杨守谦巡抚山西。继鲁耿介，所至以清节闻，然好刚使气。"

万历年间李元阳编《云南通志》卷十一，亦有孙继鲁小传，云："孙继鲁，字道甫，进士，仕至都御史。……为人慷慨有大节……例有羡银数万，旧为巡抚与府私用，鲁一毫不取。巡抚欲取，而鲁不与。及巡抚山西，民德之。死之日，山西数百人哭于京师。隆庆元年，赠兵部侍郎，谥清愍，仍赐祭录后。"

上述记载，看不出孙继鲁曾在临清任过税监，但是，临清百姓的口口相传中，却忘不了一位廉洁自律官员的曾经。他们说，这位税监虽然任职时间短，但却是真心给国家过日子，为百姓理财。听着这样的夸赞，我还是千方百计，查询到了孙继鲁在临清运河钞关的活动。现存于《四库全书总目提要》载："《清源关志》四卷，两淮盐政采进本……'访於僚属，或曰孙松山监清源有声。过通州，会松山。松山因出所集《清源关榷政录》示余，遂因而补葺为此书。'"清源为临清之旧称。《临清直隶州志》载："宣德四年，置清源关榷税，以御史领之。弘治初，户部岁出主事一人。景泰以来，屡以文武重臣奉敕临莅。天顺间以中官为镇守、为督饷，更代数十年不绝。"从刘玺自序中可证，回族政治家孙继鲁，确曾主政临清钞关，且政声斐然。

政去人声后，民意闲谈中。从僚属的评价中可知孙继鲁监理临清钞关还是很有政绩的。孙继鲁还编了一本《清源关榷政录》，刘玺在此书基础上加以补充，写成《清源关志》。《清源关志》为临清钞关最早的、唯一的一部志书，这其中孙继鲁是有一份贡献的。孙继鲁主政临清钞关的年份，任期一年后擢守雁门。《国朝献征录》载有徐栻《前副都御史孙清愍公继鲁墓志铭》，言"公讳继鲁，字道甫，号松山。其先浙之钱塘人，高祖维贤以太学生言事谪戍云南右卫，遂家焉。"可知孙继鲁原籍为浙江钱塘。现立于北京国子监"明清进士题名碑"载，孙继鲁原籍浙江钱塘，世为军籍，因高祖谪戍云南右卫，所以《明清进士录》一书附载其祖籍，这与《临清直隶州志》言其为浙江钱塘人互为印证。孙继鲁守雁门时坐狱，在狱中吟诗作赋，与同时获罪的御史杨爵唱和。狱中无纸笔，遂用破碗片将所作诗赋刻题于牢房墙壁，共百余首，取名《破碗集》。其中《狱中》一首写道："忧国忧民意自深，谏章一上泪满襟。男子至死心无愧，留取芳名照古今。"

关于孙继鲁在临清钞关的建树，主要是规范了税收管理的规章制度，制定了税监人员的行为规范和办税要则。这些文本一经生效，整个户部榷税分司，秩序井然，为官清廉，迎来一片赞扬之声。可以设想，假如孙继鲁在临清钞关继续干下去，或许能成为一个真正能为国家理财的好税官。然而，在孙继鲁调任雁门守备之后，临清税官出现了逐步下滑的局面。到马堂担任税监，很快就被他的横征暴敛和贪赃枉法，弄得万马齐喑，一片萧然。

陪着百姓吃饭的李梓

人世间的许多事情，有时候很有趣。临清钞关的文本记录里，明明是有一位恤商惠农的税监李梓，百姓口中也说，早年间有一个叫李梓的税官，为官清正，体恤百姓，离任之后有三位进士联合给他刻制了一块石碑。老人们都说，先前的老人们是见过这块"三进士石碑"的，可如今却怎么也找不到了。就在大家议论纷纷的时候，世界文化遗产评审小组的专家们来到临清，他们听了大家的议论，觉得这块"三进士石碑"只要没有人为毁坏的因素，就不会走得太远。于是，他们在钞关附近的老巷子里，挨家挨户寻访。终于，在一户居民邱延平家的院子里，一家人正围着一个长方形的石桌吃饭呢。考察组的人凑上去一看：哇，这正是那块著名的"三进士石碑"！真是"踏破铁鞋无觅处，得来全不费功夫"。主人邱延平一看，自家吃饭的一块石板，居然是政府正在寻找的文物，就说，这是六十多年之前挖河时挖出来的，俺一家人用它当了六十多年的饭桌，哪里知道还这么重要。政府需要你们就弄走吧。喜出望外的人们，等人家收拾好碗筷，拿清水把碑文刷了又刷，一块由万历八年进士秦大夔撰文、万历十一年进士曹楷篆额、万历十四年进士汪应泰书丹的石碑，字迹清晰地呈现在了人们的眼前。细读碑文，人们不无感慨地说，怪不得这块石碑成了农家的饭桌，这个李梓先生还真是个为国为民着想的好官。你看，他一行一动，考虑的都是国家的大事，百姓的衣食住行。

据这块石碑记载，李梓赴任后，排除各种因素，毅然剔除各种法外苛索。最重要的是他能做到依法征税，依法管税，执法必严。从而"法省而商至"，给商人创造了一个很好的投资和经营环境，所征税收"十百于前"。李梓在任期间，于万历二十四年（1596年）闰八月在关前建浮桥，以防越关。并在卫河广济桥东岸建验货厅，以免卫河商船调至关前查阅之苦。经过李梓的一系列恤商措施，临清关税额达到117860两，居运河八大钞关之首，占钞关总税额的四分之一。邱延平门前的这块石碑，从部分文字上看，同样记载着李梓的施政事迹，但是，由于有一部分石碑压在大门墙下，无法辨认石碑刻于哪年。邱延平说，从20世纪50年代出土后，这块石碑已经在他家待了60多年，先是在院子里随便放着，后又作为一家人的饭桌，再后来才把它当作踏脚石。幸运的是，虽然经过半个世纪，石碑仍然基本完好。更令邱延平意想不到的是，这块一直不起眼的踏脚石竟然是钞关的石碑。

李梓作为一位有卓越政绩的官员，在临清有很好的口碑，地方史料上对他有记载。这块石碑的发现，既丰富了李梓这个历史人物形象，也丰富了临清运河文化内容。正是在李梓主政临清钞关时，临清达到繁荣顶峰，临清钞关成为运河八大钞关之首。

紧挨着邱延平家的南边就是钞关遗址，他当时已经65岁，但钞关在他的记忆里依然很深刻，自己作为临清人很自豪。既然这块石碑是钞关遗留下来的，他愿意捐给文物部门。辉煌的历史，给临清留下了丰富的文化遗产，为临清成为运河申遗城市之一，找到了翔实的依据。

考察组对邱延平门前的饭桌石很重视，他介绍说，这块石碑记载的是临清钞关榷使李梓的事迹。所谓榷使就是钞关专门的管理官员。石碑的发现，对于丰富临清钞关历史资料具有重要意义，特别是运河正处于申请世界文化遗产的关键时期，这块石碑显得尤为重要。因为石碑部分文字模糊不清，还有石碑压在墙下的部分，有些文字出现涣漫、脱字、漏字影响石碑上内容完整，但总体上是清楚的。这块碑额、碑身为一体的石碑，石碑的确是临清钞关的石碑。高2.04米，宽0.94米，由2500多个行草组成《计部李公政序碑》碑文，大体上有以下几个方面的内容。

第一段是立碑的缘起。李梓先生要从临清钞关调任西安新的工作岗位了，回想他在任期间的一些举措，可以有助于后人做好为国家理财的工作。

第二段是讲述国库"盈额"和"宽下"与百姓的辩证关系。指出"商收利于民，法欲则商去；民财利于商，商去则民贫；此不可不察也。"管理国家财政收税，必须"抱析微之智，敢当之勇"。

第三段记述李梓任上"厘弊剔蠹，悬鉴以照，无微不澈也。掾方冰壶，即米盐锜釜之货，不取于下民。以故中殁清肃，行商无口售其巧，愚民无所肆欺诈，而法愈明饬。"依据这样的原则，李梓下令罢征了许多百姓日常生活用品的税收，制定了调整商民利益关系的新的法则。新法试行之后，"明效大验"。于是上书大司农，获得批准，成为国家法律。

第四段是税收如何留得住商家，让人安心经营。李梓强调，"法省而商至""法烦而商离"，制定法律一定要让商人认识到为国家缴纳税收的义务和有利于民众生存的意义。正因为有了这样的法律，大批商人"鼓槌转辕以抵清源关""民卒收商之利，是内外大道，去往两利也"。李梓的这些改革措施，使临清税关赢得了商人和百姓的欢迎，也是税收激增的重要原因。

第五段是这篇碑文的作者抒发他对李梓政绩赞美的言辞，作者用商家的赞誉、百姓的赞誉、朝廷大司农的赞誉，歌颂了这位"其贻惠百姓，当不在子产下矣"的税官的德政。可惜的是，就在李梓去职不久，明神宗实行了税官由宦官担任的办法。新上任的宦官马堂，既不熟悉税收工作，也不懂得爱国爱民，却在任上把持良久，给明王朝的运河漕运留下了耻辱的一页。

巷子口有家"炸马堂"

1598年，天津税监并兼任临清税监的马堂，在临清网罗流氓恶棍数百人，在城区和运河上设立重重关卡，横征暴敛，强取豪夺。甚至光天化日之下公开抢夺工商业户的财产，拦截过往船只，任意抽税，如有怠慢或稍有反抗，就被诬指"违禁"，不仅货物被抢，而且加倍处罚甚至入狱，致使临清大半工商业者家破人亡。据当时史料记载：临清绸缎店32家，到马堂时期闭门21家；布店73家，闭门45家；杂货店65家，闭门41家。第二年，临清州民万余人反抗征税，被官府射杀二人，激起暴动。王朝佐等率众烧毁税监衙署，杀死马堂身边的兵丁37人。抗税斗争失败后，官府追捕首要，且株连众多。危急关头，抗税斗争首领王朝佐挺身而出，一人担过，掩护了抗税群众。王朝佐被杀害后，朝廷撤销了马堂的税监职务，临清知府李世登安排人抚恤王朝佐的母亲妻子，临清人民为他建立祠堂。直到今天，人们一说起王朝佐，都竖起大拇指，说："为民除害的硬汉子啊！"

一场由农民王朝佐发动的抗暴斗争，就这么被镇压了。但是，百姓心头的怒火却浇不灭。让百姓纳闷的是，一个十恶不赦的宦官，上欺天子，下压百姓，光天化日之下，动辄纵容党徒无赖数百人，打家劫舍，欺男霸女，引起远近商人罢市，居民万余人纵火焚其衙署，应当不是一件小事。可就在没有发生暴动之前，一直没人管理。人们只能把满腔怒火付之于口口相传的街谈巷议。那时，在临清二闸口，有王小二开一家炸油条小摊，生意还算混得下去。有一天，马堂手下的人来到小摊前，喝令道："哎，小二，快点缴税"，王小二赶紧点头赔笑地答道："各位官爷，税，我不是缴了吗？""胡说，你没看署衙告示吗，马堂大人说了，从今天起加收锅税、灶税、雨棚税，还有养鸡、养狗税、过路税、落地税。"一听这话，小二头脑立刻蒙了。一个每天卖不了二十斤面粉的小摊，到哪里弄那么多钱呀？面对如狼似虎的一群爪牙，却又毫无办法，只有东拼西凑，交上这帮恶棍们征收的税银。

马堂的爪牙走后，一伙在这儿吃油条的客人议论起了这件事，大家一直骂马堂这个民怨沸腾的贪官。"前几天，马堂一伙诬蔑说，白布巷永泰布庄'违禁'，货物充公，李掌柜被逼得上了吊"，"马堂这是把大家伙往绝路上逼呀"……这时的王小二一边炸油条，一边咬牙切齿地嘟囔："炸死你这个混蛋，马堂。"大伙看着油锅里上下翻滚的油条，立马来了气，就附和着王小二的话："对，把马堂炸了，咒死他。"

"小二把那个炸马堂给我夹过来，我把他吃了。"

有人提议，"今后，我们就把炸馃子叫炸马堂吧"。

大伙应道："好，就叫炸马堂！"

临清百姓本来就痛恨税官马堂，恨不得食其肉而后快，因此，"炸马堂"一词，迅速在老百姓中流行开来。时至今日，你偶尔还会在临清城乡的炸油条小铺，听到老人说着"给我来一斤炸马堂"。或许，读者看了这个故事，对临清人为什么把油条馃子叫"马堂"，心中有数了吧？可见，许多地方的方言，都有它产生的条件。

马堂任意加重百姓税负的行为，严重地阻碍了临清的工商业经营。"遂致商贾闻风裹足"，在临清关，客商的撤资与外逃，成为司空见惯的事。有一家合伙买卖，"往年伙商三十八人，皆为沿途税使盘验抽罚，资本尽折，独存二人矣。……辽左布商，绝无一至矣"。这样的乱派强征，对社会发展造成严重破坏，催生了百姓强烈的反抗情绪。以王朝佐为首的"临清民变"，就是被马堂逼得走投无路的乡民们发动的一次抗击马堂暴政的集中行动。王朝佐是个靠编筐谋生的农户，无奇不有、名目繁多的税收，逼得他无路可走。最后只得纠集义愤填膺的农民，揭竿而起，直捣税监，杀死了三十七名税官。这次农民起义，有效地打击了马堂对农民和工商业者的横征暴敛，许多商人和农民都为这次行动叫好。

The
biography
of
Linqing

临清传

临清青砖

第九章

临清青砖之于北京城的古建筑

那些青砖灰瓦的建筑,或许在今人的眼里只是一种老态龙钟的象征。了解临清历史的人都知道,这样的建筑,归根结底还是黄河的馈赠与厚爱。我在前面的章节里曾经说过临清那沙性的土壤。恰恰就是这样的土壤,才让临清有了一种独领风骚的得天独厚。这东西不是别的,它就是在世人眼里看起来极为普通的建筑材料——青砖。

不知什么原因,一到临清,看到那些高楼大厦,我就想起一个成语,叫"积沙成塔",看来,沙,是可以积累成塔的。但是它的先决条件是,只有先把沙变成特殊的建筑材料,才能达到这样的目的。临清人早就懂得这个道理,所以,他们开始在砖的制造上下功夫了。几百年后,当砖瓦不再是主要的建筑材料的时候,人们在那些拆迁的故旧建筑中,竟然神奇地发现,当年那些被砌进墙壁、垒进大坝的青砖,那些在金碧辉煌的宫殿墙壁中充当着基础的青砖,居然都打着临清的烙印。于是,人们陷入了深深的思考。

砖瓦,在今天的基本建设中,已经不是绝对离不开的材料。看看那些鳞次栉比的工厂车间,看看那些高耸入云的大厦,更多的是以钢筋水泥或

临清贡砖（靳国君摄）

钢架构为主体的建筑，用砖瓦来作为某种建筑的主要材料，除了特别要求的，几乎再也找不到了。但是，翻开中国的历史，砖瓦却又是新中国成立之前的任何一个朝代都不能离开的宝物。这种既普通又宝贵的建材，从秦砖汉瓦的时代开始，盖房建屋、修桥补路、盘锅垒灶乃至冥葬起坟，哪一件能离开砖瓦？更何况秦始皇修万里长城，还要用砖一块一块地往上垒呢。砖瓦，这个与百姓生存休戚相关的物件，实在是与中国的社会发展并行的一种见证。一旦发现了它的来龙去脉，就会扯住一段已经走远了的岁月，来证明一下曾经的历史与荣耀。

黄河冲积平原上长大的汉子，忘不了那浸润着沙质土壤的窑砖。那是根植于脚下黄土地的一种黄河情结，那是散发着泥土清香的情感固化，那是培养了一大批中国工匠和建筑大师的特殊教材。直到今天，我们在拆建抑或挖掘什么建筑遗址的时候，偶尔还能捡拾到那些签有制砖人姓名的碎砖破瓦。或许，它的制作者已经不会九泉有知，活着的人们一定在想，这个光脚驼背的有心人，一定是一位生活态度特别乐观的小伙子。受那么大累，还忘不了在沉重的窑砖上留下自己的名字。后来才知道，那砖的签名，原来也是一种责任制的标志和领取报酬的依据。今天的生者，真的应当向那已经走远了的建设者，深深地鞠上一躬。说不定，他的尸骨早就变成了泥土，或者又被烧成了青砖，垒进哪座建筑之中。

　　五十年前，我在部队一个连队里当文书。一天，指导员拿着一个战士的档案说，这个名字真不好听，你给他起一个吧。我一看，是炮三班的战士孙砖头。就笑着对指导员说，华北平原上的孩子们叫砖头瓦块的多着呢，还有的叫"破盆"呢。我跑到炮三班，把孙砖头叫到连部，原来，生他的那一年，他的父亲正在一家窑厂给人家脱砖坯，为了有纪念意义，就给他起了这么一个名字。说是这样的孩子泼辣，好养。于是，我和指导员商量了一下，并且征求了孙砖头的意见，就给人家改成了孙爱民。这事做得有些仓促，人家的老父亲是为了纪念呢，就让我们这么简单地改掉了。

　　有砖有瓦的日子，总能让人想到是谁在给我们遮风挡雨，总能想到那滴答滴答流到天井的雨水从屋檐上流下来的情景。脚下的黄土真是个好东西啊。只要你了解它的属性，按照客观存在的审美观去摆弄它，捏啥是啥。生活在有砖有瓦的屋子里，就觉得自己任何时候都是双脚着地。不像现在，还得特别向人家嘱咐一句："可得接地气啊。"一听到这个话，我就从心里发笑，祖祖辈辈都是庄稼地里刨食吃，脸朝黄土背朝天，从来也没断过地气呀。一转念，又觉得自己想错了。如今我们的干部从学校门到机关门、从机关又到领导岗位，许多人真的不知道什么叫"地气"，甚至有的人连砖瓦是怎么来的都不知道了。常想到砖瓦，就是一种接地气吧。

　　我一直在想，临清贡砖上的铭文，类似其身份证明，带有丰富的信息，由此可追查到贡砖的生产时间、地点、负责人，甚至是直接制作这块砖的匠人。如我搜集到的这些临清砖图片上的铭文，有的是"嘉靖八年窑户孙伦造，匠人王信"；有的是"大工，嘉靖九年窑户卢钦兖州府造"；有的是"嘉靖八年分督造，窑户杨杲"。还有一方贡砖的图底铭文为："嘉靖九年临清厂精造，窑户孙伦"。有的贡砖还会署上用途分类，如"大工砖"，为修建皇城专用；"内工砖"，是后宫和故宫皇家御花园专用，"寿工砖"，则是修建帝皇陵寝专用。贡砖上的姓名一般是窑头、作头和匠人等直接负责人的，如砖上有"万历二十七年，窑户梁应龙，匠人赵田造""康熙二十八年临清砖窑户周循鲁，作头张名仕、张化豹造"。这种别具一格的"署名"方式，实际是为了体现"砖"责自负和按质论价（按质量获得工价银），一旦贡砖出现质量问题，就能直接追查到个人。不过，普通游客去故宫、十三陵等地参观，却很少能发现"署名"的临清贡砖，专家会告诉你说，这是因为"署名"的那一面，一般都被砌进墙的内侧，这不仅因为要保持整个墙面的整齐划一，不能把造砖者的姓名暴露在外，还有保持建筑物在外形上美观统一的用意。临清砖的炼成，临清砖的"温润如玉"，方正光滑，是经过不能少于十八道工序的打造才能实现的。如此昂贵的建筑材料，岂能把署名垒在外面？傅崇兰教授说，他在20世纪70年代末，曾从故宫的城墙残破处，看到了这种"署名"的青砖。

临清独特的土质和高超的烧造工艺完美结合，使得此处生产的砖能够脱颖而出。这里位于黄河冲积平原的中段，形成了大量的淤积土。这些土黏沙适宜，细腻无杂质，一层红、一层白、一层黄，当地俗称"莲花土"。这种土含铁量适中，易氧化还原，非常适合烧制青砖。毫无疑问，从原料开始临清贡砖就已经占据了优势。除了土质好，临清贡砖的烧造工艺也十分考究，包括选土、碎土、澄泥、熟土、制坯、晾坯、验坯、装窑、焙烧、泅窑、出窑等十八道工艺。选土、碎土完成后，要用大小筛子筛过，然后像滤石灰一样，将土用卫运河水（俗称阳水）滤满一池，不断加水沉淀，目的是去除土中的杂质——让轻质的树叶、根茎漂起来，捞走，而较重的碎石则沉淀下去。这个阶段叫作"澄泥"，是其他手工砖很少使用的工艺。因此，临清砖也被称为"澄泥砖"。澄泥完成后，分层取泥，通过人或牲畜的反复践踏，使泥完全软烂熟化，这道工序称为"熟土"。踩好的泥，要用草苫盖起来，放置半个月左右，称之为"养泥"。养泥结束后，将泥土取出，用木棒反复碾打，使其无气孔，无凝固硬块，每摔打一遍要闷上二个至三个小时，称之为"醒泥"，就像做馒头揉面块那样，让面块醒一醒。这时的泥软硬适度就可以做砖坯了。"制坯"，既是力气活，更是技术活。一块泥坯重达七八十斤，没点力气举都举不起来。但光有力气可不行，扣坯子的时候必须一次成型，四角四棱、填满填实，不能有任何缺陷。制坯完成后，将砖坯整齐码放，在棚下阴干，这道工序称为"晾坯"。晾坯过程中，还有一道小工序，就是盖上戳印。印上通常要标明烧造年代、督造官员、窑户（窑主）姓名、匠作姓名等内容，便于日后的工程监理。干透的砖坯经过严格的检验（验坯）后，送入窑中，交叉码放，保证每块砖都能均匀受热。装窑完成后在窑顶覆砖、封土，进入焙烧程序。古代烧制临清砖大多用豆秸，偶尔用棉柴。豆秸油性大，燃点好，火力很旺，烧出的砖青黑透绿，成色很好。当年每烧一窑砖需要豆秸八九万斤，几百上千个窑，一年下来就需要几千万斤。《临清州志》记载，东昌、东平、东阿、阳谷、寿张等十八个县都往临清运送豆秸，竟然形成了一个不小的产业。砖窑焙烧半个多月后，先停窑，隔几天等温度下降到一定程度时，开始洇窑。在窑顶慢慢注入清水，使每块砖均匀地发生还原反应。就这些烦琐的程序，也真够让人们眼界大开的。试想，在青烟缭绕的砖窑丛中，前来送豆秸的车水马龙，你呼我叫，鞭花炸响，该是何等繁忙与热闹！

皇家营建所需贡砖，在距京城迢迢几百里之遥的临清烧造，不能不说

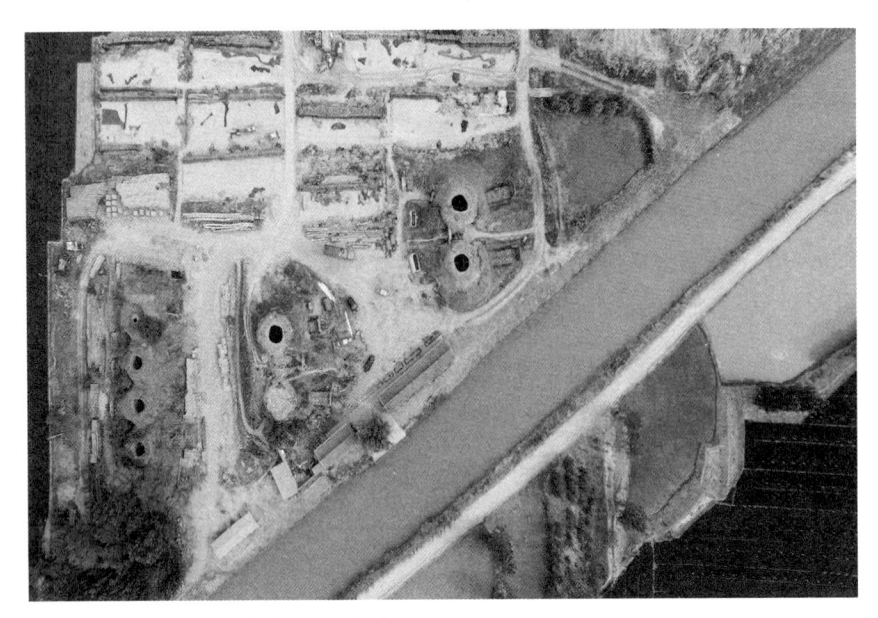

临清贡砖烧制现场一览（徐延林摄）

是一件让许多人大惑不解的事。大运河漕运规模的行程，让临清古城的砖成了宝物。许多想不到的地产成了宝贝。临清的砖就是这类宝物。前面已经写到，临清这地方，黄河水挟裹着泥沙一路奔涌而来，在这片最为平展的地方，长年累月地盘桓，一遍一遍地筛罗，于是，这片土地留下的，竟然全是最好的可以用来烧砖的材料。人们脚踩一片平原，俯身即是原料。挖出来，闷好了，就成了砖瓦的用泥，经历了窑工们精心打造的作品，便成为叩之若钟磬、砌之若磐石的建筑材料。北京城市的建设，就大量地使用了临清的砖瓦。这些来自黄土地的砖瓦，带着土地的质朴、母体的温馨，被垒进了紫禁城的万仞宫墙，砌进了北京的四合院，铺进了皇城根那些有资格到此行走的人们通行的甬道，把北京的城市打扮得古朴典雅，端庄大方。以至于今天，还能从被留下来的明清建筑中，寻找到临清砖瓦的影子。

明清两代临清为州，后升为直隶州。下辖夏津、武城、邱县、馆陶四县。官窑的分布应以临清为中心，南至现河北省馆陶县境内，北至山东省德州市武城县、夏津县，东至现临清市的魏湾乡，原清平县的漳卫运河及会通河两岸。在此区域内，窑窑相连，常以群聚，康熙时客居临清的江南文士袁启旭，曾赋诗吟咏烧砖情形：

秋槐月落银河晓，
清渊土里飞枯草。
劫灰助尽林泉空，
官窑万垛青烟袅。

读着这样的诗句，想想那句"苍天厚土"的老词儿，我突然对临清人热衷于向黄土地三拜九叩的行为有了一些新的理解，原来，脚下的土地也是有情有义、懂得感恩的物质。大河从遥远的黄土高原夺路而来，一路上奔腾呼号，一路上斩关夺隘，只有到临清这个地方，才盘桓，才淤积，才能生成生命鲜活的"莲花土"。为了这一天，造物主特意在平原上点化出一条金线线，让人们将其开凿成一条人工运河，让大运河行到此地，船帮集聚，搅动频繁，把沉睡的沙质土壤从淤积的梦魇中唤醒，在反复的搅动中，净化成细腻无杂质，沙黏适宜的泥浆。细心的人们，把经过历练的泥浆打捞出来，晒了，揉了，搓了，闷了，捏个哇鸣吧，那声音悠扬得……简直让人心醉；烧个小碗吧，竟然铮铮作响，似有一种玄妙传出……于是，人们就开始烧砖，烧瓦。说来也怪，那砖，那瓦，竟也叩之有声，断之无孔，坚硬苗实，不碱不蚀；加上当地运河河段年年清淤，大量淤泥被堆积上岸，需要及时清理。这一需求客观上适应了当地百姓喜欢烧窑的习惯，大批工艺技术娴熟的工匠派上了用场。他们不怕受累，能吃苦，又工于营造，烧出的砖瓦品种齐全、色泽纯正、形状规整。用当时文化人的话来说，就是："朱花钤印体制精，陶模范埴觚棱好。"

这样的诗句来形容临清的砖瓦，实在是恰到好处。直到今天，我们到临清许多百姓家里，还能看到他们保存的制作砖坯的模型。再就是会通河的开通，让大运河实现全线通航，临清成为京城的畿辅之地，也是促成皇家指定在临清烧造贡砖的一个重要原因。

玉河秋水流涓涓，舳舻运砖如丝连。临清运河码头的地理位置，让朝廷官员们看到了一个基本的事实。就是在建造临清漕运集散地那些仓廒廨宇的工程中，他们看到了临清砖瓦的质量，尤其是那些多如牛毛的官府衙门的建造，让他们领略了临清砖瓦的掷地有声、当当作响的优势，当时临清是卫所重镇，屯兵拥众，又是国家储粮基地、商业都会，城市基础设施建设，总是离不开砖瓦的。那些鳞次栉比的街巷胡同，更是给临清砖瓦做了无声的广告。于是，从临清运输砖瓦进北京，就成了朝廷的最佳选择。贡砖烧成后，经过严格检验，可直接装船解运京师。临清城市傍临运河，码头开阔，运输方便，土质特别，水质不碱，成为当时生产贡砖的首选之地。于是朝廷在临清专设"工部营缮分司"，负责督促加工和运输砖瓦。工部营缮分司在临清划地营建官窑数百座，至清代末，烧砖工艺延续达五百多年。临清贡砖除用于北京皇宫等建筑外，广泛用于全国一些重大项目的建设。

临清贡砖烧制工艺包括选土、碎土、澄泥、熟泥、制坯、晾坯、验坯、装窑、焙烧、洇窑、出窑、成砖检验等复杂的烧制工艺。工艺复杂精细，且用料讲究——用当地特有的"莲花土"以及漳卫河水（俗称阳水）烧制。

为保证砖的质量，明清两代的临清砖窑，都有一套严格的技术操作规程。烧砖用的土，过完大筛子，还要过一遍小筛子，然后再像滤石灰膏一样，将土用水过滤，滤满一池，待泥沉淀后，再从滤池中将泥取出，用脚反复踩匀，才能用来脱制砖坯。这和烧制陶器的备泥技术差不多。

脱制砖坯，是所有工序中最耗体力的一道工序。具体做法是：先在砖模子里铺上一层湿布（以便倾倒），然后从踩好的泥堆上取下一块七八十斤重的泥团，经过反复摔揉加工，用力摔入砖模中。泥团的大小和用力的大小既要保证砖模的四角四棱填满填实，又要保证不能因泥团小而添泥，否则砖坯入窑后烧不成一体。各窑场都设专人检查砖坯质量，棱角分明、光滑平正方为合格，不合格者要毁掉重做。因此，一个最好、最能干的工匠，一天也只能脱四百块砖坯。一般的，一天也就脱二三百块。

脱制好的砖坯，晾干之后便可装窑烧制了。烧砖用的燃料，是燃点较高的豆秸或棉柴，其火力旺而均匀。烧窑是一项复杂的技术活，必须由经验丰富的把式掌握火候，用恰到好处的火力，烧制半个月方能停火。停火后不能立即出窑，此时的砖是红色而非青色。要使之变成青色，就必须在窑顶预留的水槽内放水，让水慢慢渗入窑中，水不能太多太急，否则会使窑体炸裂，这称为洇窑。洇窑约六七天时间。这是一道至关重要的工序，操作不当，会让窑内的砖变得色泽不均，或者相互粘连一体，甚至出现花斑而被弃用。洇窑结束后，便可出窑了。

烧窑这活计，供需要求也很严格。制作砖坯要选择非雨季节，以免大雨将坯子淋坏。在制坯子阶段，集中精力积存砖坯，坯子晾干之后，码垛起来存放。等到开窑起火时节，一鼓作气连续烧制，才能既经济，又连贯。烧砖用的豆秸或棉柴因用量很大，需专门筹措。每烧砖一窑，约需此八九万斤不等。为了筹办烧柴，衙门指定周围州县为办柴州县，除东昌府外，周围各县都有指标。东平、东阿、阳谷、寿张等八处，每年领价办柴运送各窑。各州县办柴，俱由运河载送，其清（平）、茌（平）、博（平）、三县，不通水道，就让他们把柴草就近送到附近窑厂。有些催要紧急的贡砖，官府还要派人挟带资金就州境采买，节省了百姓的跑路。由于烧窑用柴巨大，附近豆秸和棉柴的价格常常居高不下，也由此催生出一些专门钻营此道的柴草商人。

明成祖时期，是北京城市建设最重要的时期。北京故宫、天坛、地坛、日坛、月坛、各城门楼、钟鼓楼、文庙、国子监及各王府营建中所用的临清贡砖比比皆是，处处可见。明十三陵、清东陵、清西陵等皇家陵园营建中所用的寿工砖也由临清烧造。当时，为了保证京城用砖，临清管砖的衙门，成为权力很大的部门，从派工、验收到派船、押运等环节，都有专门机构负责。砖出窑后，经验收合格，用黄表纸包装起来，运到天津的张家湾码头，在此进行验收，然后才运往京城。除了北京的皇家建筑，南京中华门城墙、玄武桥、山东曲阜孔庙、德州减水坝、阳谷县张秋镇荆门、阿城、七级等闸坝也相继发现临清贡砖，这些砖至今不碱不蚀、敲击有声。五百多年的历史中，临清烧造贡砖时间之长、数量之大，实在是让人们叹为观止的。

临清贡砖生产工艺是我国劳动人民在生产劳动中取得的独特经验，明清时期用此工艺生产的大青砖已被故宫等多处世界级文化遗产建筑所用。几百年来，此砖不碱不蚀，质地仍坚硬如石，显示了临清贡砖烧制工艺的高超。临清砖开发并恢复生产后，出于国家对土地资源的严格控制，已经没有历史上那么大的规模了。但是，从保护文化遗产、传承制作技艺的角度来看，临清市政府还是保护了临清砖的生产。前几年，从保护土地资源出发，全县仅保留两座砖窑，大运河申遗成功之后，市政府经过反复讨论，认为保护临清砖的生产技艺，与保护耕地一样具有十分重要的意义，在适量占用耕地的前提下，用每年运河清淤的土壤制作，可以收到一举两得的效果。为此，市里让临清砖的继承人新砌了六座砖窑，年产青砖三百多万块，既保证了技术的传承，也为一些急需临清砖的建设项目提供了保障。几年来，临清的砖瓦只能用于少数国家文物保护单位工程项目的修复和扩建。近年来，已用于烟台蓬莱水城和四川成都杜甫草堂的维修，以满足全国各地古建筑的修建使用。如今，临清贡砖烧制技艺被公布为国家级非物质文化保护项目。

不过，作为后来人，每当触摸到临清的砖瓦，内心深处都有一种为之一震的感觉，似乎不是在触及一块砖，而是听到了历史的回音壁发出的铮铮作响。砖，这种建筑材料，看上去很普通，但是，一定程度上讲，它是天地人之间的连接物，没有了它，就觉得脚底下空荡荡，像是被氢气球升空在不知何处是落点的满空里。我甚至不止一次地想，如果临清当年的那些街道、胡同不被破坏，在今天的境遇里，肯定是一幅浓墨重彩的大型油画。一排一排的青砖房，一幢一幢的沿街小楼，抱着长长的大运河，那该是多么让人心旷神怡。偌大一个中国，再回过头来寻找历史的遗迹时，竟然发现县城只有一个平遥，小镇只有周庄、甪直、西塘……屈指可数的那点遗产，少到了让人不敢面对祖宗的程度。我曾经听说过一位在普及大寨县的高潮中下令拆迁曲阜古城的老领导，在生命的最后时刻，追悔不及地说："我是历史的罪人啊，我最大的罪过是拆掉了被称为'万仞宫墙'的曲阜城墙。"虽说，这座城墙被拆不久已经重新建设，老人还是不能原谅自己。写到临清的砖，也让人不能不为之牵肠挂肚。如果连天地人之间的连接物都没有了，我们拿什么去继承民族文化？拿什么去告慰列祖列宗？

砖窑遗址的发现与保护

许多事物，存在着的时候，不觉得它的珍贵，突然间失去或者有些模糊的时候，却想找也找不到了。比如，中国的陶瓷史、救灾史、漕运史……不能说这些方面没有历史记载，但多数属于支离破碎，还很难称得上"史"。在涉及窑业方面的，说到陶瓷的比较多，像"汝窑""钧窑"之类，大都是半路拾起，然后再补充搜集。但是说到砖瓦的，几乎没有很详细的记载。即使像临清这样的"贡砖""名砖"，也很难登大雅之堂，走上可以为之立传的贵人之手。就在20世纪七八十年代，还被当成乡镇企业的骨干行业来抓的砖瓦加工业，随着近年来保护土地资源、禁止滥挖取土烧窑禁令的颁布实施，许多窑厂的旧址便顷刻间化为乌有了。好在临清曾经是全国最为重要的商贸城市，它的砖窑也受到过京师青睐、成为京城建设重要原料的记载，这里竟然还保留着昔年为京城烧砖的砖窑群的遗址。尽管多是碎砖破瓦之属，仔细打磨和挖掘，仍然能够"自将磨洗认前朝"。最叫人高兴的是，其中还能有几座，没有完全坍塌。稍加开发，便显出了当年的轮廓。如果有爱好者专门研究或者书写这方面的历史，仍然可以以临清为范本拿出强有力的实物证据。当然，这要感谢中国政府进行的大运

临清砖窑遗址（靳国君摄）

河申遗行动，感谢世界文化遗产考察组的女士、先生们的慧眼识珠。

砖窑遗址位于临清市东南约十二公里处的运河右岸，属省级文物保护单位。窑址集中分布沿大运河一线，西起河隈张庄村西，东至陈官营村西北，东西绵延约一千五百米。距河道最近者仅五六十米，远者七百多米。绝大多数窑址已被夷为平地，个别尚存的旧窑的痕迹，也已成为高出周围约两米到三米的土堆。

窑址结构基本一致，均由长梯形斜坡式操作间、火门、长方形火塘、马蹄形或长方形窑室及方形烟囱构成。构筑建造方式大体相同，皆在原地面上挖相应部位形制的浅坑，周壁用青砖砌成，以砖铺底。但保存较差，多数仅存底部，砖墙遭破坏。有的窑室及工作间尚存一米深，较差者仅存窑室和烟囱底部的烧结面，但不同时期的窑址形制及规模大小不同。

现存明代窑址两座。位于发掘区北部，两窑并列。操作间朝东，长方形斜坡式坑，两侧单砖砌墙，局部仅存底部墙基，宽约2.28—2.6米、长5—6米。火塘呈横长方体深坑，东与操作间相连，长约2.5米、宽约0.8米，深约0.9米。火门位于火塘和操作间之间，遭破坏。窑室平面近马蹄形，内径横宽5—6.5米、纵深1.9—2.6米，单砖砌墙，局部尚存四五层砖，砖的一侧多数戳印款铭，可辨者有"天启五年上厂窑户王甸作头张义造"，底部以小砖铺底，平行摆成多排，每排略弧。窑室后部等距分布三个方形烟囱，其中两侧的对称外伸。烟囱和窑室间立两块砖，隔出三个烟道。

清代窑址十六座。窑室形制有两种：近方形和圆角扁长方形。方形窑室者，皆位于发掘区东部，五座南北并列成排。操作间朝西北，窑室近方形，纵深长方形，火塘伸入窑室内，窑室后部砖砌两个方形大烟囱。均遭严重破坏，墙和底部砖被取走。窑室规模相当，内径横宽4—4.9米、纵深约5.2米。圆角扁长方形窑室类的窑址主要分布于发掘区东西两侧，东侧的一排工作间大多朝西北，个别向东南，西侧的一排工作间均朝东南。窑室的后部，等距分布砖砌的三个方形烟囱，烟囱与窑室间，立两块砖隔出三个烟道。保存情况差别较大，东部一排遭严重破坏，窑室周壁、底及操作间两侧墙上的砖，基本被取走。唯西部两座保存较好，窑室及工作间的局部，尚存不到一米高的砖墙，铺地砖保存完好。规模大小不一。大者，窑室内径横宽约7.5米，纵深约4.3米，工作间长9米左右，宽1.5米。小者，窑室内径横宽约6.5米，纵深约2.7米，工作间长5.2米、宽1.4米。

还发现道路两条，其中一条有明显的车辙痕，并向河道内延伸，可能与砖的外运有关。它告诉人们，当年漕船夹带青砖进京，这里就是一处很好的装船码头，至少是一个能停靠船只的所在。虽然经钻探，在路与现河道的交接处，没有发现码头类遗迹，但是从砖窑里延伸出来的车辙，却明明白白地摆在那里。这就不能不让人怀疑，在大运河停航停水的日子里，机械清淤等人为因素，极有可能对原有遗址造成破坏。另外，清理了取土坑、垃圾坑、储灰坑、局部活动面及右侧的一段大堤等遗迹，也有可能造成遗迹的链条出现断裂。

遗物主要为大量青灰砖，其中完整者且戳印款铭的一百多块，有款铭的残块数百块。款铭格式、内容一致，长方形单线框内单行楷书，内容有纪年、窑户及作头姓名，但不同时代款铭的位置、内容有变化。明代款铭皆戳印于砖的长侧面，阳文楷书，发现有万历纪年的残块，其余为天启元年、天启三年或天启五年，窑户为王甸，完整款铭如：天启五年上厂窑户王甸作头张义造。清代砖款铭均戳印于端面，绝大部分为阳文楷书，少量为阴文楷书，纪年跨顺治、康熙、雍正、乾隆、道光等几朝。完整且字迹清晰者有：康熙拾伍年临清窑户孟守科作头、岩守才造，乾隆九年临清砖窑户孟守科作头、崔振先造，乾隆四十二年窑户孟守科作头、崔成造，道光十年临砖程窑作头、崔贵造等。还发现几块有红色印章的砖，印记位于砖的长侧面，长方形粗线红框内印单行六字红色楷书，字体较大，字迹清晰可辨者为"东昌府临清砖"，相对应的侧面戳印款铭，纪年为乾隆九年。另外，还发现少量青花瓷碗、盘及黄绿釉红陶盆等生活用器残片。看到临清砖窑的这些遗迹，我突然想到在东平县戴村坝看到的鲫鱼背式分水坝，那上面的青砖，每一块都是嵌入了施工者姓名的，至今完美无缺——那也是临清砖乎？先记一笔，以待后证。从出土的款铭砖判断，窑址大多属康熙、乾隆年间，最早的是天启年间，最晚的属道光时期。据明清史籍及《临清州志》记载，永乐初，工部在临清设营缮分司督理烧砖业，岁征城砖百万，顺治十八年（1661年），裁营缮分司，由山东巡抚领之。随着岁月的推进，人们发现临清砖遗迹的可能性会越来越大——那毕竟是在两个王朝的建筑业中闪过一回光芒的。

近年来,考古工作者发现,在故宫、天坛、十三陵及清西陵等皇家建筑内,均发现有临清砖的标志。临清成为明清两朝皇家建筑用砖主要基地,临清的砖窑厂,在当地也被称为"官窑"。虽然明清史籍中多有临清砖的记载,但也是只言片语,内容主要涉及窑厂的管理。2011年的发掘,是明清烧砖"官窑"遗址的首次大规模揭露,使明清以来坊间一直充满诸多神秘色彩的贡砖"官窑"重新面世,以丰富的实物资料填补了史籍中有关窑址形制、结构及窑厂规模大小等记载的阙如。这对于国家级非物质文化遗产——明清贡砖烧造技艺的研究具有重大的推动作用,也为运河文化的深入研究及大运河申报世界文化遗产提供重要的实物资料。

明代,工部在临清设营缮分司督理烧砖业,对北京的城市建设是发挥过重要作用的,岁征城砖百万的记载,不仅有据可查,而且有人为证。直到今天,人们在故宫、天坛、十三陵及清西陵等皇家建筑内,均发现有临清砖的标志,有的还刻有造砖人的姓名。临清砖是山东省的汉族传统手工技艺。明清两代"岁征城砖百万有奇",当时临清每年的贡砖烧造实际数量应远远超出几百万块的贡砖数量。

临清砖窑遗址,这是近年来挖掘的一个新发现。或许,它能填补砖窑这一很少有人给它树碑立传的缺陷,成为全国较早记录这一行当的开端。——我孤陋寡闻,但我期待着能有一本让人耳目一新的"砖瓦志",送到世人的眼前。总不能让人们用一句"秦砖汉瓦"的成语取代了它的全部。临清人对此已经有了自己的措施,指定贡砖的传承人设立了砖窑。这对于渐行渐远的一门技艺,是一种拯救与保护,可以让我们的子孙后代对它的历史有一个基本的了解,使那些早已长眠地下的制砖人的灵魂得到安息。还可以预见,只要有黄河冲积平原在,能够锻造出临清砖的资源就不会灭绝。至于将来科技发展了,新的冶炼或烧制技术出现了,环境保护资源保护的压力减轻了，临清的制砖优势需要焕发青春了，或许，那个时候砖瓦的制作就会成为另外一种形态。比如，浓烟滚滚的窑厂没有了，取而代之的将是一种机械或者是电子设备的出现，只要机器开过去，砖就制作好了。不要以为是天方夜谭，临清的父老乡亲们对此充满信心。

临清传

The biography of Linqing

第十章 源远流长的临清哈达

真的应当感谢临清，如果不是写作这本关于临清的传记，有许多属于地标性的有形的或者非物质性质的特产、名胜等，就真的弄不清它的来龙去脉。写作这本书，让我从一开始的按图索骥，到后来的精雕细刻，竟发现许多有趣的事情，只有经过反复的打磨，才能"自将磨洗认前朝"。也让我进一步懂得了"深入实际，不尚空谈"的极端重要性。比如，对于临清哈达的书写，虽然之前有一个基本框架，但其中的一些材料的使用，就不够准确。要不是在基本成书后，去临清拜访非物质文化遗产传承人许贵华先生，接受了他珍藏的那些资料、图片、书籍和口述的史实，并且与许先生来一个剥茧抽丝、寻根问底，就有可能落入沿用以讹传讹定见的误区。见到这些言之凿凿的证据，就有了修改的把握。于是，把临清哈达作为一个专章，弄清它的来龙去脉，便成了我特别高兴的一件事。

蚕丝生产和纺织业的兴盛

哈达是藏族、蒙古族等信仰藏传佛教的人民作为礼仪用品的丝织品，是社交活动中的必备品。表示敬意和祝贺用的长条丝巾或纱巾，多为白色、蓝色，也有黄色等。此外，还有五彩哈达，颜色为蓝、绿、红、白、黄。蓝色象征蓝天，白色象征白云，绿色象征江河水，红色象征空间护法神，黄色象征大地。五彩哈达是献给菩萨和近亲时做彩箭用的，是最珍贵的礼物。佛教教义解释五彩哈达是菩萨的服装。所以，五彩哈达显只在特定的情况下才用的。

藏文的"哈"是嘴巴、口的意思，"达"是马的意思，说白了，哈达就是口上的一匹马，即是说送这种礼物，相当于送一匹马，可以给接受者带来吉祥幸福。因为一般人在会见的时候，不是都可以带着马匹来送的；但又不能只是空口无凭的"空头人情"，就以这种丝织品的哈达代替一匹马了。哈达类似于古代汉族的礼帛。藏文化流行的地区包括尼泊尔、印度、不丹和俄罗斯、布里亚特等地，都有给客人敬献哈达的习俗。哈达，是丝绸之路上一个寄托着人们相互尊重的礼品，是构成丝路文明的一个重要载体。这样的礼品产于临清，许多人觉得奇怪。其实，了解了临清哈达

临清丝织哈达（靳国君摄）

的来龙去脉之后，就会对这样的疑问恍然大悟了。

　　哈达与绢帕是两个完全不同的概念。哈达在临清落户之前，这里的绢帕生产就有一定规模了。对于临清绢帕的记载，可以从古代明清小说和元杂剧中找到。凌濛初先生《拍案惊奇》卷十二《陶家翁大雨留宾　蒋震卿片言得妇》中就有这方面的描写："走到前面把眼一看，吃了一惊，谁知不是昨日同行的两个客人，倒是两个女子。一个头扎临清帕，身穿青绸衫，且是生的美丽；一个散挽头髻，身穿青布袄，是个丫鬟打扮。"在远离临清的浙江诸暨，一位普通的市井人物，开眼便认出临清帕，恐怕不是作者凭空杜撰，至少说明临清的丝织品在当时已经成为蜚声大江南北的名牌产品。明代的于谦，是明英宗时期的著名廉吏。当时社会上盛行着一种非常腐朽的贿赂官吏的风气，许多人进京面君也要送上厚礼。有人劝于谦也这样做。没想到这位一向廉洁自律的官员当场进行了严肃的批评。并且写下了为后世传诵的《入京》一诗。诗中这样写道："绢帕蘑菇与线香，本资民用反为殃。清风两袖朝天去，免得闾阎话短长。"这既是一首对贿赂之风进行批判的诗，也是一首表明自己志向的表态诗，表明自己坚决不与腐败之风同流合污、要给劳苦大众一个答复的决心。不过，人们也可以看出，当时丝织品的价格是昂贵的。这不仅从成品的影响上可以看出，从原料产地特征也可以看得出来。我国的桑蚕生产，已经有四五千年的历史。早在汉代，黄河冲积平原就是重要的桑蚕产地。到元明时期，山东、河北、河南交界的地域，就有许多大面积的桑园，直到今天，名字叫桑园的村子还不胜枚举。明代不仅临清有著名的桑园镇，就是它下辖的武城、夏津、馆陶等县，也是重要的桑蚕生产地。许多地方还流传着许多与桑蚕生产有关的故事，武城县的人就喜欢讲述《桑园会》的故事，夏津县的后屯乡因为有一片上千亩的一千多年树龄的桑树园子，被国家列为中国特色小镇。这些地方，当年都是为临清的绢帕生产提供原料的基地。临清至今还有桑树园村、桑园村、郭堤桑树园等村子。临清丝织品从汉代起，就享有盛名。不管是戏剧《桑园会》还是夏津县后屯乡至今尚绿荫遮天的千年桑园，都证明着当年这块曾是临清辖地上桑蚕生产发展的雄厚基础。过去，有的研究者，分不清绢帕与哈达的关系，认为绢帕与哈达是同一产品，这是不对的。桑蚕生产促进了绢帕生产，绢帕生产又为哈达生产提供了物质和技术的基础，从而催生哈达的出现与发展。

  由于丝绸和纺织工业的迅猛发展，哈达成为临清的特产也就在情理之中了。从一份关于明代哈达采购的资料里看到一则很有意思的记载，一位甘肃藏区商人，听说苏州生产哈达，就跋山涉水去了那里。但是，却未能如愿以偿。商人揣着一腔郁闷沿大运河乘船北上，到了临清，才看到这里的哈达生产，不仅质地优良，而且花色品种很有特点。于是，当下就把临清作为采购哈达的基地。之后，一传十、十传百，哈达生产的雪球就在临清越滚越大，以至于成为我国哈达生产的重要基地。

关于哈达在临清的生产，人们的街谈巷议中，有很多脍炙人口的故事。聊城地区《文化志·工艺美术篇》中，曾经有一段追溯临清哈达起源的故事："临清哈达作坊始为吴姓人创办。他曾在杭州哈达作坊干了五年，为了把这门技术学到手，装成哑巴，学成后来到临清。"这说法是否真实，不好断定，我在了解临清手帕为什么成为全国名牌的时候，曾经听到一些老人们说，哈达之所以从丝绸之乡的苏州转移到华北平原的鲁西临清，很重要的是临清桑蚕、棉花种植业和纺织工业的兴盛，启发了手工业生产者从纺织工业的同类项出发考虑问题的思路，才使这里的哈达生产逐步发展起来。历史学家翦伯赞，在写作《中国史纲要》时，经过详细考察，得出了"临清哈达始于元，兴于明，盛于清"的结论，特别写到当时中国的两个哈达生产基地——临清与成都，"临清机户所织的'哈达'，专门运销蒙古；成都机户所织的'哈达'，专门运销西藏。此外，北京的'大字号'还供应蒙古、西藏等地需要的喇嘛念经用品和一些特殊的手工艺品。"（见《中国史纲要第三卷》）而当时北京的"大字号"的供货商，正是临清哈达最重要的合作伙伴。

我们在临清期间，也了解到形成这一产业的许多独到之处。如，临清的桑蚕，避开了江南气候湿润带来的弊端，这里气候干燥，所产桑蚕丝质光滑，柔韧性强，比江南丝绸更适合于织造哈达。如果没有质量上的高人一筹，光凭姓吴的人装哑巴，最多只能偷一种技术过来，不会把南方的市场也拉过来。更重要的是，因为南方兵变，社会动乱，使哈达的生产经营受到影响，遂转移到临清。临清哈达，是鲁绣的一个品种，是一种净底或织有宗教图案的丝织品，它以优秀的品质获得藏、蒙古等民族中信仰藏传佛教的信众的信赖，才使这一神圣的宗教用品的生产在临清扎下了根。

献"哈达"的动作因人而异，一般来说，要用双手捧哈达，高举与肩平，然后再平伸向前，弯腰给对方。这时，哈达正与头顶平，这表示对对方尊敬和最大的祝福。对方以恭敬的姿态用双手平接。对尊者、长辈献哈达时要双手举过头，身体略向前倾，将哈达捧到座前或足下；对平辈或下属，则可以系在他们的颈上。哈达被藏、蒙古等族人民视为圣洁、崇高和友谊的象征，是他们用于敬神拜佛，对人们表示敬意和祝贺，以及举行纪念活动的珍贵礼品，一匹哈达相当于一匹马的价值。祭祀、丧葬、娶妻、生子、朝拜祝贺都献哈达。很早以前，献哈达有浓厚的宗教色彩，而且只在上层人物之间流行，但是随着社会的不断向前发展，这种礼敬法器如今已经被沿用到民间，并且对此赋予了新的意义，成为欢庆、祝贺、礼俗的形式，作为藏族在礼宾交往中的一种表示敬意的吉祥物了。如今，每逢新春佳节来临之际，藏族群众中亦有在各家客厅的显要位置挂一幅毛主席像，上面敬献一条哈达；或者在堂屋的中柱上拴一根哈达；当夹道欢迎尊贵的领导和高僧大德时，向缓行中的座轿抛献哈达；在婚礼上要举行为新郎新娘挂哈达的仪式；赛马节上骑手从飞奔的马背上弯腰捡起地上的哈达等习俗。有的领导和活佛接受群众敬献的哈达时，顺手将哈达回敬于对方颈项上。有的地位显赫的人赠盖有自己印鉴的哈达，此类哈达常被视为福物，珍藏起来作为永久的纪念。哈达代表藏族人民的祝福、问候、祈愿、和睦、友好，在藏族人民生活中的用途十分广泛，在宗教礼仪中是最纯洁、最虔诚的供品，敬神献佛、喜婚嫁娶、谒见尊长、馈赠迎送等，是第一道贵重礼品。双方会见商讨有关诉讼、械斗、纠纷之时也要相互赠送哈达，它象征着息事宁人的意愿，若拒绝对方献上的哈达，就意味着拒绝和好。请求别人帮助若不献哈达，则被认为是礼仪不周，办不成事情。有事相求献哈达，对方应允，接受其哈达，不应允，则当面退还。向对立的一方献哈达，表示愧悔、致歉，对方接受哈达，意味着取得了谅解，愿意重归旧好。在某种情况下，一条哈达的赔礼道歉也往往能化干戈为玉帛。按照藏族人民的规矩，哈达可以充当被罚款的对象，因为它可以代表一匹马,也可以代表金、银、牛、羊、布匹等。书信往来,也可以缠哈达于信函中,以表示恭敬和祝福。媒人提亲,亲戚间探望,知己相聚,逢年过节,迎宾接客中也都用哈达作为见面礼物,以表示庄重、典雅、高贵、互献互敬,心明如镜。据史料记载:"凡进见,必递哈达一条,如中华投递手本之意。若系平交,则彼此交换为礼,即书信中亦置一哈达"。

一个家族的哈达记忆

蚕桑、棉花的大面积种植与丝织技术的传播，无疑使已经繁华成北方最大商业城市的临清有了乘势而上的机遇。一批又一批从事各种专业生产的手工业作坊，雨后春笋般成长起来。哈达当然也不例外。只要有了稳定的市场和销售渠道，它的发展也会稳健而迅速。哈达传入中国之后，经过绸缎之城苏州的短暂停留，就毫无争议地落户在临清。明代早期临清哈达业分为丝店、机房和浆房三部分。清代极盛时，临清县机房七百余处，浆房七八处，收庄十多家，织工五千余人，成为当时"日进斗金"的三大手工业之一，曾有"一张机子一顷地"之说。哈达沿丝绸之路销往青海、甘肃、西藏、新疆、内蒙古和东北等少数民族地区，也有少量通过茶马古道的运输，进入四川、云南等地的藏区。《临清县志·经济志·工艺篇》中有这样的记载："临清地处平原，服田者多，而逐末者少。其工艺之较著者如织丝缝皮等。在前清时代营业颇盛……"在《旧工艺篇》中又有更为详细的记述："丝工类其最著者为粉绢行，一名哈达庄。收买远销者曰丝店，织户曰机房，染工曰浆房。前清季世最为发达时期，全境机房七百余，浆房七八处，收庄十余家，织工五千人。其织机有大小之别。出品有净货、浆货之分。

净货为佛像、佛字、丈哈达、八宝、通面等。浆货为浇花浆、本丈绢等。统售销于内、外蒙古及察绥等地……"由此我们可以看出，当时临清哈达的生产规模已经不小。对临清织造工艺发生了深刻的影响，推动了哈达生产工艺水平的提高。临清哈达现存最早的文字记载是清乾隆十四年（1749年）的《临清直隶州志》，其中介绍了临清哈达，并把其分为精、次、又次三个等级。最好的哈达敬献高僧大德、长辈、尊贵的客人和领袖，稍次一点的用于相互之间的友谊和往来，再次一点的用于邻里间的借贷往还。

哈达织造业落户在临清，是临清商业贸易城市出现的必然，是从事这一行业的手工业主和经销商人依据经济规律做出的选择。昔日，西藏一位官员曾慕名去杭州选购哈达，结果空手而回。后来他沿运河北上，终于在临清如愿以偿。从此临清哈达便进入西藏、内蒙古、甘肃等少数民族居住区域，并享有较高声誉。从中我们不仅可以感受到先民的智慧，更会为中华民族古老文明而感到光荣与自豪。

如此发达的哈达纺织工业，形成一条由诸多环节相互连接的产业链，这些产业链多数是由家庭作坊组成，其中程序比较完备，能形成哈达最终产品的，大体上有七八家企业。新中国成立初期，这种局面在临清依然存在。我们在写作这本书的时候，非常荣幸地采访到了非物质文化遗产的传承人、当年曾跟随祖父和父亲一起从事哈达生产的许贵华先生。他不仅是临清哈达生产的亲历者，而且目前正在筹备建设临清哈达博物馆，搜集了大量实物和文献资料。如，1958年轻工业出版社出版的由中华全国手工业合作总社编辑的《巧夺天工》一书，这本集子，将出席1957年全国轻工业系统的各路中国工匠，在各条战线上的创造发明和独有的技能的经验介绍汇集在一起，是我国轻工业战线在新中国成立初期大国工匠精神的集中体现。许贵华的祖父许殿扬先生，是一位跟着自己的先人做了一辈子哈达经营的老人，作为临清哈达艺人，他不仅出席了这次全国工艺美术艺人代表会议，而且做了《深受蒙藏人民欢迎的临清哈达》的专题发言。从他的发言中，我才知道，十世班禅额尔德尼·确吉坚赞第一次见到毛主席，敬献的哈达就是临清生产的产品。同时，也对哈达有了更深刻的了解。原来，临清哈达是一种工艺水平很高的丝织品，分为丈哈达、官佛像、字佛像、红净花绢、红尺三斗、八宝花绢、江本等二十三种，上面绣着表示宗教信仰的图案和藏族、蒙古族等信仰藏传佛教的文字，如，莲花、宝盖、轮、盘长等八宝纹样，在外面有一层经丝，可以使花纹耐久、背影明显。哈达的技术要求很高，一尺宽、一丈长的幅面，看上去非常美观大方，庄重漂亮，但在高明的师傅手里，只用一两丝线就可以织成。

哈达品种多，等级、层次和用途更多。最高级的哈达是官佛像、佛字文帕，用来敬献高僧大德和领袖、祖先；中等哈达用来敬献亲戚朋友，其中红尺三斗是作为结婚赠礼之用；江本哈达供作丧乱之用；等级较差的哈达是粉绢，多用于日常生活中左邻右舍的你来我往，有的还将其对折裁成对方，用于邻人相互之间的借贷来往，借东西时先送一方哈达给对方，表示对对方的尊敬。藏族、蒙古族等信仰藏传佛教的民族，把哈达看得很重，是一种高尚的礼品，对哈达充满敬意。新中国成立前，藏族人民处在被奴役的地位，唯利是图的商人，常常用一匹价值两元的哈达，换回两只价值五十多元的肥壮的绵羊，商业资本家从中赚取了藏族人民的财富。新中国成立后，国家从维护藏区信教群众的切身利益出发，规定了合理价格，20世纪50年代还对哈达的营销做出专门规定，由国家统一管理，藏族、蒙古族人民才摆脱了被剥削的境地，按照公买公卖的原则，买到价格合理的哈达。

许氏家族可以称得上是临清的哈达世家了。如果不是见到许贵华先生珍藏的那些堪称文物的哈达和图案，我怎么也不会相信七百年之前的山东临清，居然与蒙古、西藏建立了如此牢固的哈达协作关系。那可以说是1985年之前所生产的哈达样品的集成，既有薄如蝉翼、柔似流水的康熙年间的官样哈达，也有明清时期几位达赖、班禅专用的哈达，在时间上最与我们接近的，当是十世班禅额尔德尼·确吉坚赞20世纪80年代用过的"浪尊哈达"。说起这些藏传佛教高僧大德与哈达的故事，许先生打开的话匣子真是滔滔不绝。据许贵华的爷爷许殿扬先生回忆，他小的时候，就跟着父亲许连忠做哈达。他的父亲是一位做了五十多年哈达的老艺人，那个时候，家里日子艰难，老人家除了做哈达，还要做一些泥瓦工之类的零活儿，才能勉强维持生计。到后来，许殿扬又让儿子许广文跟他学做哈达。几经磨难，许殿扬的哈达成为临清哈达中质量最好的，他的儿子许广文也成了制作哈达的高手。新中国成立后，许殿扬按照民族宗教部门的要求，继续从事哈达制作手艺，成为临清哈达这一领域最优秀的传人。1957年，被选为全国轻工系统美术艺人的代表，赴京参加会议。回到临清后，许先生觉得把哈达制作的技艺传承下去，不仅是对信仰藏传佛教群众风俗习惯的尊重，也是执行我国宗教信仰自由政策的一个标志，是自己义不容辞的责任。于是，他在担任临清市丝织社社长期间，除了让自己的儿子许贵华跟着学习哈达制作技艺，还重点培养了技术厂长杨沛泽等一批骨干。1985年，杨沛泽代表临清哈达厂赴京拜见十世班禅额尔德尼·确吉坚赞副委员长，并同他合影留念，还商定了为班禅大师指定专用的"翠浪"牌哈达的相关事项。

临清哈达传到了许贵华先生的手上，前后经历了四代人、一百二十多年矢志不渝的坚守与探索，2018年许贵华已年满六十岁。向前看，中国社会已进入小康，以习近平为代表的党中央带领全国各族人民开创的社会主义新时代，正在以前无古人的步伐，走向大国中兴的高峰。未来社会的发展与进步，离不开各族儿女的精诚团结，离不开对宗教信仰自由政策的执行和维护。为此，哈达生产的文化，就应当传承下去。至此时刻，筹办一个临清哈达博物馆，正是他的想法。作为非物质文化遗产传承人，他正在为此而积极努力着。

十世班禅的专用哈达

兴盛了几百年的临清哈达,在共和国成立的礼炮声中,被赋予了更加灿烂夺目的光彩。特别是西藏由奴隶制社会一步跨入社会主义社会的经历,让广大藏民和信仰藏传佛教的其他各个民族的群众,看到了中国政府奉行的宗教信仰自由的政策与各民族一律平等的政策的无比正确,这让本来重情重义的西藏人民和其他有藏传佛教信仰的民族,更增加了对中央政府和执政的中国共产党的热爱和信赖。尤其是当时还很年轻的十世班禅额尔德尼·确吉坚赞,更是增添了一定要按照藏传佛教的礼仪把最美的哈达献给毛主席的想法。

十世班禅诞生和成长的少年时代,是中国人民抗击日本帝国主义侵略和抗战胜利后中国面临两种命运决战的历史时期。同时,还面临着西藏极少数分裂主义分子妄图搞"西藏独立"的严峻局面。在这种动荡不安的政治形势下,幼年的十世班禅便卷入了政治斗争的旋涡,对他的成长产生着深远的影响。

1937年12月1日,九世班禅额尔德尼·曲吉尼玛圆寂后,班禅堪布会议厅于1941年指认只有三岁的他为有可能成为班禅转世灵童的人选之一。1944年在拉卜楞寺活佛、著名学者计美赤来嘉措主持下，于宗喀巴大师诞生处圣迹前举行仪式，从十名灵童中确认为唯一灵童，授法名确吉坚赞，迎请至塔尔寺内供养，接受严格的经学教育，潜心研习《量释论》《现观庄严论》《入中论》《戒律本论》《俱舍论》（合称五部大论）等佛教经典。1949年经当时民国政府批准于8月10日，在塔尔寺举行坐床典礼。1949年9月，十世班禅派员与中国人民解放军取得联系。10月1日致电毛泽东主席、朱德总司令，祝贺中华人民共和国成立，表示拥护中央人民政府，希望早日解放西藏。1951年5月23日，出席中央人民政府和西藏地方政府《关于和平解放西藏办法的协议》签字仪式。1952年6月由青海经西藏拉萨，返抵住地日喀则扎什伦布寺。

额尔德尼·确吉坚赞对祖国的热爱与坚信，是由来已久的。1949年4月，国民党政府极力拉拢、诱骗班禅堪布会议厅的主要成员，企图把班禅和堪厅迁往台湾。堪厅的主要成员詹东·计晋美决然做出了正确的决定："不去台湾，留在西北，审时度势，视情而行。"当时班禅才十一岁，虽然不可能决定政治上的重大问题，但他在父母和长辈的影响下，有了自己的主张：我是藏族人，我有着官保慈丹的幼名；我是出生在青海省循化县黄河岸边的藏族人，是喝着黄河水和雅鲁藏布江的水长大，远祖出于西藏萨迦昆氏家族；我爱故乡，不到外边去，绝不能离开生我养我的土地。这说明幼小的十世班禅有着非凡的灵性。中华人民共和国宣告成立后，避居在青海牧区香日德寺的班禅欢欣鼓舞，当即分别给毛主席、朱总司令发出致敬电。毛主席、朱总司令和彭德怀副总司令员给他复电，希望班禅"和全西藏爱国人士一致努力，为西藏的解放和汉藏人民的团结而奋斗"。

在党中央、西北局和青海省政府的关怀下，班禅和堪布会议厅由香日德返回塔尔寺。此后，班禅主要在塔尔寺学习藏文和经典。曾任九世班禅经师的拉科活佛继任十世班禅的经师，后又由嘉雅活佛任经师。两位经师德高望重,每天上下午和晚上,十世班禅按照规定的课程,学习藏文《三十颂》、练习书法、读书念经、背诵经文。1951年春天,中央人民政府和西藏地方政府(噶厦)商定在北京举行和平解放西藏问题的谈判。当年4月中旬,班禅赴京途中,在西安会见习仲勋时说:"我们是专程去北京向毛主席致敬的,我们把藏族人民对中央人民政府和毛主席的良好祝愿亲自传达给毛主席。"习仲勋同志对此给予了很高的评价。班禅表示:"坚决拥护中央人民政府的正确领导,决心与西藏各界爱国人士一道,为西藏的解放和各族人民的团结而努力奋斗。"4月25日,班禅一行四十五人到达北京,当晚,周恩来总理设宴为班禅接风洗尘。宴会前,周总理同班禅进行了长时间的交谈。班禅被周总理渊博的知识、诚恳的态度、谦虚的作风、端庄的举止、慈祥的笑容深度吸引,留下了终生难忘的印象,对班禅以后的成长产生了深刻影响。到"五一"节这天,毛主席在天安门城楼上接见了班禅,使他十分激动。6月23日这一天,举行了《关于和平解放西藏办法的协议》的签字仪式。次日下午,毛主席在中南海怀仁堂接见西藏地方政府和谈代表和班禅一行。

班禅额尔德尼·确吉坚赞要给毛主席敬献哈达的愿望终于实现了。那一天,他把早就准备好的由临清丝织社织就的一匹精美的官哈达,毕恭毕敬地敬献给了伟大领袖毛主席,并向中央人民政府赠送了锦旗、金盾、长寿铜像、银曼扎、藏香及其他珍贵礼品。当晚毛主席举行盛大宴会,年轻的班禅抑制不住内心的激动,发表祝酒词说:"多少年来没有解决的中国内部的民族问题——西藏问题,在毛主席领导下胜利地解决了。和平解放西藏是中国各民族大家庭的一大喜事。这只有在中国共产党和人民政府领导下才能实现。"6月2日,班禅赴天津、上海、杭州等地参观。6月26日,班禅返回青海塔尔寺。一系列的学习参观,让十世班禅越发地认识到,只有中国共产党领导的社会主义才能救中国,只有毛主席才能救中国，只有各族人民的大团结才能保证国家的长治久安。1952年国庆节他向驻藏部队捐献了五十万斤粮食和一部分酥油、牛羊肉等。他的行为极大地影响了广大藏民，为西藏的和平解放奠定了坚实的基础。西藏和平解放后，中央人民政府任命他为西藏自治区筹备委员会第一副主任委员、代主任委员。后来，又先后担任中国佛教协会第一届至第五届名誉会长，第二、五、六、七届全国人大常委会副委员长，第二、五届全国政协副主席，中国藏语系高级佛学院院长。1956年他获印度瓦然那斯梵文大学名誉博士称号，著有《普提道次第广论简释》《双身喜金刚生圆次第》等。对于这样一位有着强烈的爱国之心的藏传佛教格鲁派杰出领袖，党中央国务院非常看重，他不仅是维护祖国团结统一的代表性人物，也是杰出的社会活动家。

额尔德尼见到伟大领袖毛主席，有着发自内心的深厚情感。在他的眼中，这位慈祥仁厚的领袖，对人民有着深厚的情感，对少数民族尤其是边陲的藏族人民特别关心。他觉得，最能表达自己心愿的，就是每次见到毛主席的时候，都能把最圣洁的哈达献给他，才能表达自己钦敬的心意。1961年1月23日，第十世班禅额尔德尼·确吉坚赞又一次向主席敬献临清所产哈达。

此事引起了临清丝织社的关注：既然大师如此重视哈达，我们何不生产一种专门供他享用的产品？几经周折，20世纪80年代初期购进了四台专门生产哈达的"津田"牌丝织机，进一步提高了产品的质量和美观，国家轻工业部看了产品，并到临清实地考察后，指定临清织布厂为全国唯一一家哈达生产定点厂家。又通过国家民委办公厅一位姓刘的同志，与额尔德尼·确吉坚赞取得联系。负责与班禅大师联系的杨沛泽副厂长，把临清生产的哈达的官佛像、丈帕、大小八宝、花喜绫、小白绢、小蓝绢、浪翠等系列产品，送到班禅的办公室请他过目，班禅看后，最喜欢的就是制作十分精美的"浪翠"。这款哈达,佛像头像是释迦牟尼、燃灯佛、弥勒佛,两端各有一个小喇嘛,提花织就,形态逼真,具有浓郁的民族特色。大八宝则是用八种佛教图案,寄托吉祥如意,由于其疏密得当,色泽艳丽,叫人十分喜欢。就连专供儿童使用的小八宝,也做得漂亮诱人。为此,1985年起,直到圆寂的前一年,十世班禅额尔德尼·确吉坚赞,每年专门派人从北京来到临清,指名订购"浪翠"牌哈达。此前,这一品牌,只有班禅一人用过。大师去世之后,临清再也没有生产这个牌子的哈达。可以说,"浪翠"牌哈达是十世班禅的专用产品。

把临清与世界连起来

临清从乾隆年间就有哈达作坊、丝线作坊、丝浆作坊，并且专门成立了丝织行会，修建了方便丝织行业议事的机神庙，行业内有重大事项，都要到机神庙商议定夺。据民国《临清县志》记载："机神庙，广济门内。嫘祖为皇帝妃，教民育蚕，为衣服制成之祖，故机户、织女皆祀之。"这段关于织女祭祀嫘祖的记载，尽管带有浓厚的原始宗教崇拜的戳印，但也反映出那个时代人们把丝织品的生产看得极为重要的一种思想观念。记载清代临清哈达庄的文字，最权威的莫过于当时的临清县志，而在清乾隆以来的州志、县志中，没有不把哈达生产录入县志的。清代中期，哈达是临清重要的纺织业中的重要内容。较大的哈达纺织企业是刘姓人家开的哈达作坊，这家老板与居住在耳朵眼胡同的山西商人经营的"大成苑"哈达收庄联手经营，商品沿着走西口的路线一直延伸到欧洲和西亚。在这家作坊的带动下，一大批山西和内蒙古的商人，纷纷到临清开庄营业。到清代后期，仅山西、内蒙古的哈达收庄就有大成园、千和德、复合成、双美成、协成、复合昌、义和成、义兴泰、庆兴泉、天聚奎、天利勇、崇盛林、德胜魁、德远亨等几十家。这家经销商人瞅准了哈达在宗教生活中的作用，下大本钱从事贩运。他们贩运的路子,基本上是靠骆驼和黄河渡船,来往于西藏、新疆、尼泊尔、印度的线路上,先由运河水路将买好的货物运抵天津,再用毛驴或者骆驼走旱路运到山西吕梁临县的古渡碛口,上船出西口之后再用骆驼转运西行。

热衷于哈达这一种宗教活动服务产品的销售,与临清人开眼看世界的觉醒程度密切关联。丝绸之路传递的密度越来越大的信息表明,一条看上去并不起眼的哈达,却把从东到西的金线给串起来。临清人从大运河开通之日起,就巴望着有一天能让自家的产品沿着这条金线线走得越远越好,在全县机房七百,收庄数十家,织工过五千的时代,也该让这条银色的哈达飞翔起来,成为连接四面八方的金飘带了。于是,那惯于走西口的汉子们,那常年在大漠和山岭间赶着骆驼行走的人们,步履蹒跚地从察哈尔来了,从杀虎口来了,从黄河的河道再也不能行船的山西碛口来了。——为了啥?为了满足宗教信众的需求?为了对佛祖的虔敬?为了一条道路的畅通?——对,又不全对。20世纪60年代末,我作为一名卫国戍边的军人,在常年低温的塞外高原,接触了一位从青年时期就在张家口、包头一带,沿着丝绸之路向西方拉骆驼的老人。老人是我的同乡,依着老辈人的习惯,男人成为"半大小子",也就是十四五岁,就该自己出去闯天下了。他就是那个时候离开的故乡,他去了就再也没有回来,只记得老人家说,他从开始拉骆驼,就是民国年间到临清运过哈达和绢帕。到过新疆,到过西藏,也到过尼泊尔、印度。所到之处,虔诚的喇嘛教信徒总是兴高采烈地给你献哈达,而从西域带回来的红花、天麻等药材,也是咱察哈尔的抢手货。要不是当年听老人讲述赶驼路上遇到的这些事,说不定还真弄不清临清哈达是怎么走出去的呢。事有凑巧,几十年后,写作关于临清的书籍,最先闯入我脑海的,就是那位赶驼老人喋喋不休的讲述。或许,老人早已离开这个世界,但是他讲述的那些常年在丝绸之路上奔波的事却为我这位后生的写作积累了素材。一条道路，一个产品，人生就在世界这样的交往交流中，把世界给链接了起来，实现了人与人之间的合和之美。

1955年，临清哈达在北京展出，受到了西藏、内蒙古等地活佛、喇嘛的称赞。同年，1200条带有"蒙古人民共和国"国徽的临清哈达，作为尊重对方宗教信仰的礼品，送往蒙古国，对促进中蒙关系的发展起了积极的作用。次年，蒙古人民共和国又向我国订购了12000条带有该国国徽的临清哈达运到乌兰巴托。

临清哈达做工精细，工艺讲究。临清丝织厂曾生产过几十个品种的哈达。尤其是"浪翠"这个品种，经班禅大师同意后专门订购生产，在此前后均无此品种生产，被许多人当成文物收藏。"大八宝"是用轮、罗、伞、盖、花、罐、鱼、肠组成的佛教图案，寓意吉祥，因其疏密得当、舒展潇洒而独具特色。"小蓝绢"为湖蓝色，蒙古族多用。"粉绢"是因其制作时用淀粉浆制而成匹，即《县志》中所讲的"浆货"，使用时因粉干后纷纷洒落而得名，色白，多为蒙古人用。"丈帕"是因其一丈长（3.3米）而得名。"小八宝"是儿童们的专用品，长和宽都要小一些（2.2米×0.25米）。而黄色哈达则多用于寺中。

从哈达外销的流水账上看出，临清哈达以匹为单位，每匹四条。原来的哈达全部以蚕丝为原料，现已改由人造丝代替。但要求保持一定的亮度，又必须烧后成灰。一条轻盈洁白的哈达，晶莹如玉，薄似蝉翼，轻似柔水，却把藏传佛教敬佛尊人的理念传达到世界各地。

哈达本身承载的敬意与友好，使它具有了"物轻"礼仪重的含义。别看一条精美的哈达只有50克的重量，它所代表和寄托的，却是心灵的纯洁与情感的厚重。当年，临清哈达曾经沿着丝绸之路，向着印度、尼泊尔、俄罗斯等地传递中国藏传佛教的友好信息，今天，这条友谊的纽带，继承着由来已久的传统，把中国藏传佛教对世界的博爱向四方传递。临清市直接开往非洲的"临清号"列车也乘着强劲的东风,高歌猛进在"一带一路"上。

  藏族人民在各种政治、经济社交活动交往中,如果礼品中没有哈达,就会被认为失礼而遭到嘲弄。临清许多从事过哈达生产的老职工,对上述这些关于使用哈达的常识,都非常熟悉。他们说,织造这种产品的时候,心底必须怀有深深的敬意,虽然我们并没有藏传佛教方面的常识,但我们知道那是一件心怀着虔敬才能做好的事情,否则,心下稍一懈怠,废品就出来了。随着"一带一路"的发展,哈达这种寄托着藏传佛教信众礼仪诉求的产品,把中国人民的友谊传向丝绸之路的所有国家和节点,迎来世界各国人民对中国的仰望与敬意。

The
biography
of
Linqing

临清传

临清的街巷胡同

第十一章

为一盘棋布局

最能让雄鹰飞上高高的蓝天的，是它那双坚硬的能够抗击各种暴风雨的翅羽。临清之所以成为全国最大的商贸城市，在于那条横穿海河、黄河、淮河、长江、钱塘江五大水系的大运河，在于它那密如蛛网的城市胡同和四通八达的街巷。这些纵横交错的水系和胡同，就像人体脉络中支撑着血液循环的血管，布局合理而又粗细均匀、各司其职地维系着一座城市的血液的流淌。如果仅仅是体量大、密度高，也没有什么值得夸赞的，更重要的是，这些依傍在大运河主跑道上的枝杈，就像一株大树的根脉与叶脉，互相保护，互相回馈。当我们深入临清的胡同——这些形似大树叶子的建筑，审视它的网状叶脉的时候，便于不经意间发现，临清的那些胡同，那些街道，那些巷子，原本就是一种艺术，一种文化，一种理念。它的明清之际商品流通的血液，就是在这些弯曲且又连贯的城市街巷之间，完成了南方与北方的握手，东部与西部的融合。遇到刘英顺之前，或许你还以为我的这些说法是在虚张声势，当你从他的手中接过那本他呕心沥血写成的长达四五十万字的《临清胡同文化》，再听他详尽地给你说说临清的胡同文化时，你不仅会为他点一个大赞，甚至还要情不自禁地跟上一句：临清的胡同文化，真是了不起！

随着永乐年间运河河道的开发，临清的城市建设开始了广纳众家之长的重新布局。那些以徽商、浙商、晋商为主体的八方来客，为了竖起自己独具特色的地域招牌，把各地商铺的建筑风格全都带到了临清。而临清的青砖灰瓦，这种在修建北京的紫禁城时被指定的建筑材料，也成了人们在修建过程中狂热追求的喜好。到景泰、正德年间，临清已经先后修建砖城、土城达13平方公里，城内有大街30条，胡同和巷口231条。各类公共设施中，寺院27座，庙宇道观庵堂69座，以运河为轴心的巨型建筑，包括水闸、桥梁、码头等，有15处之多，这还不包括那些大片的仓廒、兵营等。一个以水运码头、粮食仓储与转运设施、兵营守备、防务营盘、官府廨宇和商业物流设施为城市为载体，以商家店铺和手工业作坊为经营基础的商业都会，便在这片黄淮海平原的腹地形成了。

今天我们看到的临清古城区的老街巷、老胡同，起始于元代，繁盛于明清。到民国初期，临清的胡同街巷达500多条。抗日战争胜利后的1945年，尚有300多条。按照这样的轨迹，回溯临清胡同形成的过程，人们可以清楚地看到，元代至元二十六年（1289年）开始疏浚会通河，虽然商贸城市的特点还未形成，但是历史给出的全国最大的粮食转运基地和漕运码头的定位，却让那些嗅觉特别灵敏的商界精英捷足先登。和元代会通河同时开工的，就出现了后铺街、蒋坝胡同、娘娘庙胡同、缨子胡同、宁海巷、圆帽胡同等街巷胡同。世界真的很奇异，同样是一把黄土，那些从安徽来的买卖人，怎么就能把它打造成灰瓦、白墙的马头墙的院落？而那些来自内蒙古和晋西北的商人，造起的房舍竟然有那么美丽的前出厦？这些胡同的建成，让住惯了黄土茅屋的临清人眼睛一亮，即将到来的商业贸易城市，什么时候才能让咱临清人在自己的土地上，用自己脚下含有沙质的土壤，建造成像人家买卖人修建的街道胡同和房舍一样漂亮

临清古运河穿城而过（徐延林摄）

呢。然而，人们的梦想却被元代从内蒙古草原上大量迁徙过来的蒙古人，用侵田占地的铁蹄给践踏了。几十年的战乱与纷争，把有梦的日子搅成了一堆乱麻。看来，要牵起那条金线线，还得耐心地等待。

时间是晚了一点，但是这一天终于来到了。当历史的车轮滚进了大明王朝的辙印，被迁都和经济文化调整带来的历史的呼唤，终于朝着临清这块被黄河母亲养育了太久的土地，敞开了迅猛发展的大门。漕运的兴起，带来的中原地区人口的急剧增长，促使临清耽搁已久的胡同文化，迎来了群雄竞起的局面。尤其是永乐到万历的这段时间，一批以商业经营为主要目的的街巷胡同，如箍桶巷、竹杆巷、白布巷、油楼巷、锅市街、马市街、会通街、羊市口街，碧霞宫胡同、马号坑胡同、慈航院胡同、大王庙胡同……正是这些官衙倡导，由商人、大户和显贵们领衔的"街巷热"，眨眼间在一座城市竖起了样式别致、风格迥异的街道建筑，助推了大运河的繁荣昌盛，也助推了人们对美好生活的向往与谋划。而大运河的发展和城市面貌的改观，又让临清在很短的时间内声名鹊起，很快就成为一座在商业规模上与苏州媲美的运河城市。一时间，临清运河两岸整日里舟车鞍马、樯橹林立，大贾摩肩接踵，商贩熙熙攘攘，已经呈现出经济繁荣、人文荟萃的景象。这一局面，让兴奋点始终处在世人领先地位的文人墨客们吟诗作赋的情趣突然大增，朝圣似的蜂拥而来。很快形成了以李梦阳为代表人物的"前七子"。那位"前七子"居首的李梦阳，就曾经在大运河岸边写下《童谣》"鸡鸣仓皇起，抛孩爷怀里。我但知添水煮米，岂料村贾笊篱归来。烂了米，公则打，婆则骂，小姑下床捋头发，一缕发一缕麻，我母闻知心痛煞"。这正是当时在运河经济迅猛发展之时，作为主张"诗必求真"的代表人物，在大运河两岸采集到的具有山东民歌风味的优秀作品。从这首接近口语化的小诗中，可以看出当时被雇佣到商人家中去做家政的女孩子的不幸。

与此同时，文人们也用自己的笔锋，描写和记录了临清繁荣昌盛的局面。弘治时期的内阁首辅大臣李东阳，在一个风和日丽的夏日，来到临清，遇到自己在临清做官的湖南同乡严宗哲。李东阳可不是一般人物，这位在中国政治官僚史和文学史上都占有一席之地的人，字宾之，号西涯，祖籍湖广长沙府茶陵，因家族世代为行伍出身，入京师戍守，属金吾左卫籍。李东阳八岁时以神童入顺天府学，天顺六年（1462年）中举，天顺八年举二甲进士第一，授庶吉士，官编修，累迁侍讲学士，充东宫讲官，弘治八年（1495年）以礼部右侍郎、侍读学士入直文渊阁，预机务。立朝五十年，柄国十八载，清节不渝，是一位有着深远影响的人物。他不仅官至特进、光禄大夫、左柱国、少师兼太子太师、吏部尚书、华盖殿大学士，而且与山东曲阜的孔氏家族有着非常特殊的关系。幼女嫁于山东曲阜孔闻韶。未嫁之前，其女以孔家园林狭小，花木稀少为辞，稍有责难。孔家为此大兴土木，扩充屋宇，修葺亭台楼阁。孔闻韶乃孔子六十二世孙，于明弘治十六年(1503年)袭封衍圣公,"班超一品之阶"。同年孔府花园竣工,东阳之女亦于当年出嫁,封为一品夫人。可谓三喜临门。袭封后,东阳代衍圣公作谢恩表,并代作大门联。联云:"与国咸休,安富尊荣公府第;同天并老,文章道德圣人家。"

作为临清的地方官,当然愿意结交这位在朝廷位高权重的同乡。为了显示一下自己治理临清的政绩和临清码头地位的显赫,严宗哲选择了运河两岸星罗棋布着街巷胡同、风景宜人的河段,设酒款待他这位才华横溢的同乡。李东阳作为当朝重臣,本来就有些志得意满,看到自己的同乡把临清治理得如此繁荣,且井井有条,心里十分高兴,便放开了酒量。喝到兴致处,诗情涌动,灵感上窜,不由得即席吟诗,得《严宗哲置酒临清舟中话联句》:"画船银烛照金罍,珍重能劳地主来。人物一时流水鉴,圣明四海在春台。天涯故旧还青眼,白下游从总俊才。歧路匆匆谈不尽,谯楼更箭莫相催。"真是他乡遇故知。老乡相遇,开怀饮酒,心里多么高兴!尤其是作为地方官吏的严宗哲,能在自己的地盘上请到有着如此显赫地位的李东阳,当然喜不自胜。就是这次接待李东阳的举动,在很长时间里,成为严宗哲难以忘怀的一件盛事。许多文人也纷纷赶来与严宗哲吟诗作赋,相互唱和。"西涯体"诗歌成了人们追逐的一种时尚。这种风骚文人纷至沓来的局面,看似是同乡之间的唱和,但是如果没有运河两岸鳞次栉比的街巷,是不会有人来此吟咏的。这无疑会让严宗哲脸上增添不少光彩。

临清胡同街巷建设形成的第三个高潮阶段,是清代的康乾年间。随着城市规模的不断扩大和漕运制度的日益完善,京城里许多政府部门的分设机构,将一些管理或者适宜于现场操作的职能机构,逐步迁移到临清或者增设分支,出现了钞关街、工部街、赢务街等。与这些政府管理机构同时出现的,就是这一时期形成的馆驿街,它们的出现,让原来的街巷胡同增添了许多文化元素,具有了文化事业快速发展的特征。在一个商贾如云、

箍桶巷（徐延林摄）

无处不在蒸腾着金钱气味的城市，突然冒出了考棚街、冠带巷、状元街、武训胡同等具有教育和文化职能的地标性建筑。

这让临清多少年以来形成的城市功能，就有了直接对朝廷和民间服务的功能。对下，关注成千上万的庄户人家的春种秋收和完粮纳税；对上，主要是为朝廷运粮征税和承担国家安全任务，负责运送兵员和后勤辎重。这样的职能定位，给了临清地方政权特殊的权力，它的职能具有了直接上为江山社稷、下为黎民百姓的内容。

这样的话虽然在科举考试的状元卷和课堂读书的教科书里也常常学到，但是社会发展的现实却完全不像书本上来得那么便捷。只有城市通过自身的发展，网络状的街巷胡同和功能齐全的衙门廨宇全都矗立在眼前，才能让人们的视野进一步拓宽。

城市迅猛扩张，也让社会治理的功能变得日益复杂起来。据《剿捕临清逆匪纪略》第89页记载："居民房屋鳞次栉比，垣墉俱高。盖缘临清为南北水陆冲途，商贾辐辏，人民繁庶，所以马市街、钞关街及大寺一带，所有民房皆坚壁峭墙，以御盗贼水火。""街道逼窄，门户丛杂，其中间小巷多至百十处，纵横相错，只容单人行走不能旋马，其路径处处可通。"这是一段来自《剿匪记录》中的文字，作者是临清当时的一位捕快或者典吏。虽然记录的只是简单的房舍和街道架构，但由此可以看出，临清的街巷胡同，确实具有自身特点。

在写作本书的过程中，我将临清街巷胡同还原到元代和明清时期，想找一下当时同类城市做一个比较。竟然惊奇地看到，与临清同时成为商业重镇的，竟还有松江府的朱泾镇（即今天的上海市），还有起步比临清晚，但后来成为我国最重要的现代化城市的天津。虽然许多人都知道，清代后期，临清曾经有过"小天津"的称谓，但是却很少有人知道，当年上海刚刚起步的时候，却曾经被人们称作"小临清"。明末诗人赵慎微，有一首描写松江府朱泾镇（今上海市）的诗写道："万家烟火似都城，元室曾经置大盈。贾客往来都满载，至今人号小临清。"这里的"大盈"，指的就是朱泾镇，当时元代朝廷曾经在朱泾镇设立"大盈务"，负责贸易与税收事务。这一情况表明，上海、天津这样的城市，起步阶段都曾经有过与临清比肩的时段。只是后来人家走上去了，临清却在转折的关键点上没有跟上前进的步伐。

清代末年，海运的兴起，让上海、天津这样的当年曾经比照着临清的模式兴办城市的重镇，获得新的发展途径。大运河的轮舟之奇已不足为奇，取而代之的则是可以通向世界各地的巨轮远航。即使是连接南北粮食的运道，也有相当一部分被海上调运所取代。运河的运力大大减少。至此，临清城里南来北往的客商，纷纷向着那些经济贸易的新增长点急速而去。临清的街道胡同的建设，也因此逐渐放慢脚步。即使如此，也可以看出，这座城市的街巷胡同，不仅是城市历史的坐标，而且清晰地刻录了时代的变迁和历史的风貌，蕴含着多元而浓郁的文化气息，从经济发展到漕运历史、从民风民俗到学宫泮池、从军事防御到吏治治安，无一不与街巷胡同有着千丝万缕的联系。1956年到1958年，临清的城市建设仍然在全国县级城市中名列前茅，直到今天，临清仍然有100多条街巷胡同。为了能让读者对这里的街巷胡同有更多的了解，作者借鉴刘英顺先生的劳动成果，把他近年来整理的临清老街老巷分成六大类：

①以工商业命名的93条，现存47条；

②以官衙廨宇命名的26条，现存25条；

③以形状命名的21条，现存11条；

④以地标命名的90条，现存57条；

⑤以姓氏命名的34条，现存25条；

⑥以传说命名的46条，现存22条。

至于临清的街巷胡同究竟有多少，还有待于人们不断考证和挖掘。直到作者开始写作这本书，还有十分负责任的朋友告诉我，这几年，人们在进行县志编写、城建规划、地名确认等项工作中，又陆陆续续搜集到临清古城的老街、巷、胡同、市、口、坝、嘴，还有各类名称处所三百一十多处。

说不完的胡同故事

街巷胡同多，故事也多。

在临清，几乎每一条胡同，每一道街巷，都有自己说不完的来由和典故、逸闻与奇事。这些故事有真有假，也有依据某些真实而又添枝加叶的合理推断和民间杜撰。因此，也让临清人有了一个喜欢讲故事的爱好。只要有人听，你就来吧。街头巷尾，柳荫树下，打麦场上，勾栏瓦舍，那关于街巷胡同的故事，便像开闸泄洪的闸门，滔滔不绝，一个接一个。这些故事，常常与某个人物、某件名牌产品或者某款衣着服饰、某道名菜或者名吃联系在一起。比如，秦始皇，本来与临清无关，他的沙丘之死，所说的这个"沙丘"地名，充其量只是与临清相近的河北省邢台市的一个广宗县，可是临清人不这么认为，他们说那个时候临清就是属于沙丘，现在的县名还没有呢。就算离我们有一段距离，我们当时也是属于河北的县份呀。于是，人们一坐下，便有了话题："话说始皇帝来到我们沙丘……"我想，尽管秦始皇只是死在沙丘，而沙丘并不是临清今天的地盘，但是人们对这位在中国历史上纵横捭阖、掀起过大风大浪来的人物，还是怀有深深的敬意，并且从心里愿意把他引为自己乡党的。是对帝王的顶礼膜拜？

还是总希望让自己的故乡与帝王或者名人联系起来？在后面的章节里，我曾专门用一节，写了临清人喜欢讲帝王故事的特点。这大概与被禁锢已久的思维方式和习惯紧密相连。这一节先不去说它，先把与街巷有关的故事说一下。当然其中也有关于皇帝的，但这段故事的主题讲的却是胡同。读者不要误读。

后来的岁月证明，临清人对在中国历史上有过杰出贡献的帝王，还是从心底里敬佩与怀念的。最能说明问题的，莫过于明清时期，临清依靠着大运河的漕运功能，成为丝绸之路上重要的商贸城市之后，被吸引的历代皇上也不断地沿着大运河寻访，并且每次出访走到临清都要弃舟上岸，或大张旗鼓地视察，或神出鬼没地私访。对于帝王的这些活动，临清人总是给予足够的宣扬与纪念，甚至千方百计地让帝王的行踪与临清的特色发生某种联系。

比如，乾隆帝与千张袄的故事，就比较充分地体现了临清地界人们的思想观念。说起"千张袄"，与乾隆帝的关系大着呢。有一年的春三月，乾隆帝下江南的船队，沿大运河来到临清靠岸，兴致正浓的乾隆帝，突然提出要上岸闲逛，做一次微服私访，看看临清的街巷胡同，体察一下临清的市井民风。他换上便衣，带上两个随从，俨然买卖人模样。其他随从也都换成商人行装，各自穿巷入店，从竹杆巷一直沿街走来。他们走过锅市街，上天桥，过状元街，穿过皮巷，不知不觉间来到了碎皮市。刚才，他们在巷子里穿行的时候，眼睛被摩肩接踵的行人和琳琅满目的商品所吸引，也没在乎天气的变化。此时此刻，却见人们大呼小叫着往巷子两边的店铺里跑。仔细一看，原来是天气骤变，刚才还是响晴的天空，突然间乌云密布，大朵大朵的桃花雪，纷纷扬扬地飘落了下来。随着人们慌乱的脚步，乾隆帝和他的随从，也躲进一家皮货店。店家一看，赶忙迎上前来，敬请上座。乾隆帝不坐，他朝着铺子的环境一看，嚯，琳琅满目，洋洋洒洒，货架上、墙上，挂的、摆放的，全是漂漂亮亮的皮货：做好的皮衣、熟好的皮毛、羊皮褥子、狗皮垫肩……应有尽有。店主人看着刚进来的客人，身子骨比较单薄，又刚刚淋了一点雨夹雪，像是有些冷，就赶忙从花架上取下一件皮袄，披在客人身上。

店家如此殷勤，客人就来了兴趣。乾隆帝干脆就在堂屋的八仙桌子旁的太师椅子上坐下来，和店家闲聊起来。店家给客人沏好茶，做了一些常规性的客套，才知道，这位姓黄的爷是从京城到江南去做生意的角儿。就自报家门说："黄爷，借你老人家的吉祥，在下我姓黑，运河边上的老回回，从爷爷那辈起，就在这运河边上做点碎皮生意，小买卖呀。还请黄爷多多关照。"

此时此刻，穿了一会儿皮袄的乾隆帝，渐渐觉得身上有些暖意，便问：刚才进门的时候，身上还觉得有点冷，这会儿倒暖和起来了。这是什么皮子呀？

哦，这就是一件碎皮袄呗，是我用上好的口外滩羊皮子和每年给京城进贡的皮子的下脚料，一点一点缝制起来的。别看用的是皮子的下脚料，可是，我们店里的裁缝全是出了名的工匠，把熟好的碎皮子连在一起，你怎么都看不出是碎皮子来吧？加上价格低廉，人们都喜欢穿呢。黑掌柜这么一说，乾隆帝便站起身来，摸了摸皮衣的外表，又翻出里子认真地瞧，费了好大劲儿，才找到那连接皮子的针脚：真棒，怪不得古人有个成语叫天衣无缝，这样的做工天下少有啊。

乾隆帝一边喝着茶，一边听着掌柜的介绍，还不时地抚摸一下身上的皮袄，那感觉确实很好，柔软、细腻、光滑、暖和，就说："黑掌柜，我看你这碎皮袄的确不错，它是世上的一件珍宝呀。就是这碎皮袄的叫法，有点欠雅。多好的东西呀，一个皮袄取自数百乃至上千只羊皮，这本身就是奇迹。这样吧，我来给它起个名字，就叫它'千张袄'吧。"

"好，好。爷你起的这名字真好，一看就是大行家。就按你说的办了。"

那一天，乾隆帝真的在那店里买了两件"千张袄"。

第二天，从临清州衙门里传出消息，乾隆帝亲自到黑掌柜的皮货店私访，还把黑掌柜制作的碎皮袄给御封了"千张袄"的雅号。从此，临清"千张袄"成了风靡关外、口外的抢手货。并由此拓宽了临清与口外皮货商的联系。在走西口人的行列里，又增加了一批又一批临清的皮货商。从明代到民国初年，从口外宁夏、包头到内蒙古老牛湾、山西临县碛口古镇，贩卖皮革的人越来越多。那条走黄河的水运之路，就这么一步一步与远在临清的运河码头连接在了一起。尽管中间有一段水路不能通行，需要从碛口古镇到天津的旱路转运，可是皮毛商们却不为所难。他们绑好裹腿，备好搭子，沿着那条东西走向的黄河，从宁夏、内蒙古到杀虎口，再由杀虎口出入关隘，陆上，水上，再陆上，再水上，一步一步，走过了高山峡谷，走过了惊涛骇浪，终于有一天，他们看到了运河岸边那座街巷排列、错落有致的城市。于是，便轻轻舒一口气：临清到了。

再说临清"千张袄"。

前面说的乾隆帝与千张袄的故事，是临清百姓中的传说。但是作为临清的传统名牌产品，的确有必要专门介绍一下。这个驰名中外的招牌，已经闪亮了四百余年的历史。其独特工艺源于明末，兴盛于清代，流传至今。

临清民谣："临清州，三宗宝，瓜干、枣脯、千张袄。"这种千衲裘衣，由上千块（条）碎滩羊皮结衲缝制而成，故名"千张袄"，由于缝制精细，配衲精巧，无论从毛穗上，还是从色泽光度上，都与整张滩羊皮袄相差无几，挑选货品时，如不翻转相看，实难甄别它为千针万线缝连之裘，再加上价格低廉，深受劳动人民喜爱。2016年7月，我在黑龙江省

临清"千张袄"（靳国君摄）

海林市与一位上了岁数的东北猎人拉呱，老人家提到临清的千张袄，还赞不绝口地说："那真是个好东西啊，漂亮、不贵、暖和。"听着这些脍炙人口的称赞，心里真高兴：想不到故乡的名牌竟有如此影响！

明清时代临清皮毛业很发达，许多作坊年终将裁制皮袄的下脚料分给工人，工人将这些料子分门别类拼成整料，用这种料子制成的皮衣就是"千张袄"。千张袄分成若干品种，其中有大毛、单毛、小毛等分别。早在明代隆庆、万历年间，临清御河以北就已有皮业作坊数十家，并形成了专事裘皮鞣制的"皮巷"和专事裘衣制作的"毛袄巷"两条以专业产品命名的街巷。清康熙年间，临清"发进寒羊毛三千斤入武备院"。清雍正年间，巡抚塞楞额将临清裘皮中的"大西皮"（西口滩羊皮）、"二西皮"（二毛羔皮）和"珍珠隽毛皮"选为贡品，"晋京奉上，岁以为常"（见《临清州志》），足见当时临清皮毛行业之发达兴盛。千张袄的形成和发展，经历了相当长的时间。当初作坊所需滩羊皮，购自千里之遥的甘肃、宁夏。工匠在缝制毛袄衣料时，将裁剪下的边角余料扔掉，工人们看着可惜，便捡起来缝连成小片毛皮，做些皮帽、衣领、衣袖、毛坎肩，自己穿戴，不作为商品出售。明末清初，资本主义萌芽兴起，临清裘皮行业中少数作坊主凭借技术、资金的优势，在竞争中逐渐蚕食并吞并了势单力薄的小作坊，至清乾隆年间，近百家小作坊剩下不到五十家，其中雇用几十名工人的大作坊有十余家。大作坊主年终时将裁制衣袄的下角碎皮分给工人，美其名曰"年终馈赠"。雇工们为养家糊口，将下脚碎皮一条一条、一绺一绺积攒起来，千针万线缝缀成方子块，拿到下渡口碎皮方子市卖。后来人们又将方子搭配相连，剪裁成袄。年复一年，久而久之，千张袄作为临清特有的民间工艺品，便在市场上出现了。此后作坊主见千张袄有利可图，便雇工扩建作坊，派专人从顺德（今河北邢台）、宁夏、甘肃、内蒙古专门收买碎皮。清咸丰年间，专事生产千张袄的作坊已达三十余家，直至20世纪初，千张袄一直是畅销不衰的名牌裘衣。20世纪30年代，战火频仍，作坊倒闭，工人失业，至1936年，临清仅存3家维持生产。新中国成立后，千张袄生产才获新生。1960年，临清已有皮毛厂、福利皮毛厂、回民皮毛厂、毛毡厂4个生产厂家。1966年，千张袄产品达1.8万多件，经销北京、上海、天津、湖南、湖北等九省市。1976年和1979年，临清千张袄两次荣获"山东省第二轻工业局名牌产品"称号。千张袄生产工艺流程主要是：碎皮除尘，选料分类，缝缀方子，选方配袄，缝制成裘，平整皮板，浸湿挺拔，刷毛梳洗等。千张袄的花色品种和规格样式比较丰富。色泽上分为白色、黑色、花色三类；毛绒上分为大毛、二毛、小毛、腿皮四类；式样上有大衣、男袄、女袄、皮坎肩四种。千张袄和整张缝制的羊皮袄相比，除具有同等轻暖御寒功能外，从正面看同样毛花通顺，色泽一致,无缝无隙,浑然一体,难以分出整皮碎皮。但其价格低廉,一般只有整张皮袄的一半,而且没有整张皮袄皮板厚薄不均匀,久穿落毛,上纵下垂和容易黏结成毡的弊病。从审美和消费者的心态上看,有的人专门喜欢这种集腋成裘的服装,在他们看来,穿一件千结百衲的裘皮服装,是一种荣耀,是可以向外人夸口的资本。几百年来,千张袄以其轻暖、美观、价廉、耐用饮誉全国,备受人们青睐。近几十年来,随着气候的变暖,国内对千张袄的需求越来越少,但是出口依然有销路。尤其是面对欧洲的出口,每年还有一定数量。因此,目前仍然有少量企业生产。还有一个比较特殊的功能,少量信奉道教的人,甚至把"千张袄"当成一种"百衲千结"的象征,把它作为"衲衣"进行了收藏。

饶有兴趣的买卖行规与行话

临清城市纵横交错的街巷胡同，形成了业商者善经商、能吃苦耐劳和讲诚信、精打细算、公平交易的商业智慧，在运河两岸，汉族、回族人口和那些靠手提肩挑做点小本生意养家糊口的人，也创造着属于社会底层的商业文明和商业文化，他们有许许多多的经商行规和用于生意方面的"行话"或者叫"隐语"，流行在熙来攘往的闹市街巷。尽管时过境迁，至今仍有一些为数不多的行话被传用。

"行话"，多用于交易方法；而"隐语"的内容却涵盖了衣、食、住、行、姓氏诸多方面。所谓"行话"和"隐语"就是以贴近群众通俗的形象语言，用另一种方式表达出来的一种"语种"。它易学、易记、易懂，又朗朗上口，深得经商的买卖人喜爱，临清城里的汉族回族兄弟，都习惯用这种交易方式。由于长期的耳濡目染，大人孩子对这些隐语，运用起来也滚瓜烂熟，可见其影响之大。

过去，运河边上的普通百姓，大多数靠做点干鲜果品，青菜，小食品，牛、羊肉，鱼类等小本生意来维持生计，当时又没有交通工具，只有肩挑、手提，走街串巷招揽生意。从临清形成漕运码头，两岸百姓有了投身小买小卖的机会。许多看似平常的店铺，如客栈、饭店、酒馆、茶社等，非常火爆，行栈林立，车水马龙，不仅有马兴盛老行、鸿盛行、恒盛栈、大成行、聚盛栈五大行，之后陆续又有了公盛栈、双和栈、振作永、恒义栈等二十余家行栈，大都经营干鲜果品、海味杂货、土产等，这得天独厚的地理位置，给小商贩提供了极为方便的采购平台。每天一大早，大小商贩甚至上海、苏州、杭州、天津、北京、黑龙江、内蒙古等外地客商来到临清采购商品，场面极其壮观、红火。熙熙攘攘的人群，此起彼伏的叫卖声不绝于耳，热闹极了。

街巷行栈采购商品的，有个不成文的规矩，有钱交现钱，没钱先赊着，事后再交钱。这对做小本生意的商贩来说是个莫大的优惠。

既然是交易，就离不开数字。因此，数字"行话"应运而生了。这种语言，一般是双方谈论生意时，都不说话，而是行为诡秘、煞有介事地在袖筒里捏捏手指头，就知道对方出的什么价码，什么"捏子七""撇子八""钩子九"等。而且，市场上的七十二行，还行行都有自己的暗语和行话。临清的粮食市场，暗语比较复杂。他们把"一二三四五六七八九十"，分别用"旦底""空工""横川""卧目""缺丑""断大""皂底""分头""丸空""田心"来表示；而当铺里的十个数字，则是由每一个字上下左右露出的笔画的字头多少来表示。依次是"由""中""人""工""大""王""夫""井""羊""非"。有了这些行话，就有把手指头藏在袖筒里进行讨价还价的秘诀，所以，作为胡同生意的商人们，进了这一行，就得对各种暗语和行话了如指掌。高度的神秘感，保护了双方的商业秘密，也减少了开口讲话时的叽叽喳喳甚至争吵，形成了独具特色的商业文化。

还有的把数字"行话"分两种。一种是以"集""到""听""西""来""滚""宪""分""宿""集"来代表一至十；一种是以"天""门"

"任""方""麻""申""柴""张""万""天"来代表一至十。但在实际运用中，只能用其中一种，绝不能混用。譬如，苹果二元一斤，只能说"到块"或者说"门块"一斤，如果是二元二角一斤，只能说"两到子"一斤或者"两门"一斤，绝不能说"到门"或"门到"一斤。

不妨在这里举个以"行话"买卖苹果的例子：

买方：爷们咧，苹果怎么个底？"

卖方：你先"克克"，玩意挺"而力"，要的话，得"到块"一斤。

买方："烟末"太亮，"寸"点怎么样？

卖方：你给怎么个底呗。

买方："集滚子"怎么样？

卖方："虎点"，"采"不了。

买方："集"分呗。

卖方：也别啰唆，少了"集"宿不行。

买方：给过过吧，"棒子"上得亮一点。

卖方：苹果，净的，八十斤，×××要的，现卖。

这笔交易算完成了。如果把上述交易的对话翻译成正常用语是这样：

买方：爷们咧，苹果多少钱一斤？

卖方：你先看看货，货挺好，二元一斤。

买方：价格高点，少了行不？

卖方：你给多少钱一斤？

买方：一元六一斤。怎么样？

卖方：少点，买不了。

买方：一元八呗。

卖方：也别啰唆了，一元九，少了不行。

买方：给过过秤吧，秤上得高点。

卖方：苹果，净的，八十斤，×××要的，现卖。

在上述交易中，过秤后卖方曾喊了"现卖"和"净的"。"现卖"指当时交钱；"净的"指去掉了苹果包装重量，是苹果的实际重量。如果不喊"现卖"，可以以后交钱。另外，还有几处"隐语"。"克克"是看看的意思；"而力"是好的意思；"烟末"是钱的意思；"寸点"是少的意思；"虎点"也是少和小的意思；"采"是要的意思，"棒子"是秤的意思，"亮"是高和多的意思。

上述"行话"，只局限在山果行业通用，其他行业也有自己的一套"行话"。譬如，估衣业，将"腰""安""搜""骚""外""苗""条""奔""刁""勺"表示一至十。金汁业（卖大粪的）则用"糖""炒""栗""子""枣""滚""烫""热""粘""糕"来表示一至十，另外，还有牛羊肉业、骡马业等，则用"丁、亥、品、吊、拐、孬、柴、张、万、天"来表示。

"隐语"，在现实生活中非常广泛，几乎涵盖了衣、食、住、行、姓氏、生活诸多方面，譬如帽子叫"顶落"，衣服叫"页子"，裤子叫"蹬空"，鞋叫"踩克"……吃饭叫"啖余子"，青菜叫"青头"，油叫"漫水"，鱼叫"浑水"，炭叫"烧烟"，牛、羊肉叫"腥浑"，鸡叫"尖嘴"……房子叫"顶落"（同帽子）……买叫"采"，跑叫"窜圈"；在姓氏方面，姓赵的叫"灯笼腕子"，姓王的叫"虎头腕子"，姓李的叫"抄手腕子"，姓金的叫"宝贝腕子"，姓马的叫"大尾巴腕子"，姓朱的叫"小尾巴腕子"，姓杨的叫"爬山腕子"，姓张的叫"跟斗腕子"，姓刘的叫"顺水腕子"……在日常生活用品方面：香烟叫"草珊"，大烟叫"衣留"，酒叫"辣子"，证件叫"告示"，警察叫"巡子"，军人叫"丘八"，便衣叫"冷子"，不好叫"集市"，小便叫"摆流"……

一说到"行话"和"隐语"，有的认为这些都是"黑话"。这是对平民百姓"行话"和"隐语"的一种误解。在平民百姓中流行的"行话"和"隐语",只是在交易和日常生活中运用。而"黑话"则是有黑社会色彩,来为黑势力帮派服务的用语。它们有着本质上的差别。

The biography of Linqing

临清传

第十二章 临清人家的市井生活

临河而居，以小买小卖为生

市井文化是一种生活化、自然化、无序化的自然文化，它主要是指产生于街区小巷、带有商业倾向、通俗浅近、充满变幻而杂乱无章的一种市民文化，它是一种有着"逝者如斯乎，不舍昼夜"观念的"现象流"。它反映着市民真实的日常生活和心态，表现出浅近而表面化的喜怒哀乐。它自由闲散缺乏庄严，缺少深刻性和心灵冲击力，"没有现实与历史的深层次的忧患，更没有血与火的悲剧意识"。比如：沿街叫卖的小贩各种腔调和韵律的呼唤声、街头特色小食品、摆地摊练把式、街头斗蟋蟀、路灯下众人围观的棋局、夏日里晚间街头竹躺椅上摇扇聊天喝茶的市民、吹糖人捏面人、沿街排开的剃头匠简易廉价的理发挑子、围观街坊乡里吵架叫骂、油腔滑调的各种怪叫……都属于"市井文化"范畴。

从临清的历史看，市民阶层相对缺乏组织和比较散漫慵懒的根源，很大程度上来自世居的农民形成的生活态度与小富即安的心理。常年生活在街巷胡同鳞次栉比的环境中，每天开门便是相互的问候语礼让。但是这种礼让与问候，仅仅是一种礼节，并不具备相互交心的实质。从搜集到的临清胡同文化的资料看，持这种生活态度的大有人在。并且由此引出了一些人对临清这种生活方式不理解的揶揄和嘲弄,说临清人精明,精得像"猴儿"。有喜欢开玩笑的人,说了一句"三个临清猴,比不上一个聊城慢牵牛"俏皮话,成了两地人互相调侃的话语。许多不明就里的人,便认为这是两地人互相攻讦。其实,原义只不过是运河河道上的一句玩笑话罢了。京杭大运河与卫河交汇于临清市区的南部,明代永乐十五年(1417年)开凿会通河南支,所挖泥土堆积于此,形成了一座弯弯曲曲的土山。在以后几百年的时间里,每年清淤一次,三年一大疏,清出的泥土,不断堆积在土山之上,便形成了一条蜿蜒起伏的高大土岭,当地人称之为龙山。山上遍植椿榆杨柳,花木松柏,阔野平畴,草木葱郁,为临清当时十六景之一,名曰"土山晚眺"。登临山顶,不仅使人西望卫河自南而来,与大运河交汇北去的胜景,更会使人心胸大开,豪气顿生,极目千里的豁达之情油然而生。当然这样的情绪或许只能对那些容易触景生情的文人墨客而言。而对于常年走水路的巨商大贾,以及那些赤裸着身子在河岸上拉纤人的亲属而言,则完全是另外一种心情。登高可以望远。临清登上龙山之顶的人,可是各有不同。尤其是在落霞满天、飞鸟归林的时辰,文人们看的是"夕阳无限好,归船落征帆";而商人们翘首期盼的,则是自己货船的到来。因为满载货物的重船吃水深,要靠人在岸上拉纤助船行驶,所以船速很慢。当你远远地望见了来船的影子,也要一两个时辰才能靠岸。等得心焦的人,一待来船靠岸,便会大声嚷道:"聊城拉纤的人怎么慢的跟牛一样!"船上的人看到临清接货的人在龙山上心急如焚、坐立不安的样子,像急了的猴子,觉得好笑,便张口应道:"聊城慢纤牛也比不上临清猴啊!"从那以后,"临清猴"与"聊城慢纤牛"的名字,便在运河两岸传开了。那些在土山等待着自己亲人上岸的人,这才跑上前去拥抱,庆幸又一个可以合家团圆的日子来到了。

近七百年前华北平原上的农村,常年处在动荡不安的惊怵与不安之中，频仍的战乱，不可预见的自然灾害，带给农民的那种习惯性慢节奏，在突然间进入城市节奏的变化中，开始跟不上节奏和自我满足于既有的生活态度。它展示出一幅旧中国的真实图景，生活气息浓郁，具有鲜明的民族风格和地方特色，总指望做一个"自由的人"。就像老舍《四世同堂》笔下所表现出的天桥、鼓楼、白塔、牌楼、街道、小巷、车厂、大杂院和熙熙攘攘的人群。但是这儿没有丝毫田园诗一般的快乐，而是那些劳工马不停蹄地跑过大街，穿过小巷，烈日下、雨雪中处处有他艰难的身影。警察的盘问、兵匪的鞭子、税监的催要、卦师的云山雾罩、郎中的走街串巷、孩子们的打牙了嘴……把临清城市的喧嚣与啸叫渲染得无以复加。清晨一起，透过窗棂朝着河道一望，数落一下那船上的桅杆，便知道南来的有多少船，北来的有多少船，甚至根据船上货物的码垛，就能做一个运载的是什么、可能在哪里卸船的猜测。接着，你就看到那些在码头上等着卖小吃的商贩，把刚从热水盆子里捞出来的毛巾拧上两把，献媚似的递到下船人的面前，吆喝着："掌柜的，行了一夜的船，辛苦，辛苦，先擦把脸再说。"等到人家赏几个铜板，一转脸便对着那些等待拉纤或者等待卸船的壮工，诡谲地一笑，以显示自己不出大力却挣大钱的自豪感。

最为典型的莫过于会通街上的那些住户。这会通河，在临清与卫运河交汇，交汇处有"三闸两坝"。"三闸"是临清闸、会通闸、隘闸，"二坝"是江坝、永清坝。住在会通街上的居民，可真够神气的，那不与凡人交往的神情，常常让你觉得他是朝廷里派来的宦官大臣。一旦朝廷动用丁夫，免不了要在会通街附近下船歇息。此时的会通街住户，大都上前去卖水卖饭。据记载，当年临清闸口的会通街，"舟车络绎，商贾辐辏"，街内有乾元杂货（汤、黄、祁三股东合营）、德记百货铺（祝姓老板经营）、苗记杂货铺、刘记同心成点心铺、徐氏成记茶叶店、马家澡堂子、郑记文兴剃头铺、魏家汇川银号、韩家泰兴茶庄，其余还有不少规模较小的铺面。这些

223

商户内心深处固有的那种自我满足,从走路的姿势上都能看得出来。这些有着深深优越感的市民,也有自己的生活规律。一般说来,早上接待船上来的客人之后,吃罢早饭,饭碗一推,便是相互之间的侃大山,或者一局对弈,一幅字画,一曲琴声。不被喧嚣的世俗所同化,不被吵闹的外界所惊扰,淡然的心,平静的态度。没有明争,没有暗斗。不为生计奔波,不为世俗烦恼。你挽袖剪花枝,他洗手做羹汤。腹饱衣暖,不愁吃穿。两三好友,把酒言欢。

新社会到来的一个重要标志,是人与人之间的关系得到了改善,会通街的人们不再那么趾高气扬。尤其是四十年的改革开放,农民进城的越来越多,再向下继续种田的人,也不再像过去那样被人小瞧了。城里的许多老住户,反而有的还一阵阵羡慕起乡下人的日子。社会变了,不能再像过去那样摆着谱过日子了。

运河码头的经纪人行业

经纪人是买卖双方介绍交易以获取佣金的中间商人，是指依照一定规矩，在经济活动中，以收取佣金为目的，为促成他人交易而从事居间、行纪或者代理等经纪业务的活动的自然人、法人和其他经济组织。临清作为明清之际全国最为重要的商业城市和漕运码头，自然离不开经纪人从中说合。而居住在临清城里的市井人中，就有一些人专门从事这方面的活动，成为商品经济中一个非常重要的中间人群。古代，经纪人没有严格的社会管理机构，但是，商品经济呼唤出来的居间人却不可或缺。运河码头庞大的流动人口群，其经营和消费娱乐需求，带动了为个人和社会生活服务的住宿、餐饮、洗浴业和娱乐业的发展。其中，经纪人是服务业中最为要紧的一个行业。没有他们，贸易的进行就可能不顺畅，有了经纪人的说合，可能就便于双方的协商、沟通与成交。经纪人又是分成若干领域、行业和层面的，有普通经纪人、行业经纪人和特殊经纪人之分。

在临清，最有影响的、最能成气候的，首先是粮食经纪人。按照当时的语言，经纪人被称作"牙行"。百姓交粮、商家买卖、市场籴粜，都离不开经纪人从中说合。从职业道德层面上，当然要求经纪人在买卖双方之间,善言谈而不吹嘘,促成交而不乞求,重友情而不偏袒,讲公道而不徇私情。但是,对于个别唯利是图的市井人,却很难做到。如对粮食买卖的度量容器,有的就是大称进小称出,用来盛装粮食的升斗,也有的做了手脚,如斗、升等形器的造型,用材的厚薄,底座的宽窄,开口的大小等,都有捣鬼的可能。加上临时的"剔尖""抹顶",常常使交易中的一方吃亏。明代嘉靖年间,居住在劈柴胡同的一位当了一辈子粮食经纪的老悦子,在自己生命的弥留之际,说出了对经济行当的感悟:"看来,人活在世上,还是公道仁厚好啊,我当粮食经纪大半辈子,藏奸使巧,也没有富起来。我对不起许多人啊。"当然,经纪人里,也有不少主持公道的好人,他们有的还成为后人传颂的榜样。

在古代的服务行业中,还有一些是随着城市发展涌现出来的行业。临清依运河航运而兴起,商品流转繁盛,流动人口众多,民风奢华,服务业得到了充分的发展。最具代表意义的脚夫、标行、牙行、塌房、邸店、典当、钱庄、客店、酒肆、饭馆、茶馆、混堂、青楼和戏曲曲艺等作为考察重点,都为城里街巷居住的人们提供就业的机会。而服务业的发展反过来又会促进农业、手工业和商业的发展。服务业与其他行业相互促进,形成良性互动。另外,服务业与运河城镇的变迁息息相关。服务业随运河城镇的兴起和繁荣而存在和发展,又随运河城镇的衰落而萎缩。从临清这座曾在历史上闪烁过耀眼光芒的商城身上,可以看出服务业的历史命运与运河城镇的历史命运是紧紧联系在一起的。

市井生活状态,是一种带有农民心理特征的思维方式支配下的自满自足。自元代在山东境内开通济州河、会通河,北系京师、南控江淮的山东运河便在明清时期充当了漕运咽喉的角色,由于朝廷允许漕运兵丁在漕粮北上和南返回空时携带私货沿途贩卖,这为地理位置优越的山东运河区域带来了难得的发展机遇,受此影响,该区域饮食生活展现出新的风貌。商品经济的空前发展，新生产方式的出现，一大批工商业城镇的兴起，商贾辐辏、百货萃集的商业环境，各种思想解放浪潮的不断萌生，人口数量和结构的不断变动，社会重商逐末、奢侈享乐风气的盛行等新的人文环境为明清时期山东运河区域饮食生活的变化创造了条件。明清时期山东运河区域饮食生活领域发生了诸多变化，便利的交通运输条件和繁盛的商业环境使该区域汇集了来自全国各地的食材，极大地丰富了饮食原料市场。密集的人口、频繁的生意往来、较高的消费水平，不但催生了以客店、酒楼、饭馆等为代表的餐饮服务业的兴起，也推动了当地饮食口味的多元化。商品经济的发展，虽然带动了明清时期的山东运河区域的社会发展，但也逐渐拉大了各社会阶层之间的差距，他们的饮食生活可谓天壤之别。此外，由于受到不同地区尤其是江南社会风气和饮食风尚的影响，山东运河区域的饮食生活，还呈现出了南食之风盛行、猎奇竞奢心理普遍的景象。山东运河区域饮食生活的变化，受到明清时期该区域自然地理和社会人文环境的影响，展现出了独特的规律和特点，主要表现在被动接受与主动选择相结合、饮食生活对商业环境的极强依赖性、多元化和时代性等方面。明清时期该区域饮食生活的变化，丰富了中国饮食文化的内容，带动了其他相关行业的兴起，饮食生活的多元，也促进了该区域社会的开放和进步，但同时伴随餐饮服务业的兴起，一些场所出现低俗、没落的狎妓、赌博等现象，严重污染了社会风气，产生了不可忽视的消极影响。

"响马"的消亡与武术的兴起

少年时代读武侠小说，便知道山东历史上是个出响马的地方。如今，"响马"这个词对于年轻的"80后""90后"们，已经显得有些陌生和难于理解。古代，响马一般是指打家劫舍的强盗或者土匪。也有的地方叫"马贼""响马子"。他们抢劫时，为了显示自己不畏生死，一般都是先放响箭向路人宣战，响箭一响，马匪就会杀出，抢劫货物辎重。也有的说，山东的土匪在马脖子上挂满铃铛，马跑起来，铃铛很响，故称土匪为响马。其实，许多响马队伍不是土匪，而是农民起义军。只是在古代农民起义军刚刚起事的时候，无组织无纪律的状况和土匪差不多。明代马政危害甚远。当时政府推动马匹"民牧"，即在河北、河南、山东、江苏、安徽等地实行，定有应纳马驹数，若不够，养马户须赔偿，养马户多因此破家，转为"响马"，以此谋生。顾炎武在他的《天下郡国利病书》中，就曾记载过当时响马的情况："江南之患粮为最，河北之患马为最。"正德五年（1510年），发生在今河北霸县、文安县的刘六刘七等人的起义，就被政府呼作"响马盗"。这次"民乱"，一呼百应，流民响马迅速集聚数千人，屡败官军，三年后才被弭平。

山东历史上有过大量以讲义气著称的强盗。唐代开国功臣、现在作为门神供人膜拜之秦琼（山东人）及瓦岗寨好汉就是古代响马出身，在山东地方戏曲山东梆子里，就有曲牌名《响马》。临清又以响马名扬天下，被人说成"响马渊薮"。临清响马素来武艺高强、出手迅猛，古典小说里经常用"来无踪，去无影"形容他们的彪悍与野性。作为在行政区划上一会儿山东、一会儿河北的临清，既有民风粗犷豪迈的性格，又介于两省交界的地盘，便于逃避追查，因此成了山东境内响马最为集中的一个地方。清代赵吉士所撰《寄园寄所寄》卷一《囊底寄》记载，顺治时的临清滕家庄三兄弟"为响马魁，远近州邑常被戕，南人入都，此为畏途"。当时，滕姓、崔姓、王姓等几大家族，都是专干响马行业的大户。在这些"强人"的影响下，响马行业像被滚动着的雪球，在临清泛滥起来。这些响马个个身怀绝技，攻击力极强，打劫手段也格外高明。他们有严密的组织和规矩，穷人及小商小贩不劫，在百姓舆论中没有民愤者不劫。除了经常与官府作对，就是对一些名声欠佳的富商大贾和恶霸地主进行抢劫。这种带有土匪性质的响马行动，虽然扰乱了社会秩序，在百姓中却没有很差的印象，相反，武林史中居然还留下了许多传闻逸事。后来，随着社会的不断发展，响马行业渐渐消失。打家劫舍的强盗或者土匪没有了，他们喜好武术、热衷练功习武的传统却被继承了下来。以至今天，临清市的拳脚功夫依然可圈可点。

　　清末，武术名家、威震上海滩的马永贞就是临清人。《清稗类钞·技勇类》载："光绪朝，马永贞以大力著名于沪。一日有卖艺力士约会侩十余人决斗，皆避易而退。马少时为松江正营教师。马之拳为大架子。马曾在河南、上海等地卖艺、传拳。"马永贞之胞妹马素贞，较其兄技艺略高一筹，不仅足下功夫有根底，其拳术亦入化境，且知礼让。知其兄欲漫游天下，曾极力劝阻不果，后闻其兄被害，愤然携家传匕首，只身赴上海，

肘捶非物质文化遗产匾牌（靳国君摄）

手刃兄仇而归。清末民初武术家马升平，武艺精湛，擅杆子鞭（亦称"钓鱼鞭"），外号"西洋鞭马武"。因参加义和团运动，避居济南，并在济南四民拳房授徒传艺，为济南"杆子鞭""鱼翅拐"的传人。1932年3月，临清国术馆成立，湛祖安、孙占德、魏金章先后担任馆长，当时临清城区及乡村的基层武术社馆竟达42个。临清国术馆推广新武术，并在学校开设武术课，将武术纳入教育之中。葛子宾、黑文石曾在省国术训练班学习，并分别在临清十一中、回民中学任教。1933年魏金章先生曾代表临清市赴济南参加了省武术国考，获得银盾奖牌。拳师周松山1913年为陆军部武技教练所学员，从王芗斋习意拳，后在北京教拳。

民风尚武是临清民间武术发展的重要基础，仅有清一代，临清就出过武进士37人、武举117人之多。作为京杭大运河上的名城重镇，南北通衢的交通要道，临清不仅是朝廷的掌上明珠，也是各行各业淘金者始终觊觎的宝地。武术当然也不例外。押运粮食需要它，保护安全需要它，加上这里距离曾经在宋代产生过重大影响的梁山泊农民起义军啸聚的老巢只有一百多里，尚武之风可想而知。它特殊的地理位置、风土人情，都为临清武术的发展提供了良好的土壤和条件。无论是军旅武术还是民间武术，都深深影响着临清，使临清乃至周边地区孕育和发展了多种拳种流派。唐代末年和北宋初期，源自临清龙潭寺的潭腿，充分利用了腿长力大的特点，内外兼修，开创了北腿之先。清道光年间，临清瑶坡人张东槐巧妙使用多种肘法、拳法而创编了刚柔并重的肘捶，并远播冀鲁豫广大地区。乾隆年间王伦起义，清末宋景诗起义和义和拳的兴起，使练武的拳场遍及临清城市乡村。清《军机处录付奏折》中载：山东临清有梅花拳教、义和拳教、大红拳教、二狼拳教、五祖拳教等。仅梅花拳教刘四就有徒弟三千多人。这些教首及头目，通过开场授徒、访友比武等方式，传习红拳、八卦拳、六躺拳、阳阴拳、义和拳、梅花拳、神拳、太子拳、二狼拳、金龙照拳、五祖拳以及刀、枪、棒、剑、绳镖、鞭法诸技，使明以来蓬勃发展的各种拳法及器械进一步向复杂化、多样化发展。吕寨乡常庄村，清代时武举高老胜曾于村中设六个班，传武习艺，汪江、高洼、老官寨、高孟庄都有高氏门徒，陕、甘、宁三省镖头常祥云（老官寨前寨人）初习武于高氏，武艺精湛，后成为武林高手，名扬四方。

新中国成立后，随着人民生活水平的不断提高，武术事业越来越受到党和国家及各级政府的关心重视。武术作为简便易行、强身健体的传统体育活动，越来越受到人们的喜爱。每当清晨傍晚，在林荫河畔、广场庭院，练武者比比皆是，异彩纷呈，"喝了运河水，就会踢踢腿"，在临清已不是虚言。仅城区就有少林、太极、大架、潭腿、查拳、肘捶、佛汉、通背、大成等众多拳种流派，习武者逾万人。近年来，随着社会主义核心价

临清肘捶（徐延林摄）

值观的深入人心，武术作为体育竞技的一个项目，越来越受人欢迎。运动员不断壮大，水平不断提高。承办省以上武术比赛20余次，并多次组队代表聊城市参加全省武术比赛，青少年运动员在省以上比赛中获得各类奖牌百余枚。武英级优秀运动员于宏举、张彪、董朝晖等多次获得全国比赛的前三名，现在分别在甘肃省武术队、聊城市体校跆拳道及武术队担任教练员。

  武术成为群众性体育活动的重要组成部分。近年来，临清市武术协会、太极拳协会、大成拳协会，多个武术馆、武术学校、业余体校武术班相继成立，武术站点不断增多。行走在临清公园或者大运河堤坝的柳荫下，可见身着练功服者，在有板有眼地进行训练，一招一式都显得那么刚柔相济，内涵丰富。每年元宵节，各乡镇武术队进城表演已成为体育活动的一道亮丽风景。在市老年体协夕阳红艺术团的演出中，武术表演已成为不可缺少的节目。一个起源于绿林好汉的"响马"行当的项目，经过历史的沉淀与熔炼，最终成为一项内容丰富的体育活动，并且名正言顺地走进奥林匹克赛场，对于临清人来说，那简直就是一种社会形态的脱胎换骨。如今，习练武术的，都是一些文化素养高、健身意识强的人，他们有的是多年习武的长者，有的是雏燕展翅的女孩，有的是龙腾虎跃的小伙子，也有不少少年武术班的娃娃。那情景，真的让人高兴。近年来，随着人们对武术运动的热爱的空前提高，参加武术活动的人越来越多。武术不仅成为临清让人们强身健体的体育项目，更是这座古老城市一张亮丽的名片和地标性特点。如今，在山东省和与临清从来都掰不开兄弟情谊的河北省的县市，一说起临清的武术全都啧啧称赞。外省前来学艺练武的人一年比一年多。舞刀弄剑者如雨后春笋，蓬勃兴旺。武术运动的普及，极大地丰富了人民的文化生活，推动了全民健身运动的开展，提高了人们的健康水平，临清真正成了名副其实的武术之乡。

怎么就没有一条救死扶伤的胡同？

临清城里纵横交错的胡同有1000多条，可在清代前期，就是没有一条为医院、为救死扶伤设立的胡同，直到光绪十二年（1886年），从美国来的传教士金佛兰牧师，才在果子巷、席厂街创修教堂的同时，于完工后的1901年，在南北街扩地百亩，修建了华美医院和培贞学校。目前搜集到的资料表明，此前除了有两处祭奠孙思邈的大药王庙、小药王庙，实在没有发现医治病人的专门医院。

明清之际繁华拥挤的市肆，并非人们不得病，不需要治疗，而是科技落后造成的愚昧无知，限制了人们的视野。往往把祛病减灾的希望寄托在对神灵的祈祷与命运的占卜上，全都寄托在求神问卜、打卦烧香和修庙建庵、供养菩萨上了。所以，在如此众多的街巷胡同中，有二十四条是以"庙"为命名的。而且庙宇的名称从求财神、求子嗣、求平安到求升状元、求做大官、求出人头地……一应俱全。与之配套的各种各样的传说和故事，成了人们自我解脱的灵丹妙药。听天由命的思维与市井生活的方式，达成了高度的一致。于是，那种手握摇铃或者肩扛旗幌的乡间郎中，也只能是走街串巷而已，望闻问切，纵然治好了病，也受不到社会的重视。相反，那些各种各样类似二十四孝故事似的传说，却在民间传说得沸沸扬扬。我粗略地统计了一下，临清的街巷故事足有十五篇，大部分是一些因果报应、孝悌贤良这类的说教。这是典型的市井生活方式的一种表现。

经历了近百年的历练，临清老城的胡同少了许多，医院却拔地而起。如今，临清市人民医院、中医院、妇女儿童医院一应俱全。人民的健康医疗受到了全社会的关注。城市居民的医疗保险和农村人口的医疗保险都得到了较好的落实。高兴之余，人们对明代时期这么大的一个商业化城市，居然没有一处像样的医院感到不解。当今天的人们再来反观那个已经走过的时代，才蓦然发现，那个把挣钱当成一切的商业化了的城市，许多人是没有心思去考虑为百姓医治病患这件事情的，或者说虽然考虑到也知道这个救死扶伤的行业，能够靠自己精湛的医疗技术维持经营，但是由于它对人的职业道德层面上的要求太高，或者盈利太少，政府又没有得力的财力保障，所以，医疗卫生事业只能处于无人关注的状态。尽管中国历史上有著名的华佗、孙思邈、张仲景，却在商业大潮到来的时刻，突然失去了它的救死扶伤威力。以至于让"梯山航海"来到中国进行交流的苏禄国东王巴都葛叭答剌、完成了大运河输水任务后奉命赴北京面君的汶上县老人白英、完成了对大运河的访问由山东返回江苏扬州的伊斯兰教先贤普哈丁，都因为突发疾病死在大运河河道里的船上。这不能不说是那个时代的悲剧。

缺医少药是旧中国的普遍现象。这种现象在追求自身安宁的市井阶层那里，找到了某种自我解脱的借口。所以，临清城里没有专门为医院、为药店兴建的设施，是当时那个社会背景和科技水平的发展的限制所致。在医疗保健成为现代人最为重要的生存选择的今天，回看那段历史，除了为因缺医少药而死于非命的人们哀叹，更应当点赞我们这个时代在人权保护上，对天下苍生的爱怜与保护。如今，临清人的平均预期寿命，2017年已经达到76.46岁。这样的结果，除了物质条件的改善，人民生活水平的提高，医疗卫生事业的进步，医疗保险制度的建立，是一个十分重要的因素。

船家孩子会凫水

　　暗河一样涌动的那种叫作柽柳的植物，生命力的顽强与意志的坚强，不仅仅体现在自强不息的求胜欲望上。不少的时候，它们可以在自己的根部长出一种被称作"肉苁蓉"的根生菌，成为中医药匣子里的名贵药材。据说，这种药材对于人体的保健，有着很好的疗效。也有的人把它当作滋阴壮阳的补品，让自己的生命显得蓬勃而滋润。我不大相信这些养生术能有多大功效，但是，我却相信另外一种可能：市井生活过于平稳的自满自足，也会促使在它的生存环境里，生长出某种打破常规的"肉苁蓉"。或许，这东西一旦真的生长开去，那能量，那势头，都是叫人击节称赞的。在运河大堤下面，我同一伙年轻人闲聊的时候，他们给我讲述的故事，让我再次相信，市井人的群体生存方式，总有耐不住死水微澜的人，出来振臂一呼，打破四平八稳的僵局，让生命放出咄咄逼人的光彩。这让我想到了刚刚出壳的小鸭，一出世就能下河游泳；刚刚睁眼的小鸡，一张嘴就能啄米。临清人家的市井生活里，就有一种靠自己的力量探索生活方式和立身技能的传统。他们追求的目标，未必是人们心目中的高大上，但是，却必须有支撑生活的能力和循序发展的稳妥。

年轻人给我讲了一个大学生创业的故事，或许这个故事的主人公很平凡，其创造的业绩却很能体现临清运河码头人的风格。故事的主人公叫孙乙茗，男，是一位标准的"90后"。喝着运河水长大，从小养成了运河的脾气运河的坚强，喜欢独自一人蹦蹦跳跳，尽情地释放自己的天性。考大学的那阵子，别的人都忙着加班加点复习功课，他却十分自信地说，肯定会有大学录取我。真叫他说准了。就是那一年，他考取了宁夏大学音乐学院舞蹈专业。从一入学，就显示了自己在舞蹈方面的天赋和勤奋，2011年，他考入宁夏大学。当年，就以学生的身份参加全国舞蹈大赛，还参加了宁夏电视台庆祝建党九十周年的演播活动，受到了观众的好评。2014年，面临毕业找工作的考验，许多人都忙着到处投简历，他却答应了宁夏电视台请他到北京参加春晚演出的邀请。除夕夜，孙乙茗是在忙碌与紧张中度过的。在央视马年春节联欢晚会上，第二个出场的《欢歌》节目中，由央视《直通春晚》栏目选拔、宁夏广播电影电视局选送的歌舞节目《雪白的鸽子》，在春晚舞台上精彩亮相。舞台中央，孙乙茗饰演的回族青年男子，身穿白色衬衫，手持一束鲜花；女子则依偎在他身旁，追逐嬉闹，给全国观众留下了深刻印象。这是宁夏回族舞蹈首次登上央视舞台。

有了这样的经历，找一份工作应当不费劲，何况还有许多单位都找到他，想和他签订用工合同。可是，孙乙茗心里却不像时下许多愿意进大城市、上大舞台、当名角、成大腕的人一样，他知道文艺工作的重点在基层，服务对象在基层，他要把自己所学的知识献给故乡的父老乡亲。就在那一年的七月，他谢绝了许多人羡慕的就业机会，回到自己的故乡，创办了自己的舞蹈培训机构——艺茗舞蹈艺术培训中心。他说，我要用学到的知识，为更多的青年人圆梦，让更多的临清孩子像展翅的雄鹰，飞得越高越远。

一个刚刚走出大学校门的年轻人，创业绝不是一件容易的事，光有实力是不够的,还要有过人的勇气。靠着百般努力和付出,孙乙茗用一个多月的时间,租到了适合舞蹈教学的学校,配备了专业舞蹈教室、办公区、休息区,设施齐全。并且十分自信地打出广告:常年招生,随到随学,做到让每位学员学有所得。为此,他从全国各地招聘了强大的师资团队,设计了多元化的课程安排。

他用不到一年时间,交出了一份漂亮的成绩单。那一年,临清许多青年人受他的影响,生发了报考艺术专业学校的想法,又加上培训中心由孙乙茗亲自创办,跟着他一定能学出好成绩。于是,第一批七名立志学习舞蹈专业的高中生,来到他的培训中心,给出的条件是:文化课我们自己来,用半年的时间,拿到舞蹈专业准考证。孙乙茗思索了一下:"好吧,只要你们能受苦,我收下你们这些学生。"

"这个世界,最可怕的不是那些比你优秀的人,而是比你优秀的人还在努力。"看到这些一心升学深造的莘莘学子,孙乙茗从内心深处这样鼓励自己。从此,那个运河岸边五百六十平米的房子,便成了他教授学生的课堂。他和他的教师们定下规矩,都是舞蹈专业的毕业生,多有参加全国舞蹈大赛并获奖的经历,舞台经验丰富,拥有不俗的实力。带好这些学生应当不成问题。关键是要有一个为学生负责的心胸。他打开《师说》《进学解》两篇文章,一边念,一边对大家说,我们为学生解惑释疑,就要掏出真心来,毫无保留地把自己的真本事教给孩子们。老师们也都是一些对舞蹈特别热爱的专业人才,他们跟孙乙茗一样,在自己的艺术世界里引领着这些像自己当年一样酷爱舞蹈的孩子,领悟舞蹈的美感,提升他们的审美意识和舞蹈专长。半年之后,孙乙茗领着自己的七名学生到济南参加2015年全国艺术类高考。尽管由于艺考政策收紧,文化课门槛进一步提高,有人说是"史上最难艺考年",孙乙茗还是很自信地说,我的学生我有数。揭榜的时候,这七个学生被海南大学、南京航空航天大学、宁夏大学等一批国家重点学校录取。

孙乙茗成功了！他的学校一举成名，让许多热爱舞蹈的人慕名而来。本县的、省城的、河北的，许多有意学习艺术专业的学生，纷纷前来咨询或者报名上学。甚至许多单位的业余文艺演出，也递来申请函，要到他的学校接受培训。

第一批考生的成功升学，让人们对艺名舞蹈艺术培训中心刮目相看。2016年，中心又对专业设置进行了调整，按照少儿民族舞、芭蕾舞、古典舞、爵士舞、街舞、初高中艺考培训、独舞编排、单位排练八个方面的内容进行教学。目前，学生的来源从学前班的娃娃，到对艺术团体的专业培训；从初中高中的艺考培训到一些有特殊要求的单位的专门指导；从街舞交谊舞到拉丁舞、芭蕾舞……全都来此培训。面对大家学习舞蹈艺术的热情，孙乙茗辛苦并高兴着。他说，我要在这大运河岸边打造最专业的舞蹈训练学校，像当年转运粮食那样，把最优秀的人才输送到全国各地和世界各地，让临清这座几百年前在丝绸之路上放过光的城市，为"一带一路"的发展再做贡献！未来几年他的目标是，带出一支经验丰富、创意独到、自信尽职、团结协作、专业执行的舞蹈团队，将艺茗舞蹈打造为最专业的舞蹈培训机构。

与孙乙茗的才艺成功不同的，还有一位身遭不幸的临清女孩曹语宸，她的嬗变简直就是一曲抗争不幸、战胜灾难的凯歌。那是二十多年前，一个八岁的女孩，背着心爱的书包去上学，行走之间，迎面开来的一辆大货车却朝着她碾压过来。躲闪不及，她被截取掉一只左腿。小小年纪，生命便给了她一次沉重的打击。背着沉沉的伤痛，行走在世人同情与哀叹的目光中，小语宸突然觉得，只有自己走出受伤的阴影，才能给自己装上飞翔的翅膀。从那时起，她就更加刻苦地读书，天天拄着拐杖，行走在人们诧异的眼神里。日久天长，脚下的路竟变成一条通向理想巅峰的通衢。2008

年，她以年级第一名的成绩，考进了聊城大学传媒专业。四年的时间里，她除了入学时父亲的五千元钱，其余全靠自己的奖学金支撑。毕业了，许多同学都找到了工作，但是用工单位看她是个肢体三级残疾，嘴上不说，心里却不愿接受。没办法，她应聘到一家婚庆公司给人家做软件。第一天，老板就交给她一项特急的工作，让她用一夜的时间为明天上午就要举行婚礼的年轻人制作一个短片。天哪，这样的短片要做好，最少也得提前几天的时间，哪有这么急的！既然是不能耽误的事，就打破常规去做。那一夜，曹语宸坐在电脑前，认真审视着每一幅画面，构思着各种喜庆的背景和效果，认真修改拼接每一幅画面，使整个视频效果流畅自然又有艺术美感，直到自己比较满意。当制作完最后一部分，点击"保存"的那一刻，天已经亮了。虽然非常疲惫，但作品获得了客户的好评。老板满意地点点头，称赞她的时候，她说："我是个擅长跟自己'死磕'的人，不给自己退缩和懈怠的机会。"

曹语宸的顽强与敬业，被聊城市一家科技公司看中。到这个公司之后，她一边钻研业务知识，一边拄拐外出联系业务。然而，她遇到的，婉言谢绝有之，闭门羹有之，冷眼冷语也有之，但她一天天地坚持着。功夫不负有心人，曹语宸接到了第一张"订单"，一家眼镜店决定使用她们公司的产品，订单金额三万多元。她高兴坏了。当时倒不是想自己可以得到多少提成，而是看到了实现更大目标的可能。她把自己创业的打算与周围的朋友同事交流，大家都纷纷表示不可能。骨子里不服输的她却越发坚定自己的信念，"就算创业者百分之九十九失败，那不还有人能够成功吗？我一定可以！"2014年，曹语宸和一个朋友合伙开办了一家公司，并担任总经理。自此，曹语宸的事业有了新起点，她在公司负责提供传统企业"互联网+"系统解决方案和开展电商相关培训，助力传统企业互联网转型。她经常四处奔走，为中小型企业做互联网咨询服务，给企业员工做培训。功夫不负有心人，短短三年时间，公司的年营业额就已经超过了100万元。谈到自己的奋斗历程，曹语宸说："我相信，努力奋斗的人，运气都不会太差。"这个有着美丽笑容和坚定意志的残疾女孩，正将自己的人生经营得多姿多彩、充盈丰实。从市井状态中挺过来，人生就成为一道亮丽的风景线。如果自己伤残之后，把奋斗精神丢弃，就丧失了坚强的心性、拼搏的精神、积极的人生态度，失去左腿的曹语宸用自己坚持不懈的努力，活出了超越一般同龄人的人生新高度，被评为"山东省残疾人电商创业十大标兵"，近期又在临清市寻找身边"最美共产党员"活动中，成为临清市的"最美共产党员"之一。

时代变了，一个曾经沉浸于自满自足不求上进的市井环境也随之消失了。至少，时下的市井，已经不再那么慵懒和自满，人们在评价年青一代这种自强不息精神的时候，总喜欢把他们和古老的大运河联系在一起，说：到底是船家的孩子会凫水。

The
biography
of
Linqing

临清传

舌尖上的临清

第十三章

百姓的家常菜

生活在黄河冲积平原上的临清人，秉承着孔孟之乡的生存理念，总是把给后来人留下什么，作为自己行动的出发点和落脚点。哪怕是最简单的家常菜的做法，也是力求有滋有味，可口可心。我们临清市民日常生活中那种家常菜，有着明显的地方特色——包容、互鉴、节俭、上口。临清的家常饭菜，通常以馍馍、小米面窝窝、玉米面窝窝、杂粮窝窝为主食，间或也有大米干饭、高粱米楂子饭等外来饭食的介入。而且，多数人家的生活。坚持做到每顿必有汤水，光这汤水一项，就包括了汤、粥、羹、汁、卤等几十种。也是民以食为天，虽说寻常百姓家经济条件一般都不富庶，这并不妨碍他们舌尖上的享受与味蕾的追求。纵然是当地生产的菜蔬，哪怕是野菜，一到了临清人的手里，也是弯腰摘来，佐以葱、蒜、姜、花椒、大料等辅料，趁鲜烹调，虽云家常菜，实则是味道可口，鲜美至极。故而临清人对自己的烹调手艺也是十分自负和自豪的。常常听到有人说，大运河把天南地北的手艺都集中到咱这来了，只要把庄稼地里生产出来的东西往咱临清人手里一放，立马就变成美味佳肴。那些大官大臣，地位再显赫，钱再多，吃不上第一口，咱这蔬菜粮食，可是自己想什么时候吃就什么时候采摘,这才叫新鲜呢。

相传,有一年春天,乾隆帝微服私访,走到临清地界,想了解一下百姓的膳食情况,就来到一个村庄,走进一户农家。正赶上家庭主妇准备午餐,就对这位妇道人家说,久闻临清女子心灵手巧,尤其善于下厨做饭。今逢大灾之年,许多人家缺油少盐,能否做一道"无油自来香"的菜肴,让我见一见临清人的手艺?那女人稍加沉思说,客官请稍等,一会就行。说罢,走到院子里,从香椿树上摘下一把嫩叶,走进厨房用开水一焯,那叶子愈加绿得新鲜。女子将那叶子切了,撒上一些椒盐,便端上来让客人品尝。那乾隆帝身居庙堂之高,天天玉盘珍馐,哪里吃过这等饭食?——没想到,夹起一筷朝嘴边一送,一种天然的清香立即传遍全身,越嚼越香的感觉搅动着初尝新鲜的味蕾,爽口的滋味让客人连连击节称快,便问:这是什么菜呀?主妇回答:是俺们家院子里的香椿,俺这里的人都把这道菜叫"春回大地"呢。

"哦,好,好。菜好,名字也好,春回大地,多好的名字呀。"乾隆帝高兴地说。

从那以后,临清的香椿便有了一个极为好听的名称:春回大地。

类似这样的菜肴,在临清县的家常菜里面还有菜蟒、金钱合子、油盐卷、韭菜茄子、西瓜豆豉等上百种。说到临清的菜肴,就不能不说大运河。原来,这大运河与临清人的衣食住行似须臾不能分离。历史上,中国政府一直对盐业实行专卖,到1903年,清政府的盐法还有"贩卖私盐一斤以上者斩"的条文。缺油少盐成了劳苦大众一大心事。作为运河码头的临清,经常有朝廷的盐运船只停靠装卸,总免不了有打扫船舱和盐业仓库清扫仓底之类的食盐上岸。不少商人正是看中了这一机会,纷纷办起了酱菜园。到清末时节,临清仍有较大的酱菜园三十多家,以济美酱园、茂盛酱园、远芳酱园、远香斋酱园、溢香斋酱园、斯美斋酱园、延香斋酱园、

临清济美名牌产品"进京豆腐乳"(靳国君摄)

恒兴隆酱园为代表的小菜作坊遍布城乡。这些作坊的创始人,伴随着大运河漕运发展的步伐来自四面八方,既带来了各地在小菜制作方面的各种技术和秘方,也促进了相互之间的交流与提高。以济美酱园的创始人汪永椿为例,他原是安徽歙县洪琴村人,乾隆五十二年(1787年)来临清创办济美酱园。后来,把这门手艺传给了他的后人,先后有汪昌煦、汪和廷、汪俊銮、汪德涵、汪光荣等人担任过酱园的掌柜,到1997年,已经传到第七代。茂盛酱园的创始人沈聿基,是淄博沈家河村人,早年在临清开绸缎店,到光绪年间,始创茂盛酱园,经过一百多年的打拼,这家酱菜园已发展成具有三个分号的酱菜公司。这些听起来土里土气的家常菜,却缔造了一方水土的名气。如今,岁月留下来的,除了那条依旧流水潺潺的运河,能够在人们的记忆和谈资中留下一些美好印象的,并且继续着它们的芳香与爽口的,就是这些老百姓的家常菜了。

除了酱菜,临清的豆腐也是远近闻名。因为有了豆腐,所以在诸多的街巷中,便有了豆腐巷;豆腐巷经营豆腐的人家多了,便有了竞争催促出来的以质取胜和以新引人。当年在豆腐巷这条街上,有几十家豆腐作坊,加工的豆腐也有水豆腐、干豆腐、豆腐脑、老豆腐、豆腐皮、豆浆等几十种。据临清人说,他们的豆腐,城西的是淮南王刘安时候的技术,点豆腐离不开石膏。所以,至今,不管你有多少新技术新办法,我还是我行我素,依照老辈人的传授,挑选上好的黄豆,水泡、磨豆浆、滤豆浆、熬豆浆、点卤,一个步骤都不能少。尤其这点卤的环节,那可是大有讲究,豆腐的口味、豆腐的质量,全在这点卤的手艺上。将熬制好的豆浆,按比例兑入适量卤水,使之凝固成豆花,然后将豆花舀入模具,挤压成型,就大功告成了。如果不想吃豆腐而要吃豆腐脑,那就在熬好的豆浆中搅拌一定数量的石膏,就可以吃到圆润可口的豆腐脑了。临清人做豆腐,一般是十五斤黄豆,一斤卤水,中间挑出一两张豆腐皮。为了贯彻执行国家食品安全法,近年来临清豆腐不再使用小碱卤水。豆腐已成为寻常百姓家必不可少的家常菜。你只要到临清走一走,就会看到那道以吃豆腐为景的风景线。一天到晚,大街小巷有不少推车担担卖豆腐的人被人们围拢着。水豆腐是临清百姓最喜欢的一道美味。吃水豆腐也是有些讲究的。卖豆腐的人把豆腐盛在一块类似古时候朝廷大员上朝使的笏板上,递到卖主的手里。那买主便翘起脚跟,吸溜吸溜地将豆腐慢慢吞下。那份自得其乐,不是身在其中,是体会不到的。尤其是旭日初升的早晨,街头巷尾随处可见那些手捧托板豆腐的人,吃得津津有味。吃一板豆腐,嘴巴一擦,上班!

掐菜。这是临清家常菜中的一道名吃。许多人听起来可能不大明白,没关系,一说你就知道了。掐菜就是豆芽呀。说起豆芽,临清的讲究也不少。在过去密如蛛网的街道巷子中,就专门有一条豆芽胡同。说起这豆芽胡同，临清人似乎有一种深深的眷恋与依偎。他们说，那个时候，这条巷子里做豆芽生意的有几十家，绿豆芽、黄豆芽、黑豆芽、豌豆芽、蚕豆芽……应有尽有，一斤豆子生七斤豆芽，从投料到成芽前后七天，每天都要过水，一缸跟着一缸走，干这一行的人累啊。豆芽最干净，人要干净，水要干净，空气也要干净。否则，豆芽便会烂掉。

掐菜，便是豆芽菜当中的上品了。这种菜就是把豆芽两段的根和梢去掉，中间一段卖给饭庄或大户人家，两头的部分留下自己吃。这竟成了一套自成体系的产业链。卖豆芽的作坊把豆芽分发给左邻右舍，定好掐一斤给多少钱，剩余部分留作加工户自己享用。卖到饭庄或大户人家的部分，有的被做成金钩吊银鱼、银丝天香、冰雪翡翠、珊瑚翡翠羹、芙蓉翡翠等。掐豆芽的人家懂得，所谓掐菜，其实就是为了好看，庄户人家没有那么多的讲究，但是可以在烹调技艺上和那些酒楼饭庄一比高低。因此，临清人多年来养成的炒豆芽的习俗和精湛的技艺，不管剩下来的头还是尾，都能变成庄户人家可口的菜肴。

临清的家常菜还有很多，许多市民都有自己家传的拿手好菜。在今天菜蔬品种激增、各种佐料不再罕见的境遇中，临清的家常菜越发丰富，从城里到乡下，所有村庄街道，都有深受百姓喜欢的饭店和菜馆，不管是家里来了客人还是一家人想换一下口味，都能一个电话让热菜送上门来。

临清的官府菜

在等级观念十分森严的封建社会，人们的膳食交往也是分成三六九等的。官府菜是宫廷菜之下的一种以地方衙署机构接待用餐的称谓，以清淡、精致、用料讲究闻名。临清自明代大运河开通之后，除了本地原有的官府衙门，国家派出的办事机构越来越多，南来北往的官府大员和各类公职人员也应接不暇。因此，官府菜的诞生便不可避免。本地官府宴请远道而来的上司，讲求美食和拿手好菜；招待同僚或比自己职位高的官员，也得有同样的讲究。临清因与河北省的地缘接近，在很长一段时间内，崇尚的是"直隶官府菜"，这种官府菜又称官僚士大夫菜，包括一些出自豪门之家的名菜。官府菜在规格上一般不得超过宫廷菜，而又与庶民菜有极大的差别。由于官府的花费使用的是公款，资金雄厚，原料丰富，便为官府菜提供了奢侈摆谱的条件。

官府菜形成的另一个重要条件是著名厨师与品味家的结合。一道名菜的形成，离不开厨师，也离不开品味家。后来，临清的官府菜由于受孔府菜的影响，多了一些鲁菜的特点。所制的馔肴，多有讲究芳饪、标奇庖膳、穷水陆之珍的特点。明清之时，达官府第更是各有家厨，争相斗艳。官府菜以孔府菜为最，自成一套完善的饮食格局和系列菜谱，孔府菜就是很有代表性的官府菜。从史料上看出，临清的官府菜，最为穷奢极欲的，莫过于明代万历年间的税官马堂。他在接待从意大利来的传教士利玛窦的时候，席面上所上的菜肴让利玛窦简直看傻了双眼，不得不惊叹"场面的富丽堂皇，足以与人们所能想象的最高君主相匹敌"。临清官府讲究饮食生活，还与此地官员的祖籍构成有着密切的关系。作为一座国家十分重要的商业贸易城市，其各方官员的来路和口味并不相同。因此，为了适应各路官员的口味，许多衙门主管厨子的官吏，都在按照主人的饮食习惯和口味爱好，网罗厨艺名师，搜刮珍稀原料，不少厨师都是在任官员从原籍带来的。这种多方厨艺汇聚一堂的局面，使一个先前以冀鲁交界地百姓家常菜为主的地方，突然间涌进了许多饮食文化的外来元素。据临清州志记载，明代临清的南方官员比较多，他们多数来自闽浙和南京，是一个对餐饮文化特别讲究，"食不厌精，脍不厌细"的群体。他们把起源于昔日深闺大宅中的名厨佳肴请进官府，许多官员家中也雇有厨师，家蓄美厨，竞比成风。这些受雇于人的厨师，经过多年实践，又走南闯北，吸收全国各地许多风味菜，很会讲排场，摆阔气。当年高官巨贾们因此形成官府菜。这些菜肴讲究用料，制作奇巧精致，味道中庸平和，菜名典雅得趣，筵席名目繁多且用餐环境古朴高贵。据《临清县志》记载，当年，仅负责督理临清钞关的官员里面，福建人就有林燮、林应骢、罗荣、赵常、黄嵘、林樯、雍澜等几十人；广东籍官员也有何文邦、黄一道、邹廷望、吴文佳、钟昌等几十人。因此，临清的官府菜，有很多闽菜、粤菜、淮扬菜的影子，如清炖八宝鸡、清蒸卫河刀鱼、菊花梨羹等。临清的旧官府菜，擅长炖、焖、烧，讲究原汁原味，注重质感，做工精细，大油抱汁，明油亮芡，在色香味形俱佳的前提下，对盛装菜品的器皿也十分讲究。具体到菜名，那就更是把运河文明的许多元素都包括了进去。诸如"玉带扬帆""仓廪连城""花开富贵"……直到新中国成立,共产党提倡干部与人民群众"同吃同住同劳动",官府菜才悄无声息地退出了市场。不过,作为丝绸之路上一个重要节点的城市,临清记载了它。作为烹调技艺和传统名菜,它们已经成为我国文化宝库的一朵瑰丽的花,可称为技高菜精,堪称艺术百花园中的一朵奇葩。凡此皆为历代厨师的智慧结晶,是通过他们的辛勤劳动而创造出来的宝贵财富,他们当中,多为技艺精湛,匠心独运,对烹调技艺有所建树者,对我国的烹饪文化,特别对于鲁菜的形成和发展都有着重大的影响。历史沧桑,时光流转,一个个封建王朝兴亡更替。经过历史的淘汰,官府菜真正能够完整流传下来的,实在是凤毛麟角。

临清的清真菜

讲临清的菜系，不能不说清真菜，这不仅仅是因为临清有较多的回族穆斯林，更因为清真菜在传承丝绸之路的友谊方面曾经发挥过其他菜系所不可替代的作用。

临清的清真菜，最早可以追溯到唐代，那个时候，回族虽然没有真正形成，但是作为来自西域的伊斯兰教信徒，却较早地来到了中原大地。一些带有明显宗教饮食习惯的生活方式开始呈现。元代回族逐渐形成以后，清真菜就在有回族聚居的地方形成了定式。从某种意义上讲，它的辐射面超过了通常意义上的四大菜系。当时与海外特别是西域各国通商活动频繁，不少阿拉伯商人通过丝绸之路（陆路）和香料之路（水路）来到中国，也带来了穆斯林独特的饮食习俗和饮食禁忌。最早详细记载回族菜肴的书籍，是约成书于元代的《居家必用事类全集》。当时的伊斯兰菜，还较多地保留着西域阿拉伯国家菜肴的特色。元代忽思慧著的《饮膳正要》，也记载了不少回族菜肴，其中多羊馔。明代记载回族菜肴的书籍有《事物绀珠》等。至明末清初，"清真"一词为社会广泛使用，而清真菜之名也才取代了回族菜肴的旧名称。清真菜不仅流行于回汉杂居的民间，而且进入了清代宫廷。

因伊斯兰教徒禁食猪、狗、驴、骡、马、无鳞鱼及其他水生物、凶猛的飞禽走兽和任何动物的血液、自死牲畜和未经阿訇祈祷而宰杀的禽畜等肉类，所以清真菜选料很严，戒律很多。清真菜所用肉类原料以牛、羊、鸡、鸭为主，其烹调方法以熘、炒、爆、涮见长，喜欢用植物油、盐、醋、糖调味。清真菜里面的"全羊席"，口味多清鲜脆嫩、酥烂香浓。炖羊肉时，先把羊肉用开水汆去血污，倒入陶制盆内，加入姜、葱段、萝卜、开水（以没过羊肉为限），再放在锅内的小铁架上，锅内加适量的水（盆的下部分应泡在水中），盖紧锅盖，烧至肉烂时撇去浮油，捞去葱、姜、萝卜，吃时加入葱丝、香菜、醋、胡椒粉、香油、味精、盐等调味。牛肉也是以炒、蒸、炖为主，加工牛肉时，先切成寸半长、一寸宽的肉条待用。半斤油在锅中烧至八成热，将肉条放入锅中煸炒至金黄色。然后放葱段一两、姜片三钱、桂皮一小块、大料瓣三个、酱油三两。随即兑上开水（没过牛肉为准）烧开后改成文火煨。随时翻动，约一小时后，加上白糖，尝尝味道，继续煨。汤过多可收收汤。出锅前可配些马蹄类清口菜翻炒出锅。

临清的清真菜在这些牛羊肉常规做法的基础上，在主食的配套上，形成了包子、水饺、焖饼、烧麦、锅贴、热羊肚、切糕等回族群众比较喜欢的品种。到民国时期，临清有名的清真饭庄有中和园、庆山楼、元兴楼、庆宴楼。在这些深受顾客欢迎的饭店，最拿手的莫过于清真八大碗、九大碗的扣碗席。说起这席面，那真叫场面！

八大碗、九大碗，分别用于喜宴和祭奠亡人的宴席。山东地面有些地方的回族人没有红白事之分，只要是"摆桌子"请阿訇，都用九大碗。而临清把喜宴与祭奠性宴席做了明显的区分。喜宴用八大碗，祭奠性宴席用九大碗，也有的地方叫"九碗三行子"。关于这种待客的方式，许多人认

临清清真八大碗（靳国君摄）

为来自回族人元末时期充当朝廷"探马赤军"时的生活习惯，那个时候因为"探马赤军"担负着"上马能打仗，下马能屯田"的任务，吃饭时常常是每人一个"抱碗菜"，后来军士们吃饭时喜欢集中在一起，或八人一桌，或九人一桌，这样的席面就形成了。再往后，又从一开始每人全都一样的菜品，改成一碗一样，就使先前的每人抱碗变成互相品尝，于是，八大碗、九大碗便有了相互尊重、相互礼让的含义。这些菜品的特色，总体上是以牛羊肉为主，具体做法上又各有千秋。菜品的名称是烧羊肉、炖牛肉、焖肉、松花羊肉、清汆羊肉或牛肉丸子、黄焖鸡、羊里脊、鱼、羊下水，其中有些菜品可以做适当调整，如有的席面上强调有一碗炖海带丝。八大碗或者九大碗之所以受人们的喜欢，很重要的一个原因是它用料讲究，做工精细。请阿訇是穆斯林寄托着自己宗教信仰的活动，不管是为刚刚走入生活殿堂的年轻夫妻祈祷吉祥幸福，还是为已故亡人祈祷在后世天堂里的吉祥，都需要心灵的虔诚与敬畏。因此，制作九大碗、八大碗，选用的全都是新鲜的原料,加上制作过程的严肃认真,使这些菜品具有了某种虔敬和心意蕴含其中。承办一桌地道的八大碗或者九大碗,一般不能少于两三天的时间。从举义(打算办某件事的主张)开始,到集市上选羊、牛,都得提前行动,加上席面上的油香、馒头等,常常需要整个家族的女眷一起动手。既忙忙活活,又团结义和,呈现着家和万事兴的局面。随着社会的发展与进步,回族群众用于家庭宴请的八大碗、九大碗,在经历了必要的精简之后,开始以商品菜的身份走进丝路城市的一些回族饭店。临清在这方面是做得比较主动的。他们的八大碗、九大碗,已经成为当地回族餐饮一张亮丽的名片,吸引着四面八方的客人前来品尝。2017年夏天,我们陪同来自新疆昌吉回族自治州的朋友到临清,热情的主人请我们享用丰盛的九大碗。新疆的朋友高兴地说:我们昌吉也有九碗三行子,是昌吉回族小吃一条街上一个很出名的饭店。看来,丝绸之路把从东到西的各个节点连接在一起,我们都是"一带一路"上的好朋友。

临清的酒楼菜和其他菜品

　　酒楼菜，是商贸城市得以兴旺发达的一个重要侧面。它考量的不仅是一个地方舌尖，更是对某种文化的认同与探讨。临清从明清时期就聚会八方来客，各有各的口味，各有各的爱好，形成的酒楼菜也必然是集众家之长，丰富多彩。《五杂俎》记载，明代时期，临清城里十之八九为徽商和浙商，到了后来，又陆续涌进大批山西商人。为了适应商贾们的饮食习惯，有些酒楼不惜花重金从商贾比较集中的外地人氏的原籍雇佣厨师；有的则派人到外地学习厨艺；更多的是由本店厨师在吸取各地菜品不同特点的同时，自己不断演进和改造，逐渐形成了包含诸多地方菜品风格的临清菜。比较有名气的菜品主要是葱烧海参、八宝布袋鸡、木须肉、红烧鲤鱼、回锅肉等。这些菜品，注重口味，讲究时令，质地多样，汤羹领鲜，口味以咸鲜酱香为主，深受顾客欢迎。八宝布袋鸡，是临清一带传统的名吃，制作时，将一只一斤半的雏鸡宰杀后，用六十摄氏度左右的热水烫过、煺毛、拔净毛根、洗净。从鸡颈刀口处推至头下割颈骨（皮不要割断），用刀自颈部往下剔至尾尖和两条小腿、两翅上节骨，剔去骨头，连头带皮翻剥下来，切去肛门大肠，摘去内脏。将鸡皮翻过，成原鸡形，切去翅梢、嘴尖、爪尖。将瘦猪肉洗净，水发口蘑、玉兰片、海参、海贝和年糕切成一分半见方的丁，并用沸水焯过。炒勺内放入花生油，中火烧至四成熟时，放葱末、姜末、肉丁，煸炒后，再放入玉兰片、口蘑、海参、干贝、海米、酱油、精盐、绍酒，煸炒后盛入碗内；再从鸡颈刀口处装入鸡肚内，"布袋鸡"即成。用二寸长的竹针将鸡颈刀口缝住。将花生油倒入勺内，旺火烧至七成熟时，用蜜水刷过放入油锅炸，待皮面呈淡红色时，用小铲翻转拨动炸二分钟捞出，盛入大碗内（腹朝下），加入配制好的清汤、酱油、绍酒、精盐、葱段、姜片入笼蒸热取出，将鸡放入盘内。将蒸鸡的原汤盛入炒勺内，再放入酱油、清汤、鸡蛋花、马蹄、湿淀粉勾芡，沸后撇去浮沫，再加入味精调匀，浇在鸡上即成。鸡肉呈淡红色，软嫩而细腻，清香扑鼻。除了布袋鸡，临清的酒楼菜还有一道特别需要提及的，就是它的"三点水"席面。说起这席面，临清厨师的话题特别多，他们会告诉你：三点水席面，就是六干果、六冷菜、六热菜、六汤菜，也有的把干果换成点心。这在过去被称作六六席，是颇为讲究的。许多地方都有这样的名堂。但是，临清的六六席有与别人不一样的地方，那就是"汤"。不加汤，叫六六席，加上汤，就成为三点水了。为什么？因为在临清的风俗里面，有关于"汤"字的避讳，为了躲开这个字，便把它说成"三点水"。尽管如此，到店里吃饭的人，一般还是都要"汤"。有俗语说："唱戏的腔，厨师的汤""宁送一碗肉，不舍一碗汤"。有着这诸多的讲究，客商们仍旧来往不断，临清较大的酒楼饭庄一直生意红火。到1945年，临清城里规模较大的饭庄就有大寺街的永乐园，考棚街的海山居、会芳楼，前关街的玉山楼，二闸口的四海春，马市街的桂香春、四美村，御史街的六聚成等。

除了上述酒楼菜，临清城里还有一个与佛道密切相关的清素菜系。新中国成立之前，临清城里有各种佛道教寺观近百座。这里面既有寺观里的住持、方丈、道长及僧尼道士，也有前来烧香拜服的居士和信徒。他们在生活上讲究忌讳五大荤、五小荤，坚持吃素。为此，临清城里便有了专门为这些人提供餐饮的场所。如今，素食餐馆也越来越少了。

走在大运河岸边的柳荫道上，常常看见有上了岁数的人坐在小板凳上闲聊，那内容多是讨论吃喝和饮食文化的。老人们最为眷恋的，是自己的家乡；最为得意的，是家乡的饭菜。他们常说，从北京到南京，就咱临清吃得精；官菜民菜清真菜，舌头尖上见分明。如今，临清的这些名吃，也随着大运河临清片区荣登世界文化遗产名录，提高了身价，越来越多的人专门到临清来过嘴瘾。就连那住在京城里的人，也有的乘坐高铁到临清举办结婚宴席。当然这不仅仅是为了省钱，它还有借这新婚之喜游览运河遗址的用意呢。

The
biography
of
Linqing

临清传

临清的婚丧习俗

第十四章

2014年年底,南水北调东线工程山东段全线贯通。当一碧如蓝的河水涌过临清县城朝着蜿蜒曲折的东北方向滚滚而去的时候,因大运河干涸三十多年而翘首以待的人们,欢喜雀跃,奔走相告,诉说着这一时刻到来时的喜悦与激动。

这不是一次简单的通水仪式,也不仅仅是偶然捡到钱包的意外之喜,而是抹去了岁月的风尘之后,对一段突然间被屏蔽了的美好生活的再现。那条曾经金光闪闪的金线线,缠绕了多少人的乡恋、乡愁、乡韵。于是,那个满眼是春光的日子,又有人端了茶壶,提了板凳,坐在鳌头矶附近的公园里,述说那张三裤裆短、李四帽檐长的闲篇。年轻的人们,听着老人们的述说,似乎一下子明白了许多事情:哦,我的故乡,我的临清,原来你也有如此深重的乡愁,如此悠扬的乡韵,怎能不让我们生出根深叶茂的乡恋!于是,那些孩子生日娘满月、张家娶李家嫁的故事,便在人们的絮絮叨叨中,像长了翅膀的鸟儿,通过手机微信、电脑和纸质书写,传到了天涯海角,演绎成一部穿越时空的梦,展现在人们的眼前。

出彩的生命链条第一节

"关关雎鸠,在河之洲。窈窕淑女,君子好逑。"《诗经·国风》中的《关雎》一诗,历来被人们奉为歌颂"后妃之德"的佳作,也成了中国男子择偶娶妻的理想标准。男人在成家立业这一关系终身大事的过程中,把这个环节看成人生链条中最为关键的第一节。婚姻顺利,家庭美满幸福,就可以让人攀缘着这根链条,走向生命的辉煌。如果婚姻不顺,就会使整个链条出现断裂,就会让生命的绳索出现危机。临清人对此的重视,既有来自孔孟之乡道德观念的影响,同时也有大运河带来的多元化文化的融入与市场经济的拼接。

明清之际,随着大运河漕运的兴盛,处于运河南北交汇枢纽之地的临清,社会各方面都有了长足的发展。据万历四年(1576年)《明实录》记载,当时临清繁盛昌达,人口众多,"四方商贾多于居民者十倍""商贩之夫……游宦侨商……卫军户籍……日益屯聚""日渐繁衍,并令占籍"。《临清州志》对当时情景的描绘,就更加详细。当时这里码头宏伟,廨宇连片,仓廒鳞次栉比,街道纵横交错,"薄海内外舟航之所毕,由开府分曹,达官要人之所递临,而兵民杂集,商贾萃止,骈樯列肆,云蒸雾渤,而其地遂为南北要冲"。

外来人口大量汇入，促进了多元文化的相互交流，吸纳了天南地北的不同习俗，也让孔孟之乡的各种礼俗通过大运河向各地传播。文化大交流，文明相融合的结局，必然形成不同习俗之间的互相借鉴与传递，并且在临清这个交汇点上形成多文明嫁接的节点。直到今天，我们在了解临清的婚姻习俗的时候，还可以清楚地看到临清人的婚姻仪式，是一种包含了齐鲁礼仪、燕赵气派、江南习俗、西北晋风的暖色调婚礼。充分折射了运河文化的包容性内涵。临清婚俗，按照其流程，主要是纳采、问名、纳吉、纳征、请期、迎亲六个步骤。所谓纳采，就是请媒人到女家提亲。这是整个程序中最为基础的一环。它对男方、对媒人都是一种考验。按照临清话说，要提亲得"掂掂萝卜对对姜"，确定两家门当户对，两个青年人比较般配，不能弄出"人参配萝卜，灵芝对干姜"的笑话。有了这项基础性的第一步，下面的程序就比较顺利。所谓问名，就是男家在得到女家基本认可之后，请媒人再次返回女家，问女方名字和出生时辰，以便占卜凶吉；卜得吉兆，开始备礼，并告知女家，协商订婚的日子，这一步叫纳征；然后，请媒人再次返回女家，定下吉期，谓之请期。结束了上述步骤，到了确定的日子，新郎就可以到女家迎娶自己的心上人了。这是一个极其庄重且十分热闹的日子，轿夫们抬着花轿，响器班子吹吹打打地鸣奏着各种悦耳的音乐，唱着为新人祝贺吉日的曲牌或戏剧选段、歌曲等，来到岳父家门。也有闹新女婿的晚辈，走上前来开些玩笑或者讨要喜糖。此时此刻，作为嫁闺女的一方，早就为女儿的完婚准备好了四个程序，一套嫁妆、一桌酒席、一个迎亲的"压轿小"（即选择一个聪明伶俐的儿童为新娘压轿）、一个简单的红包或者熟鸡蛋等用来"坐帐"的小零碎儿。直到女方在新郎的陪伴下走出家门，上了花轿，新郎骑着大马，在鼓乐伞旗的引导下，向男方的家走去。接下来的拜天地、入洞房、入酒席、回门等，就都是一些程序化的东西了。不过，临清还有一个特别的习俗，如果出嫁的女子是曾经结过婚再婚的，那规定可就有点损了：只有在日薄西山，黄昏的时候，才能迎娶。这样的规定，既是对新娘的不尊重，也直接影响到新郎官的情绪。作为旧社会的习俗，如今已经被废止。新中国成立之后，人民政府从20世纪50年代初，就制定了《婚姻法》，废除了许多与新的社会道德相抵触的婚嫁礼俗，青年人在法律的保护下，自由恋爱，自由婚姻，成了名副其实人生链条中最为关键的第一节。随着婚姻自主推行，"关关雎鸠"的相互唱和，才成为新时代青年男女的选择。

有趣的童谣

娶妻生子，传承子嗣，是人类维持人力资源的唯一形式。要让孩子们生活快乐，就得给娃娃们玩耍的场地、内容和主要形式。临清这地方，不光船多码头大，哄孩子们的办法也多。其中，用儿歌、童谣教育孩子，就是一种很好的启蒙形式。

这些儿歌，是由一代代人耳口相传的财富，不仅词调带有浓郁的地方色彩，而且幽默易懂，朗朗上口。最有意思的是，临清的童谣、儿歌，都是以游戏的形式出现，让刚刚学着说话的孩子，从语言的起始阶段，就具有表演的成分，不仅提高了孩子的语言能力，也提高了他们对语言本意的理解与记忆。

《临清胡同文化》的作者刘英顺，曾仔细整理过临清儿歌，他将四十三首儿歌一一进行了梳理，把儿童刚刚出生时的催眠曲、老人抱着孩子时深情的吟唱、儿童坐在门墩上拉着奶奶的手学唱歌的情景，以及孩子长到六七岁时一边唱歌一边做游戏的歌谣，全都做了考证。当我们看着孩子们蹦着跳着追逐着，念出这些歌谣的时候，眼前便有老临清的风物显影。那老树、老屋、老人，那鳞次栉比的街巷、那浑厚铿锵的河工号子、那在夕阳余晖中落下的船帆……便一一浮现在眼前。儿歌，是一个地方文化的根芽，是一片土地睿智的种子。它留给后人的，不仅仅是歌谣本身的力量，还有远远胜过这种力量的更为重要的种子：智慧与敏锐。

比如，两个七八岁的孩子，在背对背互相看天看地的游戏，就加进了俯仰之间目能所及的高天厚土，那"倒背正背"的儿歌，也就在两个孩子的娱乐中念出来了：

倒背　正背
葱花　芫荽
弯下　起来
天上　有吗
——天河
地上　有吗
——运河
河里　有吗
——鸭子
——嘎嘎嘎

就是这样一些儿歌，孩子们在轻松自在的游戏中，边玩边唱，不仅熟记于心，而且把家乡的自然景观、客观环境神工鬼斧般造下的自然现象，全都铭记于心。其中，那些饶有兴趣的《筛箩箩》《炸果果》《碰花瓶》《嘎拉牛》等，都是把简单的儿童动作用故事化的语言表演出来。给尚不会说话的娃娃以形象化的启蒙与影响。

还有一些老辈人口口相传的顺口溜，也非常适合少年儿童。《纺棉花》就是一首朗朗上口的童谣：

纺线车，一摇拉，
吱扭吱扭纺棉花。
纺成线，织成布，
你做褂子我做裤。
也有单，也有棉，
花花绿绿过新年。

这些信口吟来的小段子，适合少年儿童口语化语言的特点，在不知不觉中普及了乡土教育的有关知识，是劳动人民独创的幼儿启蒙教育模式。除此之外，像奶奶孙子之间你来我往嗑瓜子的《小板凳，四根腿》，讽刺男人娶了媳妇忘了娘的《山老鸹，尾巴长》，都是寓教于乐的少儿教材。还有接龙式的《织花被》，读起来层层递进，多方面知识不断演进，很受孩子们欢迎。

临清的歌谣游戏，具有明显的地方特色，浸润着大运河文化的泥土芳香，质朴、易懂，应当认真保护。

独特的丧葬习俗——铭瓦葬

看到这个小标题,许多读者可能弄不清它的含义——这是明清之际临清城市独创的一种丧葬礼俗。说到丧葬,许多人认为以前的中原地区无非以土葬为主,个别时候也曾用过火葬,但是时间较短,后来又恢复了土葬。这也倒不假,临清在明代的确实行过火葬,从清理的火神庙遗址看,当时临清有数条胡同,都有火神庙。长篇小说《金瓶梅》里,也多次提到临清百姓有火葬的习俗。但是,到了清代,就变成了土葬为主。

说到临清的铭瓦葬,就不能不说大运河,就不能不说这座突然间兴起的商贸城市。临清作为明代漕运码头的咽喉之地,麋集了来自全国各地的富商大贾。当时,有本地户籍的土著,只有不到七万人,而据明代谢肇淛所撰《五杂俎》记载,明代万历年间,临清"四方商贾多于居民者十倍",也就是说,至少也有六七十万人。这些外来人口,一般是商籍、游商、侨宦、游历来此居住。难免有人会客死他乡。遇到这种情况,客人既无祖坟,也无亲人,只有依靠当地官府指定墓地,待适当时机,再迁坟移送骨尘回到原籍。若干年后,实在没有人料理的,官府专门设有"漏泽园"这种隶属公益性质的墓地,供客死他乡的外籍人埋葬。当时,这样的丘葬义地，在临清有三处。除了这些由官方出面协调和管理的墓地，还有各地商会会馆出面购置的墓地。一般是以某个省的商会为载体，出面协商当地官府和地主，商议购置事宜。谈妥之后，交由商会安排本省客商死于临清者的后事事宜。从资料的记载看，徽商会馆、晋商会馆，在临清都有自己购置的墓地。

值得一提的是，中国人有羞于客死他乡的心理，认为这种"死在外乡不还家"的结局，是悲惨而耻辱的。为了满足维系家族尊严的封建心理，聪明的客商们，就为客死他乡的人们创造了"铭瓦"埋葬方式。也就是人死之后，没有自己的祖坟，需要埋葬在临清的时候，用一片瓦，在瓦槽里为死者写上铭文。铭瓦分阴阳两面。阳面，右起是亡人的生辰，左首是亡人死亡的时间；中间，是亡人的姓氏和名讳。阴面，在瓦的中间写上符，四个角上写"镇墓大吉"四个字。有意思的是，铭瓦上的符，是男女有别的。男的写：敕令山煞鬼，定，罡。写"令"字那一撇一捺的时候，要分别画上四个圆圈，意思是把各种鬼魅镇住。而亡人是女性的时候，铭瓦上铭文的写法就不一样了，阳面内容与男性相同，阴面的区别是："令"字一撇一捺上的圆圈，就画在笔画的内侧。中间的符则变为：敕令山煞鬼，河，魁。铭瓦写好之后，放置于棺材盖上，撒上草木灰，下葬时一同入土。亡人埋葬后，不论是几十年还是几百年，只要看到铭瓦，墓穴里埋葬的人的基本情况，便有个大体了解。通过铭瓦记录亡人，有一个好处，瓦上的字迹千年不失。铭瓦出土后，含一口烈酒一喷，字迹便清新如初。

独具特点的铭瓦葬，随着社会的进步和发展，已经沉淀成一种长眠地下的遗迹，甚至许多人偶尔发现了这样的瓦砾，也很难说清楚它的来龙去脉。在临清诸多的丧葬习俗中，截取这种与大运河的漕运和城市商业化有着密切联系的习俗，算是对那些舍家抛业奔走于商道上的人的祭奠，也是丝绸之路上一朵花絮吧。

喷香的沙土炒瓜子

那些属于临清自己的习俗，总是与脚下的黄土分不开。"掘出阴土，晒成阳土；开出生土，养成熟土；施肥瘦土，变成肥土；种子下地，祈求壮土；五谷丰登，叩首黄土；劬劳一生，最终入土。"这首关于黄土地的歌谣，生动地说明了临清人与土地相依为命的关系。

按照靠山吃山靠水吃水的规律，临清人也给自己创造了用水用沙的生存方式。早在汉唐时期，这里的农民就学会了用黄河水浇灌田地和用沙土贮存鲜活农产品的生产生活方式。时至四十年之前，临清许多地方仍然保持着农村妇女生了孩子之后，用"土口袋"作为婴儿睡袋的习俗。一位与我年龄差不多的老哥，据说父亲也是临清县的一位老领导。那个年代，似乎官民之间并没有等级森严的差别。他的父亲虽然是县委副书记，却并不影响他挨饿。他在撰写回顾20世纪60年代初期那段生活的文章时，写了许多与我基本相同的生活际遇。其中，写到弟弟出生后睡沙土口袋的事，就与我的经历一模一样。那个年代，许多地方的人一样，基本没有什么计划生育的观念。孩子生下来，就用老粗布缝制一个双挎肩的口袋，里面装上从河滩地捡来的沙土，夏天晒一晒，冬天放在破铁锅温一下，只要温度合适，就把孩子放进里面，任他无论如何，一放就是一天。除此之外，利用沙土在冬天的菜窖里存放过冬贮藏品，也是临清人的一大发明。他们把过冬的菠菜、芫荽、芹菜等，放在铺了沙土的地窖里，既鲜亮又保质，比今天的冰箱冷藏还要好。而这样的"土办法"，却在临清流行了两千多年。可见，天下苍生在利用资源上的发明创造，总是闪耀着智慧的光芒。

用沙土炒瓜子、炒栗子、炒花生等，就是临清人的一个生活习俗。说到这事，就想起有一年的春节之后，去临清看望一位老同志的时候，在他们家吃"炒货"的情景。那天，东家大嫂看我们来了，先是准备了一桌丰盛的酒菜。可是，大伙都不想喝酒。胡乱吃了几口，就有人说，弄点好吃的吧。眼下这么好的日子，哪有不好吃的呀？——炒瓜子！一位老伙计张口蹦出一句，大伙都觉得好。看来，我们这把年纪的人，既没有年轻人开口闭口吃西餐的时尚，也不习惯刀子叉子那些洋家什儿，主食来个小米窝头，解馋来盘炒花生，比吃大餐都过瘾。

那敢情好——大嫂说，院墙外面就有沙土，弄点来炒就是。

那从河滩地收来的沙土被放置在一口铁锅里，炒热了，便将花生放进土里，来回地搅动，不一会儿，院子里便洋溢着香喷喷的味道。炒好了花生，放在筛子里抖了抖，便端上桌来。一伙子人围着花生，边吃，边看大嫂继续炒那些栗子、瓜子。大嫂告诉我们，吃"炒货"离不开沙土。这些农产品地里长出来的，用它来炒，就等于原汤化原食吧，味道正、香。听着大嫂这些话，我又想到了脚下的黄土。这真是我们的根啊。怪不得临清人总喜欢把"沙丘"说成自己的故乡。尽管从地名学的角度看，沙丘是河北省的一个叫广宗的县，离临清还有八十多里，但是，它们都是连接在一起的黄土，都是黄河的子民。事实上，地名的概念只能是行政区划使然的一个标志，至于这块土地的自然属性，却未必与县名有内在的联系。

清代《山东济南府临清直隶州志》记载："隋沙丘废县在州城西，开皇十六年（596年）析临清置，大业初（605年）省。唐武德五年（622年）复置，属毛州，贞观元年（627年）复省。"从以上记载可以看出，隋置沙丘县存在了十年左右的时间，唐置沙丘县存在了五年的时间，两朝共在一地置沙丘县十五年左右，两次建县间隔十六年。民国《山东临清县志》沿袭旧志的观点说："商末，纣王盈钜桥之粟，聚乐于沙丘，查钜桥在今河北省曲周县东北，临清西境，与曲周接壤，临清又既古沙丘也。"在这里，县志作者把"钜桥"定位于原临清县西境，与曲周接壤的地带。《临清县志》又云："沙丘在县（指今临清市区与临西河西镇东部）城西八十里。"把古沙丘县治所定格在今河北省临西县河西镇东部的西八十里的地方，而这一定位恰是今邱县香城固镇。另据邱县学者杨凤魁、潘永生考证，钜桥，是商王朝建立在古黄河上的一座桥，其遗址在今天的邱县古城营。如果依据司马迁《史记·秦始皇本纪》以寥寥两行文字简单叙述云："七月丙寅，始皇崩于沙丘平台。"那就是如今的河北省广宗县。

大概是由于秦始皇历史上的功过毁誉过于惹人关注，人们又都有一种以霸业为荣的心态，所以，尽管民间对这位有着暴君形象的人物颇有贬损，关于秦始皇死因的说法也各不相同，但历朝历代把这种人云亦云的传说延续了下来。有一点不可否认，其中因为前后两次置沙丘县都是从古临清县为母体分割出去，且最后又撤销并入临清，所以二者关系非常密切。

这段故事与本书的写作，看上去并无多大关系，但是对于临清这个城市的走向，却是一个很有意义的启示。这片沙性的土地上，既然是黄河冲积平原的造化，它也相应地造化了人类社会活动的历史。作为秀聚中天的临清，是被古老的黄河注入了某种灵气的。我们为它立传，征引一些更为广博的史料，更能有助于读者对这片土地进行全面了解。

临清传
The biography of Linqing

第十五章
临清猫事

丝绸之路，转运汉的路

明清之际，一些从事海外贸易的人，经常从国内买一些丝绸、中药、陶瓷之类的商品，冒险出海，从事商业贸易活动。人们习惯上把这些眼光远大、有冒险精神又能吃苦耐劳的人从事的买卖，称之为"下南洋"。当然，也有些海外商人受中国商人下南洋的影响，梯山航海，远涉重洋，带着各自的商品，到中国经商。比这种海上贸易更早的，是自汉代就有、唐代之后越来越密集的陆上人际交往。人们习惯上把这种持续的上千年的东西走向的贸易活动，称之为丝绸之路。这条道路上走出来的商贸行家，常年赶着驼队，在浩瀚的沙漠戈壁里穿行，用他们的艰辛劳动，沟通了地球上东西之间互通有无的桥梁，更为相互之间的友谊和往来铺筑了走向和平的金光大道。从汉唐时期的"胡人"到宋代的"五世番客"，就是当时中原华夏人对西域或者红海沿岸来华定居后的西域穆斯林商人的称呼。而到了有宋一代，尤其是宋王朝积贫积弱，导致周边异族对中原大地的觊觎和贪心。其中，西夏党项贵族的崛起，成为宋王朝的心头之患。这股势力与宋王朝形成强大对峙，横亘在四川西部至内蒙古北部的草原地带，形成与宋王朝抗衡的局面，你争我夺的战乱，切断了由甘肃、宁夏、内蒙古等地通往内地的线路，让陆上的丝绸之路受到严重影响。

但是，商业经营产生的巨大利润和东方大国举世罕见的物资财富，还是极大地吸引着海外商人和总是喜欢开眼看世界的商人们的眼光。长于经商的波斯穆斯林商人，最早有了"旱路不通走海路"的新发现，他们在陆上丝绸之路受到影响之后，在宋代开通了从海上来中国经商的新航路。此路一通，果然就有一批敢于冒死吃河豚的商人，走上了劈波斩浪来华经商的探索之路。到明代，中国政府为了推行自己的大国怀柔政策，以显示大国的威严与富庶，曾经七次派郑和出海，不断沟通与东南亚及部分非洲、欧洲国家的交往，从而使海上的丝绸之路与再次拓展了的陆上丝绸之路连接起来，形成了联系中国东西南北中、全方位的国际联系和开放格局。对于这种局面带来的邻国及远在非洲、欧洲的许多国家之间的友好往来，商人们当然是最大的功臣与智者。他们以经商者特有的眼光与聪慧，吃苦与耐劳，经历了风浪，历练了本领，广交了朋友。到明成祖朱棣时，下南洋已经成为一些商人独具眼光的选择。抛开正史里那些关于中国商人走西口出阳关和闯关东下南洋的记载，仅从明代文学作品里，就看到当时许多商人在丝绸之路上坚强不屈的探索和风浪出没的艰辛，而大运河这条横贯南北，南起杭州湾、北到北京城天子脚下的漕运大动脉，更是客观上适应了这种让中国走向世界的客观要求。

临清，这座漕运通道上的最大码头，更是责无旁贷地成为丝绸之路上的重要节点。甚至可以说，那些从丝绸之路上走过来，最后落籍成中国穆斯林的商人中，有不少已经成为当今堂堂的中国工商业人士的杰出代表，当然，在他们族谱的记载里，或许可能只是一两句类似"祖上来自波斯""一世祖西域人也"的话，但那是包含了极其深刻的含义的。明代的凌濛初先生，大概是最早通过小说等形式，涉猎海上丝绸之路这个重要话题的。他的白话短篇小说集《初刻拍案惊奇》第一卷，写的就是明成化年间苏州人文若虚在国内经商屡遭失败，陷入穷困破产的境地，被人称作"倒运汉"，后来因为偶然机会出了一次南洋，发了大财的故事。文中写到孤独郁闷的文若虚，被朋友带着，出海散心排忧，本来没有本钱购置货物的他，只花了一两银子买了一篓"洞庭红"（一种橘子），准备路上解渴。没想到洞庭红在海外的吉零国，被当成稀世珍品抢购一空，卖了一千多两银子。回国途中，他又偶然拣到一个大乌龟壳，回到福建后被一个波斯商人用五万两银子买去，后来才知道乌龟壳中有很多珍珠。他用这些钱在沿海重置家业，娶妻生子，从此家道殷富不绝。虽然作品讴歌的是冒险和投机，在很长一段时间里被人们说成充满着发财幻想与虚妄，但是还原到那个时代临清的城市现实来做一个观照，却不得不承认，凌濛初的文学创作，并非子虚乌有的空穴来风。

就是那个时代，临清这座鲁北平原上刚刚雄起的商贸都市，也是吸引了大量外籍华人来此追梦寻欢的。除了前文提到的意大利旅行家马可·波罗和传教士利玛窦神父，最具有群体意识的，就是时至今日仍然在临清居住的两万多回族穆斯林兄弟了。当然，他们五六百年前就已经成为中华民族的重要成员，是我国五十六个民族的大花园中最为光彩夺目的一支。如果有人想把他们说成舶来的"洋货"，定会遭到斩钉截铁的否定。他们会卷起衣袖告诉你，看看我们的肤色，号号我们的血脉，地地道道的中国血脉，堂堂正正的中国汉子！

这倒不假，临清是山东省穆斯林散居人口比较多的县级市之一，全市有两万多回族人口居住。如今的临清回族，不仅与汉族兄弟和睦相处，亲如一家，而且在享受文化教育、政治权利等方面，都有着与全市人民相同的公平，在住房、子女入学、生活水平等方面，还略高于全市平均水平。已经连续十几年了，临清市民营企业最大的纳税大户，就是一位名字叫宛秋生的回族企业家。20世纪90年代，临清丝织厂破产的那会儿，宛秋生眼看着和自己同样在一线打拼的工友们失去养家糊口的工作，便约了十几个工友，将破烂不堪的企业承包了下来。三十多年的时间过去了，曾经的丝织厂变成了一家民营纺织企业，其产品沿着当年的丝绸之路，绝大部分远销国外。企业的产品销售总额、盈利水平，一直在整个聊城市遥遥领先。作为全市纳税最多的民营企业家，宛秋生连续两届当选为全国人大代表。因为在后面的章节里，还要专门写到他和他的宛园，在此就不再详述了。但我确信，宛秋生能够把一个已经破产的企业，改造成全市民营企业第一纳税大户，和他对丝绸之路的情有独钟是分不开的。或许，那个凌濛初笔下的转运汉文若虚的际遇，附体到了他的身上，那就让我们为丝绸之路这一连接中国与世界各国相互交流的硕果点赞吧。

除了人的交往，其他物种的交往，也给临清留下了抹不掉的戳印。就像那远道而来的波斯猫，经过与鲁西北的猫儿杂交之后生成另外的品种一样，为一方水土增添着新的光彩与荣耀。临清之所以成为漕运枢纽并能给广袤的平原带来福音，让破产企业转运成民营企业的翘楚，让失业下岗的职工成为在搏击风浪中的"转运汉"，实在是领受了古老的丝绸之路带给人们的那种福分与吉祥。见证这种福分的，不仅是熙来攘往的一辈又一辈的人，还有一个属于临清独有的物种——波斯猫。波斯猫作为六百年前从海上丝绸之路漂泊而来的一个物种，不仅在今天已经成为与中国华北猫混血的一个独特物种，也是一个临清不断发展的见证。它成了人们的宠物，说不定在哪一天，还会像我国的大熊猫，成为国宝级的宠物，走进荧屏、小说，或者作为连接丝绸之路的信物与友好的象征，回到遥远的故乡。

猫儿猫儿咪咪叫

临清有波斯猫。这种猫由于头大，耳朵尖长，全身长毛，颈部、背部的毛长，外形就像袖珍的狮子，因此人们也有的把它称作狮子猫。真正由波斯猫和临清猫交配的狮子猫，为白色长毛，颈部、背部毛长达四五厘米，也有黑白相间毛色的品种。说起临清狮猫这个物种的起源，那是货真价实的"一带一路"上国际交往的产物，是波斯猫与鲁西狸猫繁育而来的后代。其培育形成与沿大运河而来的波斯伊斯兰教的传人的进入，是有着密切关系的。

早在元代末年至明代嘉靖年间，随着山东境内会通河段的开凿，京杭大运河全线贯通。当时地处大运河和漳卫河交汇处的临清县，便逐渐形成了黄河冲积平原上最大的手工业、商业城市。大批信仰伊斯兰教的波斯人、西亚人纷至沓来。这些黄头发蓝眼睛的富商大贾，在经商赚钱的同时，从遥远的红海沿岸带来了自己心爱的宠物——波斯猫。而相互磨合过程中，适应最早的就是波斯猫。有了与中国鲁西猫的耳鬓厮磨的机会，尽管它们融入的方式就是一种动物的相互交配，但是这样的交配却让中国大地上从此多了一个物种——临清狮猫。不妨做这样的场景设计：月白风清

临清波斯猫（某人摄）

的夜晚，从遥远的异国他乡来到黄河冲积平原的临清，下榻在东大寺附近的一家穆斯林旅店，客人从他精致的竹篓里，拿出他一直心爱的宠物——白猫。这真是一件稀罕物，雪白的长毛，一黄一蓝的两只眼睛，善解人意的温顺与聪明，让旅店的掌柜看得忘记了尽快离开。于是，就攀谈，就交流。相互之间的友谊和往来，就因为一只波斯猫，一下被拉近了距离。于是，临走的时候，波斯商人没有带走他的猫。作为友谊的信物，他留给了店家。一年之后，当那个波斯商人带着十几只小猫，再到这家旅店的时候，上年留下的那一只，已经成了十几只混血猫的妈妈。加上这次客人带来的这十几只，一个深受中国人欢迎的混血物种的繁育基地就应运而生了。——这样的场景设计虽然过于简单，但是不要忘记，就像乌鸦从某地叼走一颗种子，到了另一个地方竟然引起植物形态的演变一样，世界上许多事情就是在偶然中巧合而成的。

临清猫除了披着厚厚的雪白长毛外，有的还长着一黄一蓝的鸳鸯眼。那让人们瞧上一眼，就知道它们有着波斯猫和中国猫的混血血统的模样，实在讨人喜爱。从波斯猫的角度说，它们是属于那个庞大的波斯猫系的。这个系列落户临清以来，已经发展成一个很有实力的品种体系，共有八十多个品种，比如金吉拉、喜马拉雅、异短等都是由波斯猫和别的品种繁育而来的，所以很多人把波斯猫称之为狮猫，实际上它们的外延更广泛，从这些杂交的狮猫身上，甚至可以寻觅出一条丝绸之路的蜿蜒曲折来。

据临清县志记载：狮猫比寻常者大，长尾拖地，色白如雪，以鸳鸯眼为贵。最早养这种宠物的，是临清北街回民。他们不仅自身有着经商航海走远道的传统，而且与丝绸之路上的波斯、大食、阿拉伯等国的许多商人有着共同的伊斯兰教信仰。有的甚至在长期的交往中，互通婚姻，实现了从血统上融入中国的嬗变。关于狮子猫的记载，出现在县志里，当然是一种纯客观的记载。但是，在迁人骚客、才子秀才的眼里，看的却是它的社会价值和物种特征。明代开始，临清猫就成了向宫廷进贡的地方特产。更有一班诸如郎世宁一类的画师，专门以临清狮猫为模特，画了一幅又一幅具有宫廷特点的波斯猫。这一传统被后来的画家继承下来，临清猫成了名家笔下的拿手描摹对象。20世纪30年代，著名画猫专家曹克家先生，曾多次亲临临清写生，并且在他的《怎样画猫》一书中写道，动物没有异眼的，只有山东临清有异眼猫。

也是物以稀为贵。在素有讲究来往礼节的社会里，临清猫很快成了人们相互交往的珍贵礼品，甚至发展到波斯猫竟贡到宫中成了宠物。明嘉靖时期，由山东临清进贡到西苑永寿宫宠养的一只狮猫，因为老病而死，这本是正常现象，却让圣上大为痛惜，为制金棺，葬之万寿山麓，命在职诸老为文赋诗，荐度超生。侍讲学士袁炜，在祭文中有以猫喻狮，"化狮为龙"的令人肉麻作呕之词。以此邀宠皇上，被提升为少宰，陞宗伯，加一品入阁。此风既起，富有攀高结贵心理的达官贵人，便迅速兴起了饲养波斯猫的嗜好。一时间，各种各样的波斯猫品种，便与鲁西北猫正儿八经地沿着丝绸之路喜结良缘，没用多少年，由此繁衍的后代，便有了一连串好听的名字："铁枪拖玉瓶"，白身黑尾的狮猫；"将军挂印"，背上正中有异色的狮猫；"挂印拖枪"，白身黑尾且额上一团黑的狮猫；"负印拖枪"，白身黑尾且背上一团黑的狮猫；"银枪拖铁瓶"，黑身白尾的狮猫；"乌云覆雪"，背黑而腹白的狮猫；"踏雪寻梅"，黑毛白爪的狮猫；"鞭打绣球"，头颈正中有异色，尾尖与头斑一色的狮猫；"雪中送炭"，全身雪白，头顶有一团黑的狮猫……

临清狮猫胆小性孤，一般人家对它珍爱有加，唯恐丢失或被别的动物叼走，一般都是家养，不敢轻易放出。这一品种身体强壮、抗病力强、耐寒冷、善于捕鼠。善跳跃，行动敏捷，警觉性高，喜爱干净。临清狮猫恬静可爱，温顺宜人，对人诚实，易于沟通，易得到主人的宠爱，是捕鼠能手。临清狮猫是典型的寓所猫，娇俏、灵动、温顺、慵懒，与人的交流也亲近。

一个物种一旦成为稀罕之物，它的生存往往会成为超越它本身繁殖速度的传播方式。自从临清狮猫在中国传播开来，北京、上海、天津、济南、青岛的动物园内能观赏到临清狮猫，甚至在日本、新加坡等国也能寻觅到其踪迹。许多饲养狮猫的人家，为保持被毛的光洁漂亮，定期用香波洗浴，当猫体很脏时，应用中性肥皂在温水中洗涤被毛，随后立即清洗、吹干。小猫七个月龄长毛开始生长，此时就应开始仔细刷洗。发展到当今，狮猫的品种分类依据，主要是毛色。大致可分为以下四种：一是白狮猫。毛色洁白无杂。其眼又分鸳鸯眼（一只黄眼，一只蓝眼）或双蓝眼、双黄眼三种，以鸳鸯眼最为珍贵。二是黑狮猫。其形如白狮猫，但体躯稍长，两眼黄色，全身除见肩为白色，腹毛灰白色，因其为数极少，亦被视为珍品。三是鞭打绣球。其形如白狮猫。额部有黑斑，尾呈黑色，长且尖，可甩及头部，故名曰"鞭打绣球"。四是花狮猫。背毛有的为灰褐色，间有虎斑；有的白色间有黑黄花斑。据养猫人说，这个品种是白狮猫与一般猫类杂交的后裔。

　　从小生长在临清的季羡林先生，大概是对故乡情有独钟，或者是从骨子里对临清的狮猫不能忘却，他一生爱猫，喜欢养猫。幼年时在临清就很爱猫，后来成了大学问家，虽然爱猫却不能养，直到七十六岁，工作不像年轻时候那么紧张了，才开始养猫。八十岁的时候，季先生还养了好几只猫。一只跟随他十二年的老猫死去之后，老先生十分伤心，就又在自己的寓所养了纯种的狮猫。老人家繁忙的教学和学术研究之余，还忘不了写几篇关于老家这个品种猫的思念。在他的那本《一花一世界》的散文集里，就有《老猫》《咪咪》两篇是专门来写猫的，咪咪死掉之后，老先生总觉得心里空荡荡，便又从老家弄一只波斯猫。并且将其命名为"咪咪二世"。1988年11月8日，老人家正在香港中文大学从事学术活动，偏偏赶上天气连降阴雨，七十七岁的老先生瞅着自己的猫，居然连写了两篇关于猫的散文。"我坦白承认，我对人生的奥秘参透得还不够，我对自然规律参透得也还不够。我仍然十分怀念我的咪咪。我心里仿佛有一个空白，非填起来不行。我一定要找一只同咪咪一模一样的白色波斯猫。后来果然朋友又送来了一只，浑身长毛，洁白如雪，两只眼睛全是绿的，亮晶晶像两块绿宝石。为了纪念死去的咪咪，我仍然为它命名'咪咪'，见了它，就像见到老咪咪一样。过了大约又有一年的光景，友人又送了我一只据说是纯种的波斯猫，两只眼睛颜色不同，一黄一蓝。在太阳光下，黄的特别黄，蓝的特别蓝，像两颗黄蓝宝石，闪闪发光，竞妍争艳。这只猫特别调皮，简直是胆大无边，然而也因此就更特别可爱。这一下子又忙坏了虎子，它认为这两只小猫都是自己的亲生女儿，硬逼着它们吮吸自己那干瘪的乳头。只要它走出去，不知在什么地方弄到了小鸟、蚱蜢之类，就带回家来，给两只小猫吃。好久没有听到的'咪噢'唤小猫的声音，现在又听到了。我心里漾起了一丝丝甜意。这大大地减轻了我对老咪咪的怀念。"

像所有的物种一样，临清的波斯猫随着生存环境的变化，也在经历着一个不断变异的过程。回顾这段历史，带给人们的欣赏与快乐，也是耐人寻味的。关于狮猫的由来有两种说法：一种是发源于中国新疆一带的土耳其安卡拉猫的后代，另一种是临清人用波斯猫与鲁西猫杂交，培育出酷似小狮子的品种，所以有点像也不奇怪。狮猫毛被多为白色，少数为黄色或者褐色，眼睛多为一黄一蓝的鸳鸯眼（金银眼）。中国临清狮猫至今已有五六百年的饲养历史。追溯中国山东临清狮猫的起源，它是波斯猫。明代临清逐渐形成了鲁西最大的手工业、商业城市，大批欧洲商人和传教士纷至沓来。他们带来的波斯猫有了与鲁西猫交配的机会，于是就出现了中国临清狮猫。狮猫的祖先在波斯，它们有着波斯的血统，属于波斯系的共有八十多个品种，比如金吉拉、喜马拉雅、异短等都是由波斯和别的品种繁育而来的。波斯猫不仅被公认为捕鼠高手，那英俊的外形也被很多人所喜爱。波斯猫直鼻梁，下巴强壮，饱满面相和狮子相像。毛长，大多为白色，也有花色毛。血统接近纯种的猫背毛不能少于五厘米——所谓三寸余。带临清狮猫血统的猫尾毛长度一定大于十五厘米，少于十五厘米无论是否为鸳鸯眼，都不能叫波斯猫。领毛，就是耳朵以下脖子那圈毛，长而厚，明显比胸毛长，有点像雄性狮子那样，以超过十厘米为好；胸毛在端坐时几乎能接近脚面；背毛可以有披身的效果，长度应该在六厘米上下；尾长毛多，尾毛长度是全身最长的，大约在十五厘米；脚大，有长长的脚毛。白猫的毛尤其受人喜欢。新中国成立之前，临清波斯猫作为稀有动物走进达官贵人之家，直到 20 世纪 50 年代，才逐步进入寻常百姓家。如今，养临清波斯猫已经成为人们的业余爱好，和蔼可人的小猫成了许多人家的生活伴侣。

临清的波斯猫活泼可爱，温顺宜人且性格温和，不欺生，能够与陌生的同伴和谐相处；聪明黏人，身体强壮、抗病力强、耐寒冷。波斯猫对于鱼的喜爱仅仅是因为腥味，鱼的营养对于猫远远不如常见的禽类、啮齿类。它性情恬静可爱，温顺宜人，对人诚实，易于沟通，易得到主人的宠爱。

据临清老年爱猫者介绍，临清狮猫有一些稀有品种：如白猫黑尾，谓之"铁枪拖玉瓶"；背上正中有异色者叫"将军挂印"；"将军挂印"并生黑或黄尾者，叫"挂印拖枪"；背黑而腹白，叫"乌云覆雪"；黑猫白爪，称之"踏雪寻梅"；头颈正中有异色，尾尖与头斑一色的叫"鞭打绣球"，等等。由于波斯猫性情温顺，比较适宜室内散养。一些年老少动的知识分子，总喜欢在家里养上一两只。季羡林先生作为临清人，对波斯猫的饲养尤其情有独钟，老人家步入暮年之后，专门从老家弄了两只波斯猫，一边陪着他做学问，一边供他开心快乐。老先生还专门写了三篇关于波斯猫的文章。仔细拜读，就会深深体会到那猫给老先生带来的乐趣。我常想，一位学贯中西的学界泰斗，一生经历了那么多生活坎坷，诗书满腹，才高八斗，却对故乡的一种动物有着了不起的关爱。这其中除了骨血里带来的乡情乡愁，是否也寄托着老人家希望故乡与世界越走越近的期盼与希冀呢？

几年之前，我在北京万寿路一位八十多岁的丁姓老阿姨家里，发现老人家对自己喂养的波斯猫，像对待自己的孩子似的。就觉得有些好奇，老人家告诉我，这是她托人专门从临清买来的。有了这只猫，就让她有了一份好心情，就像回到儿时的运河岸边，就不想家。想起了老人的话语，让我突然间记起了季羡林先生的那几篇散文，不妨节录一些片段附录于此，以供读者参阅。

季羡林与临清狮猫（靳国君摄）

附录：其一，老猫

老猫虎子蜷曲在玻璃窗外窗台上一个角落里，缩着脖子，眯着眼睛，浑身一片寂寞、凄清、孤独、无助的神情。

我从小就喜爱小动物。同小动物在一起，别有一番滋味。它们天真无邪，率性而行；有吃抢吃，有喝抢喝；不会说谎，不会推诿；受到惩罚，忍痛挨打；一转眼间，照偷不误。同它们在一起，我心里感到怡然，坦然，安然，欣然。不像同人在一起那样，应对进退，谨小慎微；斟酌词句，保持距离。感到异常地别扭。

十四年前，我养的第一只猫，就是这个虎子。刚到我家来的时候，比老鼠大不了多少。蜷曲在窄狭的室内窗台上,活动的空间好像富富有余。它并没有什么特点,仅只是一只最平常的狸猫,身上有虎皮斑纹,颜色不黑不黄,并不美观。但是异于常猫的地方也有,它有两只炯炯有神的眼睛,两眼一睁,还真虎虎有虎气,因此起名叫虎子。

在我心情最沉重的时候,有一些通达世事的好心人告诉我,猫们有一种特殊的本领,能知道自己什么时候寿终。到了此时此刻,它们决不待在主人家里,让主人看到死猫,感到心烦,或感到悲伤。它们总是逃了出去,到一个最僻静、最难找的角落里,地沟里,山洞里,树丛里,等候最后时刻的到来。因此,养猫的人大都在家里看不见死猫的尸体。

我听了以后,憬然若有所悟。现在看来,倒是猫们临终时的所作所为,即使仅仅是出于本能吧,却给了我很大的启发。人们难道就不应该向猫们学习这一点经验吗?有生必有死,这是自然规律,谁都逃不过。中国历史上的赫赫有名的人物,秦皇、汉武,还有唐宗,想方设法,千方百计,想求得长生不老。到头来仍然是竹篮子打水一场空,只落得黄土一抔,西风残照汉家陵阙。我辈平民百姓又何必煞费苦心呢?一个人早死几个小时,或者晚死几个小时,甚至几天,实在是无所谓的小事,决影响不了地球的转动,社会的前进。再退一步想,现在有些思想开明的人士,不想长生不老,不想在大地上再留黄土一抔;甚至开明到不要遗体告别,不要开追悼会。但是仍会给后人留下一些麻烦:登报,发讣告,还要打电话四处通知,总得忙上一阵。何不学一学猫们呢?它们这样处理生死大事,干得何等干净利索呀!一点儿痕迹也不留,走了,走了,永远地走了,让这花花世界的人们不见猫尸,用不着落泪,照旧做着花花世界的梦。

我忽然联想到我多次看过的敦煌壁画上的西方净土。我觉得没有什么出奇之处,但是给我印象最深,使我最为吃惊或者羡慕的还是他们对待要死的人的态度。那里的人,大概同人世间的猫们差不多,能预先知道自己寿终的时刻。到了此时，要死的老嬷嬷或者老头，健步如飞地走在前面，身后簇拥着自己的子子孙孙、至亲好友，个个喜笑颜开，全无悲戚的神态，仿佛是去参加什么喜事一般，一直把老人送进坟墓。后事如何，壁画不是电影，是不能动的。然而画到这个程序，以后的事尽在不言中。如果一定要画上填土封坟，反而似乎是多此一举了。我觉得，净土中的人们给我们人类争了光。他们这一手比猫们又漂亮多了。知道必死，而又兴高采烈，多么豁达！多么聪明！猫们能做得到吗？这证明，净土里的人们真正参透了人生奥秘，真正参透了自然规律。人为万物之灵，他们为我们人类在同猫们对比之下真真增了光！真不愧是净土！

(选自《中华散文名篇》，有删节)

其二《咪咪（节选）》

咪咪我现在越来越不了解自己了。我原以为自己不是多愁善感的人，内心还是比较坚强的。现在才发现，这只是一个假象，我的感情其实脆弱得很。

八年前，我养了一只小猫，取名"咪咪"。她大概是一只波斯混种的猫，全身白毛，毛又长又厚，冬天胖得滚圆。额头上有一块黑黄相间的花斑，尾巴则是黄的。总之，她长得非常逗人喜爱。因为我经常给她些鱼肉之类的东西吃，她就特别喜欢我。有几年的时间，她夜里睡在我的床上。每天晚上，只要我一铺开棉被，盖上毛毯，她就急不可待地跳上床来，躺在毯子上。我躺下不久，就听到她打呼噜——我们家乡话叫"念经"——的声音。半夜里，我在梦中常常突然感到脸上一阵冰凉，是小猫用舌头来舔我了，有时候还要往我被窝儿里钻。偶尔有一夜，她没有到我床上来，我顿感空荡寂寞，半天睡不着。等我半夜醒来，脚头上沉甸甸的，用手一摸，毛茸茸的一团，心里有说不出来的甜蜜感，再次入睡，如游天宫。早晨一起床，吃过早点，坐在书桌前看书写字。这时候咪咪绝不再躺在床上，而是一定要跳上书桌，趴在台灯下面我的书上或稿纸上，有时候还要给我一个屁股，头朝里面；有时候还会摇摆尾巴，把我的书页和稿纸摇乱。过了一些时候，外面天色大亮，我就把咪咪和另外一只纯种"国猫"——名叫虎子的黑色斑纹的"土猫"放出门去，到湖边和土山下的草坪上去吃点青草，就地打几个滚儿，然后跟在我身后散步。我上山，她们就上山；我走下来，她们也跟下来。猫跟人散步是极为稀见的，因此成为朗润园一景。这时候，几乎每天都碰到一位手提鸟笼遛鸟的老退休工人，我们一见面，就相对大笑一阵："你在遛鸟，我在遛猫，我们各有所好啊！"我的一天，往往就是在这种情况下开始的。其乐融融，自不在话下。

大概在一年多以前，有一天，咪咪忽然失踪了。

我们全家都有点着急。我们左等，右等；左盼，右盼。望穿了眼睛，只是不见。在深夜，在凌晨，我走了出来，瞪大了双眼，竖起了双耳，希望能在朦胧中看到一团白色，希望能在万籁俱寂中听到一点声息。然而，一切都是枉然。这样过了三天三夜，一个下午，咪咪忽然回来了。雪白的毛上沾满了杂草，颜色变成了灰土土的，完全一副狼狈不堪的样子。一头闯进门，直奔猫食碗，狼吞虎咽，大嚼一通。然后跳上壁橱，藏了起来，好半天不敢露面。从此，她似乎变了脾气，有时候竟在桌子上撒尿和拉屎。她原来是一只规矩温顺的小猫咪，完全不是这样子的。我们都怀疑，她之所以失踪，是被坏人捉走了，想逃跑，受到了虐待，甚至受到捶挞，好不容易，逃了回来，逃出了魔掌，生理上受到了剧烈的震动，才落了一身这样的坏毛病。

我们看了心里都很难受。一个纯洁无辜的小动物，竟被折磨成这个样子，谁能无动于衷呢？可是我又有什么办法？我是最喜爱这个小东西的，心里更好像是结了一个大疙瘩，然而却是爱莫能助，眼睁睁地看她在桌上的稿纸上撒尿。但是，我决不打她。我一向主张，对小孩子和小动物这些弱者，动手打就是犯罪。我常说，一个人如果自认还有一点力量、一点权威的话，应当向敌人和坏人施展，不管他们多强多大。

向弱者发泄，算不上英雄好汉。

然而，事情发展却越来越坏，咪咪任意撒尿和拉屎的频率增强了，范围扩大了。在桌上、床下、澡盆中、地毯上、书上、纸上，只要从高处往下一跳，尿水必随之而来。我以老年衰躯，匍匐在床下、桌下向纵深的暗处去清扫猫屎，钻出来以后，往往喘上半天粗气。我不但毫不气馁，而且大有乐此不疲之慨，心里乐滋滋的。我那年近九旬的老祖笑着说："你从来没有给女儿、儿子打扫过屎尿，也没有给孙子、孙女打扫过，现在却心甘情愿服侍这一只小猫！"我笑而不答。我不以为苦，反以为乐。这一点我自己也解释不清楚。

其三 《咪咪二世》

凌晨四时，如在冬天，夜气犹浓，黑暗蔽空。我起床，打开电灯，拉开窗帘，玻璃窗外窗台上两股探照灯似的红光正对准我射过来。我知道，小猫咪咪二世已等我给她开门了。

我连忙拿起手电筒，开门，走到黑暗的楼道里，用电筒对着黑暗的门外闪上两闪。立即有一股白烟似的东西，窜到我的脚下，用浑身白而长的毛蹭我的腿，用嘴咬我的裤腿，用软软的爪子挠我的脚，使我步都迈不开。看样子真好像是多年未见了。实际上昨天晚上我才开门放她出去的。

进屋以后，我给她极小一块猪肝或牛肉，她心满意足了。跳上电冰箱的顶，双眼一眯，呼噜呼噜念起经来了。

多少年来，我一日之计就是这样开始的。

咪咪就完了，为什么还要加上"二世"？原来我养过一只纯白的波斯猫，后来寿限已到，不知道寿终什么寝了。她的名字叫咪咪，她的死让我非常悲哀，我发誓要找一只同样毛长尾粗的波斯猫。皇天不负有心人，后来果然找到了。为了区别于她的前任，我仿效秦始皇的办法，命名为"二世"。是不是也蕴含着一点传之万世而无穷的意思呢？没有，咪咪和我都没有秦始皇那样的雄才大略。

不管怎样，咪咪二世已经成了我每天的不太多的喜悦的源泉。在白天，我看书写作一疲倦，就往往到楼外小山下池塘边去散一会儿步。这时候，忽然出我意料，又有一股白烟从草丛里，从野花旁，蓦地窜了出来，用长而白的毛蹭我的腿，用嘴咬我的裤腿，用软软的爪子挠我的脚，使我步都迈不开。我努力迈步向前走，她就跟在我身后，陪我散步，山上，池边，我走到哪里，她跟到哪里。据有经验的老人说，只有狗才跟人散步，猫是决不肯干的。可是我们的咪咪二世却敢于打破猫们的旧习，成为猫世界的"叛逆的女性"。于是，小猫跟着季羡林散步，就成为燕园的一奇，可惜宣传跟不上，否则，这一奇景将同英国王宫卫队换岗一样，名扬世界了。

1993 年 12 月 13 日

临清猫事断想

附上季羡林先生的这三篇写猫的散文,不是想节省自己的笔墨,是季先生写得太好了。老人家做了一辈子学问,到七十六岁时,才开始养猫。但是,先生到底是深谙"一花一世界,一叶一菩提"的哲学大师,在他的眼里,一笑一尘缘,一念一清静,与猫儿的相处,正是这大千世界的一种交流与相伴。这是一种多么深奥和细致的心态!他对猫儿的那种观察与交流,不仅处处流露出一位哲人热爱世界、热爱生活、热爱一切生命的善良的情怀,也显示出了他治学的严谨与美德。同时,作为一位从小生活在运河边上的临清游子,也找到了一种对故乡深深依恋的精神寄托呢?

在临清的日子里,我们有幸结识了"临清狮猫品种保护与开发协会"会长张世伟,这位看上去朴实憨厚的年轻人,少言寡语,但对养猫的事,却是心有灵犀,术有专攻。他把许多热心养猫的农户聚集起来,给他们讲解临清波斯猫的习性、饲养方式、品种的提纯与复壮等知识,研究并提出了临清猫培育养殖的统一标准等指标,并且在全市选择了二百多只精品猫。目前,这一培育纯种临清狮猫的科研项目,正在有条不紊地推进。

听此消息,人们无不拍手称快。波斯猫,这个当年沿着丝绸之路迢递而来的宠物，经过与中国的华北猫、鲁西猫的联姻杂交，居然就有了中国猫的血统，就有了让人爱不释手的魅力。那通体白毛、黄蓝各一的双眼、灵巧机敏的身段、温柔依人的习性，着实让人喜欢。在去季羡林先生故居的路上，人们指点着、赞叹着、描绘着，谈论着哪个村的猫养得好，哪个村经常有客户来看猫，哪里的一只猫卖了几万元，等等。听着这些，我不由得想，临清的波斯猫完全是可以做大的一个产业呀。我国的大熊猫能够成为自然界珍贵的稀有动物，吸引着人们的看点，临清的波斯猫不也是可以成为让人们的眼睛为之发亮的宠物吗？或许是意识到了这一点，临清市委市政府做出了狮猫产业保护与开发的决定，计划把家庭喂养与集中饲养相结合，加大财政投入，采取强化狮猫品种管理、人工授精、引入基因工程、实现狮猫基因定制等措施，确保养殖水平和时髦品种的提高，提纯复壮出一批优质种猫。规模饲养的阵势形成了，品高质纯的猫多了，不仅让喜欢宠物的人们拍手称快，更重要的是让自然界保留了一个属于中国、属于临清品牌的物种。——那天夜里，宿在临清县宾馆里，我做了一个关于临清狮猫的梦。梦里头，狮猫成了临清饲养业中一个颇具规模的产业，并且被搬上动漫故事片的银幕，与熊猫、藏羚羊和锦鲤一起比赛争宠，居然还能得到奖牌。这大概是我特别喜欢临清猫和看到临清市委、市政府文件的缘故吧，但是，我确信那一天是会来到的。尤其是在"一带一路"伟大建设得以顺利实施的今天，这个承载着丝路友谊的物种，必定会获得更快更纯的发展，并且发挥更好的作用。

The biography of Linqing

临清传

走进明清著名文学作品里的临清

第十六章

《金瓶梅》与《梼杌闲评》里的临清

　　城市的繁荣与文化的繁荣往往成正比。商业化大城市的形成，必然带来文化的兴盛和文化名人的接踵而至。明代以来临清形成的以商业贸易为主要特征的膨胀发展，为文化的发展积累了大量的文学因子和故事情节，各个阶层人士的交叉交往，积累了数不清的事件和创作元素。一部《金瓶梅》，取材于临清，注明了临清的情节，散布于作品的字里行间。其中仅以临清税关为描写背景，刻画和塑造西门庆这个集恶霸、流氓、奸商为一体的坏人的章节，就有五六章。有人说，这个西门"大官人"，原型就是税监马堂；也有的说，马堂就是靠着西门庆这样的人，才敢为非作歹，飞扬跋扈。不管这部书的作者是谁以及塑造的对象是谁，以临清的实物为背景，倒是真的。如果把它放到当时临清的社会背景中来读，或许更能加深对这本书的理解。

　　明代万历年间的文学名著《金瓶梅词话》，对于临清州的描写是这样的："这临清闸上，是个热闹繁华大马头去处，商贾往来之所，车辆辐辏之地，有三十二条花柳巷，七十二座管弦楼。此去离城不远，临清马头上，有座晏公庙。那里鱼米之乡，舟船辐辏之地，钱粮极广，清幽潇洒。"

这样的记载，在许多古典文学作品中，会经常看到。但真正与临清有关的，当属兰陵笑笑生的《金瓶梅》了。对于这部传世以来争论颇为激烈、曾被列入"禁书"的长篇小说，历来的研究者，大多集中在"兰陵笑笑生"究竟是谁？有说是山东临沂兰陵人的；有说是江苏常州人的；也有说是山东枣庄驿城区贾三近的，也有说是东昌府人的，也有说是临清人的……

我自己认为，作者究竟是谁，对于非专业研究者来说并不重要，重要的是看它究竟写的哪里？为什么写？由此刨根问底，我倒是觉得描写的是临清这座古老城市似乎更为妥当一些；或者说，在临清为主要描写对象的同时，多多少少有一点寿章县张秋镇的影子。那个时候，张秋镇作为临清的近邻，虽然地盘不大，但是确实是运河河道上的"锁钥门户"，是一个重要的商业码头，有过商业的繁荣与市井的热闹。但是，如果写小说，它就不能与临清相比。由此，完全可以断定，《金瓶梅》是一部以明代临清为背景创作的小说。甚至有读者说，小说里西门庆家班唱戏的场面，就是当时的临清财税官员马堂为意大利神父利玛窦举行家宴的场面。此说未必可信，但是，只要认真看看《金瓶梅》中的那些细节，你就不能不服气作者的眼光。

前面的章节里，我已经就临清如何成为明清时代中国丝绸之路上的商业重镇的过程做了交代。我想，像这样一个当时人口已近百万的城市，并且具有曾经让松江府的朱泾镇羡慕不已的地方，是可以产生西门庆和潘金莲这样角色的，更何况作者引出这段故事的前提，是依据了长篇古典小说《水浒传》里的一对奸夫奸妇的故事而生发开去的。这个故事发生的地点，就在与临清同属于聊城市管辖的阳谷县，而且时至今日，阳谷县里的那座狮子楼还在，武松打虎的景阳冈还在。两个县又同时属于濒临大运河的城市，素有"南有苏杭，北有临张（临清与阳谷县张秋镇）"，当时作为运河码头的张秋镇，也是大运河上的"锁钥门户"。明清之际极为繁华昌盛，作为临清的近邻，张秋也是个在大运河沿岸值得一写的地处。当然，相比于临清，张秋是具有附属性质的。在临清成为中国大型商贸城市的那个时节，兰陵笑笑生把水浒传里的故事拿过来进行再创作，既符合情理，也具备一定的社会环境和有利条件。从《金瓶梅》中对生活习俗的描写，更说明金瓶梅是以明代北方商业城市为原型的特点。

我们看到，《金瓶梅》书中有暖酒习俗。例如第一回，"十一月天气，连日朔风紧起，只见四下彤云密布，又早纷纷扬扬飞下一场瑞雪"。潘金莲在武松房里簇了一盆炭火，近火边坐了，"妇人起身去烫酒，武松自在房内，却拿火箸簇火。妇人良久，温了一注子酒，来到房里"。接下来是潘氏勾引武松被拒，因天寒而暖酒是其事端引发的由头。

再如第十七回，陈敬济避祸来到西门府，正是五月二十日，玳安惊报西门庆，李瓶儿"打发穿上衣服，做了一盏暖酒与他吃，打马一直来家"。暖酒是北方习俗，更是山东聊城一代的习俗，南方气候温和，冬季温度在零摄氏度左右，在南方人的生活中，他们是极少有暖酒习惯的。至于江南五月，早已春暖花开，阳光和煦，南方人更不会也不可能在此时令暖酒。书中的情节交代，显然是北方的风俗。

《金瓶梅》书中，注明了北方与南方饮食的区别。第二十一回中，对下大雪的描写："那雪如挦绵扯絮，乱舞梨花……初如柳絮，渐似鹅毛。唰唰似数蟹行沙上，纷纷如乱琼堆砌间。但行动衣沾六出，只顷刻拂满蜂须。衬瑶台，似玉龙鳞甲绕空飞；飘纷额，如白鹤羽毛接地落。正是：冻合玉楼寒起粟，光摇银海眩生花。"类似的大雪，在南方基本上不可能发生，只有黄河以北地区，才能有这种琼瑶漫舞、六出纷飞的局面。南方的雪多为暖雪，雪花不甚大，积雪持续的时间也不长。此外，书中还交代吴月娘教小玉拿茶罐，亲扫积雪，"烹江南凤团雀舌牙茶，与众人吃"。过去，有论者持一种观点，认为茶芽只有南方才有，并由此推断小说写的是南方的事。我不认为舌芽茶是专供南方人的，像临清这样的著名商业城市，不仅有茶芽，恐怕许多紧缺的物资，都会因为有了大运河的漕运而不再缺乏。之所以点名茶系"江南"的舌芽茶，在于强调此茶非本地所有，间接地表明了此故事发生地是北方，而不是南方，否则没有必要标明茶的"江南"属地。既表明了茶叶的产地，也把漕运的物流作用进一步突出。这正是写作者的巧妙笔墨。如果认为写到茶芽，就说明作者一定是南方人，就有点牵强附会了。明代崇祯年间《总监各路太监高起潜题本》中说到临清的城市的建设时，有这样一段话："总计临城周匝逾三十里，而一城之中，无论南北货财，即绅士商民，近百万口。"这样一座以商业贸易为基本特点的城市，是不会喝不到南方好茶的。

整个一部《金瓶梅》，从写作时间到写作背景，都与临清有着密切的关系，比较形象地再现了那个时期商品经济发展带来的社会变迁。作者之所以选择临清，作为一部重要书籍的创作背景，可见那一时期，这座城市在全国的地位与分量，它不仅吸引了商人的眼球，也是文人们进行文艺创作的富矿。

明代小说《梼杌闲评》，又名《明珠缘》，是明末一部揭露宦官魏忠贤的小说。在中国小说史上有较大影响。第五卷第五十回，卷首有总论一卷。作者不详。全书融讲史、言情为一体，许多有关魏忠贤进宫后弄权的描写，都可以从史料得到印证，给读者以写实的感觉，在一定程度上可补正史之阙。因为有了真实的历史背景作衬，小说显得内容厚重，历史感强烈，并具有时效性、新闻性。所以也有人将它称为"时事小说"。作者写史事，又不完全为史料所束缚，而能有所虚构，使小说虚实相生，可读性大大增强。

在《梼杌闲评》里，作者关于临清的描写多达几十处。从我们对临清的了解和调查看,作者对临清的描写,不管是第三人称的旁白与介绍,还是小说里人物的亲眼所见,都与临清当时的情景相符。如对临清州的描写,真可谓触景生情,十分传神:"却说临清地方,虽是个州治,倒是个十三省的总路,名曰'大马头'。次日正值迎春,但见数声锣响,纷纷小鬼闹钟馗。商贾辏集,货物骈填。更兼年丰物阜,三十六行经纪,争扮社火,装成故事。更兼诸般买卖都来赶市,真是人山人海,挨挤不开。"

"一日,有个州中亲戚来,傅家置酒相待。那人亲自临清来的,说道:'北路麦种刻下涌贵,若是这里装到临清去卖,除盘缠外还可有五六分利息哩。'傅婆婆道:'我还有两仓麦,装了去卖到好哩。'进忠听见,次日等那人去了,便对丈母、妻子商议,要装麦到临清去卖,便船接母亲来。婆子应允。……即日雇船盘麦,共有二千石。进忠又买上一千石,装了六只船,收拾齐备,别了丈母、妻子上船,竟往临清来。""一路早行夜宿,不一日到了临清关口,挽船报税,投了行家,卸下行李。主人家道:'半月前果然腾贵,连日价平了些。'次日,就有人来议价看麦,五六日间都发完了。进忠乘间访问王府住处,行主人道:'在南门内大街。'进忠便取了一个朱江州的手卷,一件古铜花觚,都是鲁太监送礼之物,走进南门大街。到州前转湾,往西去不远,只见两边玉石雕花牌楼,一边写的是'两京会计',一边是'一代铨衡',中间三间,朝南一座虎座门楼,两边八字高墙,门前人烟凑集。进忠不敢上前,先走到对门一个手帕铺里问道:'老哥借问声,王府里有甚么事?'店家道:'王老爷新升了浙江巡抚,这都是浙江差来头接的。'进忠道:'惊动。'拱拱手别了。走到州前,买了两个大红手本,央个代书写了。来到门首,向门公拱拱手道:'爷,借重回声,我原是吏科里长班魏进忠,当日服侍过老爷的,今有要事来见,烦爷回一声。'那管门的将手本往地一丢道:'不得闲哩!'进忠低头拾起来,忙赔笑脸道:'爷,那里不是方便处,我也是老爷府中旧人,拜烦禀声罢。'说着忙取出五钱银子递与门公道：'权代一茶。'门上接过道：'等一等类报罢。'进忠道：'我有紧要事求见。'门上道：'你若等得，就略坐坐，若等不得，明日再来。'进忠没奈何，只得又与他三钱，那人才把手本拿进去。进忠跟他进来，见二门楼上横着个金字匾，写着'世掌丝纶'。进去，又过了仪门，才到大厅，那人进东边耳门里去了。进忠站在厅前伺候。看不尽朱帘映日，画栋连云。正中间挂一幅倪云林的山水画，两边围屏对联，俱是名人诗画。正在观看，忽听得里面传点，众家人纷纷排立厅前伺候。少刻，屏风后走出王都堂来。进忠抢行一步，至檐前叩了头，站在旁边。王老爷道：'前闻程中书坏了事，你母亲朝夕想念。后有人来说你在扬州，怎么许久不来走走？'进忠道：'小的自湖广逃难，一向在扬州，近收得几石麦来卖，闻得老爷高升，故来叩贺老爷。小的母亲承老爷恩养，特来见见。'说毕，又跪下，将礼单手本并礼物呈上道：'没甚孝敬老爷，求老爷哂存。'……次日起来，出去讨了一回账，无事只在花柳中串。又相交上个福建布客，姓吴，号叫晴川，同侄纯夫。乃侄因坐监回家，在临清遇着叔子，等布卖完一同回去。其人也是个风月中人，与进忠渐渐相与得甚好。时值中秋佳节，进忠置酒在院中周月仙家，请吴氏叔侄并几个同寓的赏月。怎见得那中秋佳景？但见：

秋色平分，月轮初满。长空万里清光，阑干十二处，渐渐新凉。遥忆琼楼玉宇，羡仙姬齐奏霓裳。风光好，南楼生趣，老子兴偏狂。更玲珑七宝，装成宝镜，表里光芒。婆娑桂子，缥缈散天香。一自嫦娥奔走，镇千年，兔捣玄霜。人生百岁，年年此夜，同泛紫霞觞。

众人对月欢呼，直饮至更阑方散。自后众人轮流作东赏月，直到二十才止。"

如此大段落引用《梼杌闲评》中的描写，实在是在离开那个时代几百年之后，我们无法用当时人的口吻与眼光去还原那段历史。只有把当时的风格和盘托给读者，让读者从古人的笔下悟出一些鲜活的历史。

其实，类似这样的描写，书中还有很多很多。我粗略地算了一下，有二十几处。有兴趣的读者不妨把《梼杌闲评》找来看一看。那样，不仅可见当时临清冠盖中华的财贸商业，也能从社会各界、三教九流麋集在临清的热闹场面里，悟出一些商品社会里的是是非非。当然，《梼杌闲评》除了它的对奸相魏忠贤的揭露，在文学上的价值也是十分可取的。它的语言清丽典雅，非一般通俗小说可比，不论从思想内容还是艺术成就来说，它都不失为一部优秀作品。仅就小说里说的那民舞"五鬼闹判官"，也的确是临清的一种民间舞蹈。这种艺术形式，早在五六百年之前，就在临清流行，经过几十代艺人的演变，表现内容不断丰富，演艺日趋精湛。"五鬼闹判官"这种舞蹈，演的是人们传说中的钟馗打鬼的故事。这种舞蹈，借鉴钟馗戏的技巧，借鬼喻理、伸张正义、鞭挞邪恶。经历代艺人相演相嬗，表演技艺不断丰富，深受劳动人民的喜爱和拥戴，成为山东省民间舞蹈的精品，已收入《中国民族民间舞蹈集成·山东卷》，被载入艺术史册。

文徵明、谈迁作品中对临清的记载

明代著名的才子文徵明,先世衡山人,故号衡山居士。明代嘉靖三年(1524年)春夏期间,为文徵明自苏州应贡赴京的时间。一路上及入京后,他先后给家人写过九通家书。除第一通给夫人吴氏外,其余八通都是给儿子文彭和文嘉的。后来,这些书信被后人接成一卷,签题《衡山家报》。后来,这一瑰宝为清末状元翁同龢所得,今为美国翁万戈先生收藏。在这些家书中,写到在临清钞关的活动,"初五日到临清,因舟人纳钞领砖,耽搁两日"。耽搁两日过闸是比较快捷的。但是,凡过往船只却必须向北京通州的张家湾捎带二十块临清青砖。《临清直隶州志》记载:"明制,临清砖就漕搭解,后遂沿及民船装运。今仍复漕船运交通州。"文徵明的客船也必须完成此项任务。然而,文徵明的京城之行并不像在临清过船闸,京城官场的尔虞我诈使他无法在那里生活下去,时隔不久便三上辞书南归故里。行至临清,因朋友求画而耽搁下来。宿在魏家湾(今属临清,当时属博平),文徵明想起了儿时曾陪同父亲在这里做官的经历,思父之情涌上心头,遂作诗曰:"嘉靖五年,衡山已到古稀之年遂致仕回家,途经魏家湾,思念父亲所作。

博平县里侍亲时，

四十年来两鬓丝。

竹马都非前日梦，

枯鱼空负此生悲。

已无父老谈逸事，

独有声明系去思。

憔悴平生尘土迹，

魏湾流水会能知。"

是的，文徵明这位号称"文笔走天下"的才子，一来一去的临清之行，不光魏湾的流水记住了，整个临清都记住了。

明末清初的浙江海宁史学家谈迁，也是个颇有见地的哲人。他在《北游录》一书中，关于京杭大运河记录，尤其是对临清钞关的记录，不仅可以使我们通过字里行间窥得当时商人过关求利之不易，还可以从中看出当时钞关对商人资本流通所起的障碍与阻隔。他的这本《北游录》，成书后没有正式刊刻，以手抄本流传于世。直到1947年，才由北京大学邓之诚教授随笔勘正，1960年由中华书局出版。清顺治十年（1653年）闰六月，谈迁赴约客居嘉兴，五日后与朱之锡沿运河北上。行程约一百二十天。在山东段舟行二十七天。其中，在临清的记录有如下：

乙未，泊临清州东关。

丙申，游大宁寺，二龙爪槐，婆娑可爱。方元焕第一山石。市驵云集，固一都会也。晚出南板闸，可三百号，则新开上闸，有金龙神庙，门榜曰"汶卫合流"，舟出口无闸矣。合流处有舟亘之。曰中洲。环以石堤，分建四闸，而广济桥其尻也。贾贩辐辏。以上有观音阁，故地云观音嘴。

丁酉，移舟户部钞关前，听贾人登货受榷，有茶若干筐，列岸三日夜。榷史来检阅，毋敢室也。客露寝以待。

从这段记录中可以看到，茶叶商贩是多么不易！

谈迁在北京待了两年多，于顺治十三年沿运河返回故里。其中在山东段航程是五十一天。对临清有如下记载：

乙丑，清明节，二十里武城县，城西逼运河。儒学先师庙俱土像。其西剧市也。又五里，泊。

辛卯，风虽利，仍不发。盖舟人闻，临清榷货，严盐禁也。回空利于货，而盐尤利，过临清倍价矣。明永乐初，许回空带盐以此也。满洲人榷关，琐细已甚。

这段文字反映了清代对盐业经营实行严刑峻法的场面，它实际上对运河的航行起了严重的阻碍作用。

诸多文人墨客诗文中的临清情节

必须承认，漕运码头的兴盛，带给临清的，除了经济上的繁荣与发展，文人们的纷至沓来，不能不说是一个十分明显的记忆。除了前面章节说到的，还有许多文人在临清留下的诗文典故，成为后人的谈资，也成为临清文化的一个特点。

冯梦龙是个以小说、戏曲、民歌、笑话等通俗文学的创作、搜集、编辑为主的作家，他以自己的聪明智慧为中国文学做出了独特的贡献。他的《古今谭概》是一部笑话集，也是一部幽默小品集，共分三十六部。每一部都是作者从历代正史及野史笔记中搜集的有趣的故事和笑话，揭露社会丑恶现象及各种怪态、病态，既可使读者消遣自娱，也可以益智自警，是一部很具启发意义的读物。在这部书里，冯梦龙讲了一个《"愁"不纳税》的故事，十分绝妙地讽刺了临清钞关横征暴敛的社会现实。说的是长洲孝廉陆世明进京赶考，落榜后返乡途中路过临清钞关。守关税吏以为他是商人，令他交税。本来因为落榜就心情沮丧的陆世明，正没处撒气，就写了一首诗呈上：

"献策金门苦未收,
归心日夜水东流。
扁舟载得愁千斛,
闻说君王不税愁。"

税官看罢呵呵一笑,放其船只南行。后来,人们常以此诗为落榜学子解嘲,也有的落榜学子用来自我解愁。

康熙二十九年(1690年),曾经官拜文华殿大学士的徐元文,致仕回归昆山故里,行至临清,税关官吏开口大索。徐元文无奈,只得让他们搜查。结果,酱瓿菜缸、碗盆瓢勺翻遍,舟中除了数千卷图书和三百光禄馔金,别无他物。人皆啧啧称赞。后来,这故事被收进《清稗类钞》,表彰这位身居高官、清廉自律的徐元文。

除了小说,一些文化人的踏破铁鞋,来到运河边上寻找一份繁忙中的闲适,也是临清的一个特点。清朝末年,那个写作《老残游记》的刘鹗,是个把世道勘破了的人。游历了山东的大明湖、趵突泉等景点之后,像被黄蜂蜇了似的,一屁股窜到临清,不为别的,专为寻那在曲艺场上走红了的几位名角。你道是谁?

原来,光绪年间,临清有四位专门演唱梨花大鼓的女子,分别是郭大妮、黄大妮、黑妞、白妞。这四位临清女子的演出,名震济南,非同小可。刘鹗在济南的时候,听过白妞演唱,被她的形象所感动。

素来以放浪形骸自居的刘鹗,把白妞记在心里,暗自思忖,以当今之乱世,须眉男子都弯腰驼背、形同侏儒,竟还有如此女子,敢以自己的三寸不烂之舌,独立于浊世,白话于勾栏,何不前去一晤?说不定还是天下奇人。于是,便一路颠沛,朝着这运河的大码头走来。也是不巧,偏赶上那黑妞去了他处,只有白妞一人演唱。听了几场,果然这女子讲唱俱佳,且所出文辞全无尘俗，足以让人振聋发聩，耳目一新。于是便相约攀谈，彼此交流，对那世事的看法，竟也如同知己一般。二人相见恨晚，交流中默契成一种游艺者的互相帮衬。那白妞也被刘鹗深深感动，视为红尘至交。自此，那白妞跟着刘鹗，游走江湖，一个编故事，一个讲段子，成就了一段萍水相逢的两位男女之间的忘年之交，互相搀扶，放浪江湖的动人故事。

除了这些有些名气的人，明清以来群星璀璨的诗人们，对临清的吟咏更是触景生情，诗思如潮，流韵到处，佳作层出不穷。前面的章节里，谈到明代前后七子的时候，已经有所涉猎。嘉靖二十年（1541年），临清州更筑新城，诗人皇甫涍为之作一首《临清新城行》好诗：

君不见，清源都会天下无，昨来筑城西备胡，长河十里万艘集，乃知保障为良图。戈船隐隐横川流，蒸霞照曜双飞楼。华京鼎峙争雄长，气压百二当中州。言徂于齐泊河沚，左右帆樯阅崇墉。甲第纷纷乱入云，红波绿树歌钟起。我皇垂衣二十载，玉帛群方协文礼。边头晏和稍失备，晋代之间近多垒。金汤委输轸长顾，此城遂辉峙。更闻安石下东山，焉得有马饮江水。

这首即兴而做的歌行体，通过对新城建好之后，映入眼帘景物的讴歌，形象地再现了临清新城"气压百二当中州"的风貌，一句一景、撩人耳目，甚是清新，读来让人如临其境，宛若独立运河河岸，一望新城景色，如仙境般漂亮，让人拍案叫绝。

临清这座古老的县城，经过康、雍、乾三朝休养生息，有了些大的气象，具备了向前发展的基础。到乾隆四十一年（1776年）升直隶州，领夏津、武城、丘县，达到最盛。甚至让乾隆帝也刮目相看，称赞"临清傍运河，富庶甲齐郡"。一时间，鹊起的名声，把文人们的眼球全都吸引过来。在明清鼎盛时期，临清的风物地理和人情世事，频频走进文人们的名著，从一个侧面证实，经济的繁荣与发展，必然带来文化的普及与提高，这既是丝绸之路兴旺发达的外在表现，也是经济发展带来文化复兴的一个印证。一个县级城市，在六七百年的历史发展中，绵延不断地传承一种文化的血脉，是得益于大运河漕运的兴起，带来的经济与社会发展的。

临清城市走进文学作品，不是偶然的邂逅与巧合，而是历史进程中，农耕文明与商业文明相互交织的一种拥抱与握手，它的结局必然是推动一座城市文化和文明程度的共同提高，这种经历，留给历史的，将是一种源远流长的传承。就像"五鬼闹判官"这样的鬼神节目，能够在临清长久地存在，并且成为一个地方的特色，就是有力的证明。一些看似通俗的艺术形式，看的、听的、讲的人多了，潜移默化成一种深邃的文化意识，成为具有地标性的标志，或许就是文化成长的根基。我认真地查阅了一下近百年以来临清县出现的文学作者，惊奇地发现，这个地方不仅有臧克家、季羡林（后面有专章）这样的文学巨匠，就是那些隐身于民间的业余作者的文学创作，也足以让人击节称赞。

宣统二年（1910年），临清回族人沙明远（1879—1950），撰写并出版了长篇小说《燕赵悲歌》。这位曾经的热血青年，是土生土长的临清人，自幼好学，但因家贫，无力求师，幸得众亲近邻资助，进私塾就读，学识渐长。应试县考，名列榜首。又逢父亲沙炳做买卖亏本，无钱偿债，被法院拘留。沙明远只好卖掉自己的拔贡功名，用得来的银子偿清债务，救父出狱。就在此时，沙明远创作并出版了《燕赵悲歌》。清末废科举后，沙明远考入济南优级师范，毕业后到山东聊城第三师范任教员。沙明远精通文史，讲课引人入胜，深受学生的尊敬。

类似这样的平民作家，临清还先后有晚清秀才徐殿元创作的曲牌成本戏《苦中鱼》《假半鹌鹑》《鞭打芦花》等作品。新中国成立后，人民政府非常关心临清的文学事业，围绕文学队伍建设、作家的培养，以及歌曲的创作等，举办过若干次学习班，使一批接一批、一茬接一茬的文学新人不断出现。

1974年，山东人民出版社出版了临清作家冯传家的长篇小说《春泉》。20世纪80年代，县里还编辑出版了文学刊物《溪流》，编辑出版了民间故事、民间谚语、民间歌谣等书籍。这些书籍和作品，依托厚重的生活，以临清人的心气儿，书写临清人对生活的感悟，文接地气，情贴百姓，很受群众欢迎。一个地方，经常有文学作品的印刷出版，是山水灵气的光照，更是先人文脉底气的涌流。临清的仙气，一半来自土地，一半来自运河。感赞脚下黄土地恩赐的时候，人们能听到黄河冲积平原那不停的涌动与呐喊，听到大码头那喧嚣的吆喝与奔腾的马鸣……

The
biography
of
Linqing

临清 传

第十七章
临清的曲艺

朱自清如是说

文学和曲艺，如同形影不离的孪生兄弟，你走到哪里，我就跟到哪里。临清的曲艺表演，是从漕运码头的即兴演唱开始的。铿锵有力的船工号子，充满生活情调的临清小调，朗朗上口的讲唱小品，终日在人来人往的闹市区和码头一带出现。到光绪三十年（1904年），知州张承燮，在考棚街设立通俗教育馆，对百姓起到了很好的教化与引领。到1931年扩大成民众教育馆，开设了讲演、图书阅览、出版、游艺、推广、健康等六个部。1945年，临清解放，杨海楼先生组建大众教育馆，下设文艺、戏剧、宣传、图书、诗歌部，新中国成立后，又将大众教育馆更名为临清市文化馆。这些在新中国人民政府领导下进行的变更，认真贯彻了毛泽东主席文艺必须为广大劳动人民服务、必须与生产劳动相结合的方针，始终坚持文化工作的群众性方向，为全县的文化普及与进步做出了积极贡献。

大运河漕运带给临清的繁荣兴旺，如果仅仅是商贸发达，城市美丽，那还远远不够。深入当下人们的社会生活之中，你会看到，漕运撒播在临清的丝路花雨，还表现在那些以曲艺形式呈现出来的文化生活中。朱自清先生在著述《中国歌》一书时，引用冯式权先生《北方的小曲》和《北方的音乐丛书》里的话道:"北京小曲源于山东临清……"这与大运河漕运事业的繁盛是分不开的。临清自从成为全国运河岸边最大的商贸城市,纷至沓来的文人骚客和各种各样的曲艺形式,也跟随着他们的脚步,走进了古城的勾栏瓦舍和柳下溪畔。早在明代,临清传统的山东运河小调、山东琴书、梨花大鼓、临清时调、临清琴曲、快板书、道情、落子、西河大鼓、评词、木板大鼓等,就曾经吸引着四面八方的人们,也在当地百姓中养成了喜欢说说唱唱的习俗。脍炙人口的临清时调,距今已有600多年的历史,至今仍然流传很广。古代沿大运河,有许多种《下河调》,有苏州的下河调、扬州的下河调,但都是带有江南评弹味道的曲子。临清的下河调,却采用了临清时调的旋律,铿锵有力,粗犷大气,深受运河船工们的喜爱。清道光四年（1824年）,临清时调小曲《下河调》,就被华广生辑入北方小调刻本《白雪遗音》。

《白雪遗音》,是一部记录明清之际各种小曲的专业书籍,全书共收入当时流行的十一种小曲的曲词七百一十篇。卷一收〔马头调带把〕曲词一百八十二篇,〔岭儿调〕曲词三十二篇；卷二收〔马头调〕曲词二百五十七篇,〔满江红〕曲词二十一篇,〔银纽丝〕曲词八篇；卷三收〔剪靛花〕曲词三十五篇,〔起字呀呀哟〕曲词三十四篇,〔八角鼓〕曲词四十九篇,〔南词〕曲词六十五篇,〔九连环〕曲词一篇,〔小郎儿〕曲词四篇,〔七香车〕曲词一篇；卷四收〔南词〕曲词二十一篇,并弹词作品《玉蜻蜓》中有"戏芳""游庵""显魂""问卜""追诉""访庵""露像""诘真""认母"等九个选回。书前有序文五篇,分别为高文德、常琴泉、陈燕、吴淳、华广生撰写。序之后附有〔马头调〕《黄昏卸得残妆罢》的词与曲谱,未注板眼,仅以一炷香式录下工尺谱。书中曲词部分,内容极为广泛,叙事、抒情、写景俱全,有取材于戏曲故事的,有流传于街衢里巷的优美的情歌,也有描摹四时风景的兴怀之作。从华广生自序中可知，这些曲词是耗费三年生活之资，经多方搜罗、友人函递，才汇辑而成。该书对于研究清代的曲艺史，探讨单弦八角鼓、时调小曲、弹词等曲种的演变与发展，有着重要的参考价值。临清时调被收入研究北方音乐的书籍，说明这一曲调不仅十分流行，有着广泛的群众基础，而且是一种表现形式比较完美的艺术，它以最普通的表现方式走进了人们的心里，也说明这种洋溢着运河风情的表现形式，受到全国的欢迎。时至今日，临清人对曲艺仍然情有独钟。尤其是一早一晚，临清市的公园里、俱乐部、广场上，经常看到不少人在跳舞、唱歌，而表演时调，也是许多曲艺爱好者必不可少的重要内容。

在临清清真东寺，我问一位年长的穆斯林，回族人唱时调的多吗？老人告诉我：早年间，回族人为自己的宗教信仰所限，不大主张跳舞唱歌，但是我们也有自己的娱乐形式，那就是架子鼓、耍大刀。这可是从明代清朝就兴起的呀，直到今天，这两门艺术已经成为市里的文化遗产，我们还在坚持。老人说着，又讲起了架子鼓的故事：1763年，乾隆帝乘龙舟沿京杭大运河下江南，船经临清时龙旗招展，锣鼓喧天。尤其是那鼓声相当悦耳，甚为好奇，便停舟暗赏，差人打听。原来，这击鼓的多是当地回族人。他们遵从经典中对娱乐活动的要求，不事弦歌，不吹笙箫，唯以击鼓为乐。龙颜大悦，曰：回教文化卓然，非他教所及也。

由此，架鼓大兴。民国初期，洪鹤岭发起并组织群众购置锣鼓，在家里夜夜传授鼓技。由于参加架鼓会的多是回族群众，所以，架鼓流传至今成为当地回族的一种独特的文化娱乐形式。近年来，通过运河申遗，使这个古老的文化艺术形式得到继承并逐步完善。大桥村回族架鼓队，出资购置了锣鼓、服装、彩旗，经常邀集村民在一起切磋排练。常演奏的鼓牌有老排鼓、小排鼓、长鼓。当鼓队行至十字街口或广场时，鼓队围成一个圆圈，筛锣居中，点锣面对筛锣，立于圈内一侧进行演奏。这时演奏"点

临清社火架鼓（徐延林摄）

鼓""二十八宿""二十四孝""三翻带滚鼓""卧龙鼓"或进行即兴组合。但从程序上讲一般是点鼓起点，最后有卧龙鼓收尾，节奏丰富多变，鼓声洪亮威武，气势磅礴，所以，临清架鼓会又有"威武会"之称。这种粗犷豪放的艺术形式，与回族人比较彪悍勇猛的性格是联系在一起的。除了回族人过去有着不事歌舞的讲究，在运河的河道里从事繁重的劳作，是他们喜欢鼓乐的重要原因。我在搜集利玛窦资料时，发现一幅回族人进行鼓乐表演的白描画。当时就想，我母族的人们啊，生来就是这么倔强，大鼓使劲捶，号子放声喊，可就是不肯一展歌喉。这鼓，是一群汉子的放怀，是一个民族的呐喊。不过，随着时代的进步，刚劲的架子鼓还是在民族融合的进程中，接纳了许多汉族朋友的建议，糅进了一些矫健和灵活的因素，也吸收和教会了许多汉族朋友打架子鼓。如今，架子鼓在临清，成为了以回族人为主体、汉族人一起参加的艺术形式，一代代相传下来。一有欢快的节日或庆典，那咚咚作响的打鼓，便在长长的河道里、宽广的会场上、追光闪闪的舞台上，敲击出各种欢乐的庆典风情。临清架鼓以其简单的敲鼓边、敲鼓帮、鼓槌相击等演奏技巧及变化多端的节奏，振人心肺、气壮山河，铿锵有力是当世所罕见的。如今，已有八首鼓谱载入《中国民族器乐曲集》。

山东快书起源于山东临清、济宁一带，流行于山东及华北、东北各地。山东快书属于曲艺的一种，有二百多年的历史。这一艺术，最初没有名字，因为内容与《水浒传》的武松有关，诸如"武松打虎""武松棒打西门庆""武松杀嫂"等，因此，一来二去，人们便把他们的表演叫"说武老二"的。这种艺术，一般只有艺人表演。总是一人手持两块铜板说唱，节奏较快。也有用竹板击拍的，称为竹板快书。句法基本是七字句，间以说白。曲目有单段、长书、书帽三类。早年间，许多讲唱艺人为生活所迫，寻找人多热闹、施主大方的地方卖艺糊口，日久天长这种以口述为基础的艺术，便形成了以临清方言、济宁方言为特色的山东快书。从其产生的过程看，山东快书实在是运河文化催生出来的。没有大运河的繁荣，没有那么多的富商大贾，没有那么多爱听"武老二"的人，就没有那么多心灵嘴巧、学啥像啥的穷艺人，为了活命而奔走江湖，也就没有这种民间艺术的诞生，更不会登上大雅之堂。

著名的山东快书表演家高元钧先生，河南省宁陵县张弓乡西四里和庄村人。幼年家贫，七岁离乡，卖唱乞讨，度过了苦难的童年。到十一岁时，在南京几经周折，师从戚永立先生，学了几段"武老二"唱段，后来又在码头卖艺的过程中，得到同路大师兄郭元顺的指点，艺术上逐步完善。通过郭元顺代师收徒，成了戚门弟子。从此，高元钧多次到临清撂场子，说快书。他的传统曲目《武松传》《鲁达除霸》等影响较广。至今，临清许多六十岁以上的人，说起高元钧的演出，印象还很深。临清公园中高元钧先生的塑像前，时常有人聚在一起，学唱高先生的快书段子。作为山东快书的发祥地，临清人对于这门从艺人"混穷"形成的艺术形式，似乎更加理解和珍重，尤其是自它登入大雅之堂，并且成为雅俗共赏的艺术形式以来，学唱山东快书的人，越来越多。

除了上述艺术形式，临清人爱好多、兴趣广泛的特点，在若干领域得到彰显和发扬。改革开放进入社会主义新时代以来，人们对文化的振兴与发展，似乎有更深的领悟与认识。出现了不仅专业队伍爱文艺，普通百姓也在热爱文艺的好势头。戴湾乡是明清时期运河漕运重要的商埠码头之一。乡土艺人到码头卖艺，成为取悦外地客商，帮助他们驱除风浪颠簸带来的疲劳的有效形式，并因此出现了不少乡间艺人。多年来，这一传统在民间流传，形成了地方的文化特点。在戴湾乡，如今有许多民间艺人，研究和制作各种祖传技艺。如，吉庄面塑、四根弦唱腔、水西村腰鼓、戴北村高跷、大屯村吹奏乐、木板年画、景庄剪纸、临清贡砖等，均出自附近村庄。人们说，戴湾乡就像个艺术学校。

京剧之乡

中国是一个戏剧大国。剧目繁多，浩如烟海。这在世界戏曲史上都是罕见的。还有一个特点，就是民间的戏班很多。观众任意点戏，演员立马出场。不少戏班一年能演出一二百场。这就不能不叫人纳闷：这么多的戏班，这么多的剧本，谁来给他们写剧本？演员怎样背剧本？带着这样的疑问，我们走访临清——这个有着"京剧之乡"称号的老城，人们给出的答案是：早在元明之前，临清地方就有百姓即兴演出小戏的习俗，所演剧目没有文字剧本，所有唱腔、念白和台词，大都是演员即兴发挥，临场创意，口头念唱，民间将其称为"口头戏"。日久天长，便有懂行的人士，于浩如烟海的即兴剧中，挑选其中优秀者，或吸收一些即兴作品里的好词好句好情节，进行再挖掘、再创作，以此形成比较完美的一剧之本。这样的传承走到明清时代，伴随着大运河漕运带来的码头繁盛，便出现了比较专业的戏班和小有名气的优伶，演出的剧种大都停留在下河调、柳琴戏、乱弹之类，间或还有来自江南的评弹、晋阳的梆子、三秦的"吼吼"……嘈嘈杂杂，不一而足。所有这一切，都为徽班进京之后，在临清地处形成京剧热现象，奠定了良好的基础。

二百多年以前，徽班进京的时候，走过京杭大运河的水道吗？还是在临清商贸最为鼎盛的时期专门有安徽的戏曲班子来临清打过场子？或者是为远道而来的商家中的安徽同乡唱过堂会？——在聊城市的博物馆里，我们果然见到了安徽四喜班当年在临清演出的剧照。这让我们越发地相信，临清是山东的戏曲之乡，是有其历史根基的。

明清两代是临清戏剧起步的时代。"五方走集，四民杂处，商贾辐辏，仕女嬉游，故户列珠玑，家陈歌舞，饮食宴乐，极耳目之欢"的局面，为临清的戏曲繁荣提供了土壤。《临清县志》记载："吾临所尚秦腔最多，次则为乱弹，而嘲唽呕哑，殊难为听。演皮簧者几如广陵绝调矣。"乾隆三十年（1765年）前，"吹腔"（徽班进京时的主要唱腔）就在临清市松林镇田庄村扎下了根，且传承绵绵，久演不衰。1953年夏天，田庄业余吹腔剧团赴京出演《挂红灯》一剧，受到程砚秋先生的接见和好评，并赠送了戏装。清末民初，临清就有了票房的雏形，即以民间社火的形式出现"二黄"会演。有"皮簧研究会"和"安天会"，除表演社火外，也表演二黄，到会上化装演出，文武戏都唱，武打场面十分火爆。20世纪初叶，在上湾街观音嘴，单、徐二家又组织了"知音会"，因能演八出戏，又名"小八出"，会员都是十几岁的孩子，故又称"小班"。

说起临清人喜欢唱戏，不能不说于家棚巷。这条巷子，是临清最早有戏棚的地方。据说，元代时候，这条位于运河北岸的巷子里，就有一家戏棚，当时演出的多是一些地方小戏、临清小曲。剧场是露天的，舞台是简易的棚顶式，观众就坐在大板条凳上。到了清代初期，县城西角门外胡同内也有这样的戏棚。后来，全县城发展到戏园子、戏棚几十家。临清人喜欢唱戏，也喜欢听戏，他们中的许多人也懂戏。唱得好，叫正彩；不好，叫倒彩。反正那个时候不兴鼓掌，你唱好了，我就把点赞的话喊出来；唱得不好，我也要把自己的看法说出来。角儿还没有出场，只在后台念一句叫白,观众便叫好,这叫"迎帘好"。如果唱砸了,让观众起身离去,这叫"抽签""起堂"。清代末年,大运河上有句关于戏剧的俗语,叫作"北北京,中临清,南扬州"。这三个地方,都是大运河的漕运码头,北京是天子脚下,政治文化中心,人们有看戏的雅兴;扬州,是中国古代盐商转运使的中心,富商大贾云集,那里有瘦西湖,平山堂,画舫长廊,又有昆曲和扬州评弹,人们闲暇之余,发一点思古之幽情,也不难理解;可这临清的"戏热"是怎么形成的呢?——"商路即戏路"。临清人会这样告诉你。那是大运河的漕运大码头带来的呗。没有它,就没有那么多买卖人。

自从安徽四个著名徽班:三庆、四喜、和春、春台戏班在北京扎下阵脚,临清城里就出了一批又一批的戏曲爱好者,他们当中有的是走京串卫、见多识广的文化人,有的是在运河的黄金水道上淘宝的富商大贾,有的是常年在运河码头上伺候船主的纤工或舵手,也有的是天生就喜欢乐和的平民百姓,凑在一起,锣鼓一响,胡琴一拉,就唱起来。诸如二黄、昆曲、梆子、啰啰等,能唱什么唱什么。日久天长,居然成了运河岸边一道风景线。据说,安徽那个"四喜班",到北京闯天下之前,就在临清唱过戏。在北京扎下根子之后,很快又跑到临清演出。在临清的碧霞宫、大宁寺、天王庙、静宁寺、城隍庙,都演出过。18世纪初叶,一位来自意大利的传教士,在临清连续看了一些自娱自乐的人们的演唱,饶有兴趣,就咿叽里呱啦地讲了一通把人们组织起来唱大戏的建议。虽然大家觉得洋人的主意不错,但是苦于没有财力支撑,只好作罢。

直到徽班在京城汇合二黄、西皮、昆、秦诸腔,完成了向京剧的衍变,临清的好事之人,撺掇着人们看京剧、学京剧、唱京剧。这样的风气持续了若干年,待到倭寇入侵,国难当头,一班热血愤张的爱国人士,从抗日救亡的角度,成立起了临清县的第一个京剧团。这个剧团名叫新生剧社(二纵四旅剧团),隶属于十八集团军第二纵队四旅政治部,主要演员有李和曾、朱永祥、田增良、周明仁、李近秋等，主要演出了《岳飞之死》《黄巢起义》《闯王进京》等剧目。这些剧目的演出，极大地鼓舞了人民群众的抗日救国热情。剧团名声大振，先后在山东各地和河北、河南演出多场。

临清京剧团坚持走出去与请进来相结合。从1934年算起，全国各地来临清演出的较有影响的京剧团就有七十多个，奚啸伯、张春华、方荣翔等一大批京剧名家都在临清演出过。这些名团名家的巡演，为临清人民带来了不同的剧目、不同的流派、不同的风格、不同的享受，使临清人开阔了眼界、提高了欣赏水平。很多剧团来临演出，恐怕票友们在台下挑剔，往往都先拜访他们。一次，著名京剧表演艺术家冯志孝会见临清票友，临清剧团的王泽波说自己是张焕亭的弟子，冯先生遂称其为师兄。几十年来，临清京剧由票友而专业剧团，由专业剧团而带动更为庞大的票友群体，雪球越滚越大，专业人士越来越走红。在全国有较高知名度的艺术家就有十几人，如李苦禅（国画大师）、张宝彝（京剧表演艺术家，京剧《黛诺》、京剧电影《铁弓缘》的导演）、李景波（著名电影演员兼导演）、于凌华（京剧武生，响遍华北）、李丽云（京剧旦角演员，享誉京津）、洪伟才（北京戏校校长）、牟继安（天津京剧院三团著名丑角）、杨建忠（麒派传人，梅兰芳金奖获得者，国家一级演员）、周明仁（山东省京剧院国家一级演员，与方荣翔合作多年）、康清涛（山东省京剧院，国家一级演员）、马登华（新疆维吾尔自治区乌鲁木齐市京剧团琴师）、张澄清（聊城京剧院，国家一级琴师）、刘延群（麒麟童的大锣演奏员）等，都是从临清剧团走出去或者在临清演出过的大家。临清人爱戏到了痴迷的程度，有"宁舍十亩地，不舍一出戏"的佳话。京剧的兴起，激发了临清人的创作热情。在诸多的戏剧名单中，就有属于出自临清典故的四个剧本，分别是：《陈三两》《王朝佐》《审李七》《连升三级》。这些由本地人士初创，

举办京剧票友艺术节（徐延林摄）

后来不断完善的剧目，不仅在当地百演不辍，在全国各地都是脍炙人口，票房极高。20世纪40年代，临清的戏台、戏楼、戏院就有四十多座。一些人常常自备美酒佳肴，聚在一起唱戏、听戏。抗战时期，在鳌头矶北侧搭台子唱戏，日本鬼子的飞机来了到处轰炸。飞机走后，唱戏继续，听戏照常。抗日战争胜利后，临清京剧团多次被邀请到省城演出，赢得了省城人们的赞扬。至今，居住在济南天庆剧场附近的一些"京剧迷"，说起临清京剧团，还总是竖起大拇指，煞有介事地比画着："人家那戏班子，才真叫绝……"

临清人热爱京剧的传统，得到越来越多的票友的拥戴和传承。近五十年来，京剧在这座古城已经发展成临清人的一种标志性爱好，许多人说起京剧就滔滔不绝，柳荫树下、河岸湖畔，常有票友相聚一起，鼓乐齐鸣，管弦伴奏，或唱折子，或演全本，或唱选段，好生热火。20世纪80年代，临清京剧团里的名角和城里的京剧票友,聚在一起商量提高京剧演出质量的话题。如今日子好了,票子多了,他们觉得也该走出古城,拜师学艺,把临清的传统弄得火爆一些。说干就干,他们当下就聘请外地名师教戏、派出人员外出进修学戏、拜名家为师求艺、参加各种赛事活动与名家名票交流。京剧名家来临清演出,票友们争相请他们或到家做客,或在酒店摆宴招待,向他们请教、学习,并与他们合影留念。不少演员还拜他们为师,如康清涛拜马长礼,徐雪涛拜谭元寿,王彩虹拜孙毓敏,陈红娟拜张学敏,王树森拜李金泉,张澄清拜沈玉才,柏丽君拜张春秋,这些以县京剧团专业演员为代表的拜师团,不仅学到了大家们的演戏的技巧,在艺术上取得了长足进步,更架起了临清与中国京剧界大师们联络的桥梁,打下了临清京剧更进一步的坚实基础。1982年,王彩虹拜著名京剧演员孙毓敏为师,先后学唱了《金玉奴》《红娘》《勘玉钏》《红楼二尤》;1985年,徐雪涛拜谭元寿、康清涛拜马长礼、陈维强拜李少军、钱永山拜冯志孝为师,向全国名家学唱,均取得了很大成就。这种成批次出门拜师的现象,引起了中国京剧界的重视。20世纪后期,先后有著名京剧演员袁世海、杜近芳、李世济、张学津、李维康、耿其昌、吴玉琼、宋玉庆等来临清演出,极大地促进了京剧艺术在临清的普及与发展。临清还积极参加省及全国票界的大型活动。1992年,在全国广通达杯业余京剧大赛中,临清业余京剧爱好者协会,以仅次于北京的成绩,获总分第二名,涌现出了田华(中央电视台第三届票友大赛金奖)、王树森(中央电视台国际票友大赛金龙奖)、薛立泉(中央电视台第六届红河杯票友大赛银奖)、杜广云(山东省京剧名票大赛金奖)、任跃进(中央电视台票友擂台赛周擂主,山东省十大名票)、柏丽君(文化部、中华文化促进会振兴京剧功勋奖)等荣获全国及省大奖的票友和获得大奖的徐雪涛、王彩虹、朱保顺、王福荣、陈红娟、马士力、张保祥、由滕滕、张丽心、孙红军、王鹏、李衍茂、王秀敏等专业演员。

鉴于临清人民对京剧事业的情有独钟和取得的成就，1995年在沈阳第二届全国京剧票友节上，临清市业余京剧爱好者协会获"中国京剧优秀票社"称号，会长于金铸、秘书长白金生获"全国京剧活动优秀组织者"称号。2002年、2004年和2006年，临清市双百戏曲学社分别参加了全国京剧票友送戏万里行、全国京剧票友海外行、首届全国京剧票友台湾行活动，社长徐金良获文化部中国传统文化促进会颁发的"送戏万里行特殊贡献奖""振兴京剧功勋奖"和"京剧票友活动家"称号。2005年，双百戏曲学社获"全国先进票友社团"和山东省"先进民间组织"称号。

说起这些巨大变化，临清市京剧团已经退休的老团长徐雪涛先生感慨良多。他回忆自己梨园耕耘的经历，不无感慨地说：新中国成立前，临清就有了自己的专业剧团，那是1945年咱们的解放军解放高唐郭庄时，解救出的一个搭班唱戏的京剧班子才形成的"解放剧社"。1947年秋，大军南下，临清将解放剧社并入鲁西北新生剧社。1948年秋将其交与临清市管理，更名"临清前进京剧社"。它从根上就与共产党血肉相连。1963年临清京剧团曾与中国京剧团同时在济南不同的剧院演戏。袁世海、李少春、杜近芳、刘长瑜等，前往观看临清京剧团演出的《赤道战鼓》。当听说全团只有五十四个人时，惊讶地说："你们五十四人就能排出这样的大戏，我们二百四十多人还不敢排这样的戏！"1965年国务院副总理李先念来山东聊城视察农业，看了临清京剧团演员李近秋演的《红嫂》说："像李近秋这样的好演员，就是在北京也不多见！"

2002年10月，临清市双百戏曲学社举办了为期半年的少年武场培训班。2001年9月，六岁的梁立恒小朋友获临清全国京剧票友艺术节特别奖。两年后，梁立恒应邀参加了中国少工委、中央电视台联合摄制的全国少年儿童春节联欢会"我们是春天"片子的录制，演唱了《奇袭白虎团》

梅葆玖先生为临清颁发"梅兰芳教育基地"匾牌（徐延林摄）

选段。2001年10月，十二岁的张超逸参加中央电视台红河杯戏迷票友大赛决赛获银奖，受到时任全国政协主席李瑞环的接见。2007年临清被山东省文化厅和文化部命名为京剧之乡，梅葆玖先生为临清颁发了"梅兰芳教育基地"匾牌。乘着全国社会主义文化大发展大繁荣的春风，相信临清京剧的明天会更灿烂。

这些荣誉的取得，极大地鼓舞了临清的京剧爱好者。2009年6月，中华人民共和国文化部、江苏省人民政府主办，文化部艺术司、中共江苏省委宣传部、江苏省文化厅、苏州市人民政府承办的第四届中国昆剧艺术节在江苏省苏州市举行，临清市京剧团马士利同志应邀与浙江永嘉昆剧团合作演出，参赛剧目《琵琶记》，饰演角色蔡伯喈，受到各位评委好评，个人荣获优秀奖。2010年6月16日"楠溪·古韵"永嘉昆剧团访台

"中国京剧艺术之乡"授牌仪式(徐延林摄)

公演,临清市京剧团马士利同志应邀随永嘉昆剧团访台,演出剧目《白蛇传》《琵琶记》饰演角色许仙和蔡伯喈,分别受到台北市、桃园县广大戏迷观众的共同好评,为山东和临清人民争了光。

2015年11月,临清市京剧团演出团,赴台参加了"山东省第一届鲁台京剧文化艺术节"文化交流和剧目展演活动。京剧团精心挑选出传统京剧折子戏《吕布与貂蝉·小宴》《钓金龟》《苏武牧羊》《四郎探母·坐宫》四个折子戏剧目,在台湾进行了为期一周的演出,得到了台湾文化界、中华经贸文教交流协会、台湾戏曲学院师生、台湾祖籍大陆老兵及各界人士的高度认可,在演出现场采访中,一位老将军激动得热泪盈眶,说道:多少年没有看过这么原汁原味的京剧了,非常感谢家乡山东人民、感谢山东省临清市京剧团送来这么好的戏!台湾戏曲学院中正堂演艺厅内座无虚席、掌声不断、气氛热烈，博大精深的国粹京剧艺术得到了由衷认可，优秀民族文化得以弘扬，同时也锻炼了队伍，为全国京剧艺术之乡的临清人民争了光，为京剧艺术事业做出应有的积极贡献。

解决好剧团为什么人服务的问题，是临清京剧事业长盛不衰的源泉。临清人之所以爱京剧、唱京剧，就是因为这里的京剧接地气，受欢迎。在这个"宁舍十亩地，不舍一出戏"的地界，如果不把根基扎在百姓当中，就没有立足之地。为此，市委宣传部和市政府有关部门推出"五块钱看大戏、每月一场戏"的惠民项目，老百姓喜欢看什么，就排什么样的戏，让所有爱好京剧的群众能进入剧院欣赏大戏，享受文化大餐，花五块钱看得好，看得起，看得舒心。自开展"五块钱看大戏、每月一场戏"以来，临清剧院可容纳800人的座席，全都场场爆满。

如今，京剧已经成为临清市一张亮丽的名片，与它的琴棋书画一起，以中国文化特有的温润，点缀着百姓的生活，滋润和净化着人们的心灵，也为美好生活的土地，呈现上一份璀璨夺目的光彩。临清，是著名的京剧之乡、书画之乡、武术之乡。京剧之乡，懂京剧、爱京剧。这里有山东戏曲学校临清分校、"双百"戏曲学社、京剧协会、业余京剧协会。改革开放以来，国泰民安，百业兴旺，票房活动更加活跃。临清先后成立了"临清市业余京剧爱好者协会""群艺京剧票友联谊会""临清市双百戏曲学社"三个票房组织，共有票友一千多人。还出现了十几个家庭票房，杨振乾老先生的家庭票房活动最好，已坚持了二十多年，每个星期天都有活动。

临清不但城区票房活动活跃，广大农村从20世纪40年代开始也有不少京剧票房。较早的是老赵庄镇大相庄村。1943年，村里就成立了"同乐会"，逢红事就上门演出。请天津老旦郭少意到村上教戏，大伙凑钱管老师吃饭，凑布刻版，印制了戏装。五年多的时间里就排演了《钓金龟》《空城计》等四十多出戏。另外松林、亢庙、尚管营、康庄、李官寨、小屯、尚店、监生庄、姚里庄、陈官营、王集等十几个村子都有京剧票房。20世纪六七十年代，大相庄、康庄、松林都排演了全场《沙家浜》《红灯记》，都拥有自己的戏箱。农村还出现四处集市票房，每逢集日，票友们从四面八方凑过来演唱，尚店活动最好，已有十几年的历史。

  临清的京剧演出越来越制度化，经常化。每年规模比较大的票友演出不少于五十场次，2001年9月，临清成功举办全国京剧票友艺术节。2006年11月，临清市京剧团在北京长安大戏院演出了《巡营》《女起解》《探皇陵》《望江亭》四出折子戏，轰动京城，中央电视台"空中剧院"向全国播放了实况录像，多家媒体给予了及时报道。《临清赋》的作者反复观看了这次在北京长安大剧院演出的光盘，激动不已，挥笔写下："净旦生末丑犹在，多少名家访临清？强体技艺潭腿声，固因渊源初始行。"

The
biography
of
Linqing

临清传

帝王故事与平民心态

第十八章

在临清堪称丰富的文化资源当中，有一个很有意思的现象，讲述封建帝王的故事特别多。我大体上算了一下，光是讲述清代康雍乾三代帝王的故事，就有二十多篇。在前面的章节里，我已经讲述了一些，如"乾隆帝与千张袄"的故事、雍正帝死后用临清砖造墓的故事等，但是这些真真假假的传说，还远不如临清人口口相传的多。在临清的日子里，与乡间的文化人拉起呱来，每个人都能给你讲几个段子。有时候让你听得一头雾水，云里雾里；有时又觉得像那么回事。在此，不妨转述一二，也算是"奇文共欣赏，疑义相与析"吧。

比丘尼导游的故事

乾隆帝登基之后，曾先后六次南巡。其中四次驻跸临清，分别是乾隆三十年、三十六年、四十一年、四十五年。不仅每次住下都吟诵几首诗词，还要微服私访，深入民间，了解民情。这乾隆帝私访，常常一身布衣，一把纨扇，将那化了装的侍卫隐于百姓之中，自己像个生意人，东瞅瞅，西望望，或者与店家拉呱儿几句，遇到感兴趣的话题，便停下来往深处聊。乾隆三十六年（1771年）的暮春时节，乾隆帝带着礼部尚书纪晓岚、东阁大学士刘石庵并一对书童，请临清州当时的第一才子贺当世做向导，悄没声地来到大运河边的通济桥。

乾隆帝站在桥头一望，迎面矗立着一高耸楼阁，檐角之下，金灿灿三个大字："鳌头矶"，便信步前来。走到牌坊下面，那红漆的大门之上的门楣上，有"独占"两个方方正正的颜体大字，让人觉得这鳌头矶有些独领风骚。于是，便撩了袍带，跨过门槛，进到院子里边。但见古木参天，苍松拔地而起，藤萝绕池而生，杨柳袅袅，碑石林立，殿堂肃穆静雅，石基错落有致，氤氲着一种仙气。正凝目间，忽有一女子身穿百衲衣，手执玉佛尘，走上前来合掌施礼道："阿弥陀佛。"然后便自报家门，当起了向导,引领一干人等朝着观音阁走去。登至极顶,举目远眺,运河如一条黄龙,蜿蜒曲折由南向北,河道间辀橹相接,征帆高悬,河岸上车水马龙,人声鼎沸,好不热闹。倘若平日里,见此情景,乾隆帝早就动了诗性,信口来上几句。可是,今天自己是以游客身份掺杂于众人之间,岂可失态露馅,暴露了身份还不说,也没有了天子的端庄与稳重。于是,望着那宏阔热闹的场面,忘情地拍打着栏杆连连称快。没想到,乾隆帝这些细微的动作,都被那引路的尼僧看在眼里。但见她转身道个"万福",接下来就将乾隆帝请进书房,于几案之上铺好宣纸,拿来笔墨,求赐墨宝。乾隆帝见小女子面带微笑,静中有动,便问起了她的年庚法号、出家时日、对佛经修行的程度等。身旁的书童一看,知道皇上喜欢这个聪明伶俐的女子,便开箱取出皇上专用之宝,重新布置了。但见乾隆帝挥毫下笔,稳稳地写下了"山中菩提赴,云间仙人家"十个大字。那女子将那墨宝看了又看,像是挺喜欢书法。乾隆帝便示意纪晓岚代为题款。那纪晓岚心领神会,将笔锋顺势一转,一行流畅的行书跃然纸上,那字迹是"鳌头独占天子留句"。

比丘尼一看,心下立刻明白,今天自己真是遇见真龙天子了!赶紧双膝跪倒,谢主隆恩。众人一看,身份已被人识破,便将那比丘尼一道呼唤过来,穿过鸡嘴坝,跃上龙舟,急速开船而去。行了一段时间,那比丘尼提出下船,乾隆帝便依了她。女子叩头谢恩,别了圣上,换一条小舟沿原路返回。上的岸来,直奔州府大堂,禀报知州。原来,这知州知道皇帝远道而来,特令青楼名妓扮成比丘尼,就为求圣上一张墨宝。如今,女子前来复命,岂能不乐?于是,着差役接过包袱,打开一看,果然除了开头提的那十个大字,还有一首短诗:

卫挟浊漳临汶清,
清因亦浊赴津瀛。

默思从善与从恶,

难易不禁为惕生。

下面还有一行落款,那字迹是"辛卯暮春中浣御笔　临清舟中"。知州大喜,赏了那假扮比丘尼的艺伎,让她去了。自己又坐下来看那圣上的题诗,越想越觉得不能据为私有。这圣明的皇帝,说不定哪一天悄悄地来了,问起他写的诗来,岂不误了大事。于是,把手下的人叫来,如此这般做了安排。十天之后,一个风和日丽的日子,将人们集合在鳌头矶,宣布了乾隆帝为临清题诗的事情。刹那间,锣鼓齐鸣,鞭炮震天,几个衙役将那装裱好了的诗词,抬将出来,绕着运河岸转了几趟。又过了一段时间,那首小诗便被镌之东壁石,成了鳌头矶一道永久的风景线。

"避雨亭"的故事

有一次,乾隆帝南巡的龙舟卩岸临清,正赶上四月十八赶庙会,便弃舟上岸,没入熙熙攘攘的人群之中。忽见一位俊俏的女子,手中拿一缕竹篾,灵巧地编织着什么。乾隆帝看那女子的长相,浓眉大眼,细皮嫩肉,不像穷人家的孩子。正想上前问个究竟。忽然,人群中一阵骚乱,几个锦衣纨绔的浪荡公子,簇拥着一个脑满肠肥的恶少,蜂拥而至。皇上心中恼怒,本想上前教训他们几句,又怕暴露身份,便也忍了。回到船中,心中闷闷不乐,总是担心那编竹篾的姑娘被人欺负。

第二天一大早,乾隆帝便带几个太监,到运河边的柳林散步。也是天缘凑巧,正好一群放风筝的人,在河岸上翘首望着天空,看那各式各样的风筝飘扬。想不到,昨天遇见的那位姑娘,也在仰着脸放一只苍鹰风筝。哦,怪不得昨天那姑娘手里总在编织什么,原来是在做一只风筝。这倒是件趣事。刚想开口叫好,突然那放风筝的丝线在空中搅到了一起。只见几个恶少走上前来,夺下姑娘手中丝线,给扯断了,还想上前动手打人。

"住手!光天化日之下,竟敢如此大胆!"乾隆帝定睛一看,竟还是昨日那伙人。那领头的胖子竟是钞关一位吴姓官员,名字叫吴应赐的公子,这伙人一看有人想制止他们,一下子来了气。便问:"你是哪里来的?"话音还未落,脑后就有呼呼风声响起。乾隆帝顺势一闪,一个鹞子翻身,将那恶少狠狠甩了出去。接着,又是一串旋腿,把几个想来挑事的家伙踢翻在地。姓吴的小子一看不好,正要逃走,乾隆帝身边的那些随从忽地围了上来,挨了一顿猛揍之后,慌慌忙忙抱头鼠窜。

小姑娘见状,知道这蓝袍轻甲的白面书生,必非等闲之辈,不仅自己身手矫健,更有一班猛虎般的男儿,定然有些来头,便朝着乾隆深深一跪:"民女给你叩头了。若非义士相助,小女子今日定遭大难……"

乾隆帝担心被人识破,就把女孩叫到一边,问清了原委。原来,女孩是下摆渡口孙船大的孙女,自幼聪明乖巧,讨人喜欢。村里的教书先生,便给她起了个"小家碧"的名字,小家碧几辈人都是玩船的高手,风里来雨里去。到她这一辈儿依旧是跟着爷爷和父亲走河道。有一年隆冬季节,小家碧的爹在河道里砸开冰,弄了两筐鱼,本想腊月集上卖个好价钱,让全家人过个好年。不想,此事被钞关的吴应赐知道,便以钞关急需为由,来抢那两筐鱼。生性倔强的孙船大哪里肯依?于是双方开始厮打。一个上了年岁的老人,纵然懂一点拳脚之术,又怎能敌得过钞关里那些打手兵丁?几个招式下去,饿虎不敌群狼。孙船大被打手们团团围住,脖子上刀枪相加。儿子一看大事不妙,跑过来救父亲,却被迎面飞来的一刀断送了生命。孙船大急了,挣脱兵丁的包围,抄起一把鱼叉打将上来。几个站在船边的,被老人戳下冰河,为首的一个,被老人的鱼叉扎得血肉模糊。兵丁们急挥血刃,一顿厮杀,可怜老人死于乱刀之下。自此,没有爷爷和爹爹护佑的小家碧,心气变得强硬起来。背着母亲,悄悄到一家专门做风筝的铺子,学开了手艺。她知道,那家店铺的老板,不光会扎风筝,还深怀高强武艺,时常教弟子们练两手。跟着师傅学几年,不光会扎风筝,说不定还能武艺在身,报仇雪恨呢。杀父之仇泡大的孩子,像一株顶起了压在身上巨石的箭竹，昂起高贵的头颅。今天，无意中遇到好人相助，也算是三生有幸了。

听了姑娘的诉说，乾隆帝恍然大悟。当下，便去了临清州大堂。将吴应赐一伙拿下，进行严惩。事毕，乾隆帝继续南巡，却仍然放心不下跟在身边形若弱柳的小家碧。虽然惩治了恶霸贪官，但此事也容易给孩子留下祸患。这日正在思忖，忽见那女孩子在院子里放起风筝。一只五彩斑斓的花蝴蝶，像真的一样，在空中飞来飞去。乾隆帝看得入神，正待拍手叫好，却见阴云密布的天上落下雨来。女孩儿便躲到亭子下面，慢慢地收那风筝的丝线。隔窗相望，那细雨中的女子愈加显得漂亮，真如出水荷花，亭亭玉立，甚是招人喜欢，便自言自语："避雨——碧玉，碧玉——避雨。好有意思的画面！"想着想着，一时心血来潮，便在那文案之上，铺开宣纸，浓笔重墨手书"碧玉亭"三个大字。写完之后，反复端详几遍，似觉不妥，又重新铺纸，郑重其事地写下"避雨亭"三个大字，端详好大一会儿，脸上露出了微笑。

这就是乾隆帝给临清题写避雨亭的来历。再说乾隆帝回到京城，虽说小家碧天天跟在身边，他却总是忘不了那一天孩子在避雨亭上放风筝的画面。思来想去，觉得在临清写着一位妙龄女子的名字有些不妥，如今到了京城这花柳繁华的地方，题写一下并无不妥。于是，又将那三个大字重写一遍。时至今日，"碧玉亭"三个御书大字，仍然在北京放射着光芒。临清的避雨亭，也在向南来北往的人们证实，这可是乾隆帝的御笔啊。

类似这样的故事还有很多很多，像前面讲到的"千张袄"的故事，雍正帝死后的坟墓里，地面铺了五层临清砖的故事，有二三十个关于皇帝的故事。这些故事有真有假，但总体上看，民间杜撰的多，歌功颂德的多，捕风捉影的多，有一些则属于本来有点影子，后来被人们越传越玄，渐渐变了味道。

为什么会有这么多"皇帝故事"呢？夜深人静的时分，翻阅临清的历史，越想越觉得这与中国百姓"官贵民轻"的思想观念有着密切的联系。尽管孟子在他的《尽心章句·下》中有过"民为贵，社稷次之，君为轻"的说教，但在历史发展的长河中，与这种说教形成鲜明对比的，却是官贵民轻的客观现实。尤其是在礼仪之邦的山东地方，这似乎形成了一种约定俗成思考问题的模式。

"普天之下莫非王土，率土之滨莫非王臣。"这样的历史观支配之下形成的思想观念，在长达两千多年的封建社会里，逐渐沉淀为普通百姓灵魂深处的某种潜在意识：天下所有的一切，都是皇帝所有；皇帝享有至高无上的特权；皇权思想治下的"官贵民贱"等，就成了大多数人约定俗成的思维定式。尤其是孔孟之乡的山东大地，这样的思想观念就更为严重。编创皇帝故事，还有一种为本土文化增光添彩的作用。在旧中国，皇帝所至，普遍用一个很亮眼的字"幸"来表示，某年某月天子"幸临某地"，这就是一种光临。就连皇帝与身边的那些宠妃的床笫之私，也被称作"幸临"。可见皇帝能偶尔驾临一次，地方官员与当地百姓便全都觉得脸上有光。再就是，皇帝每到一地，绝不会空手走开，总要"普降甘霖"，留一些可资纪念的遗迹或者财富支持，把这份光彩传扬出去，不但证明脚下的土地入了天子的法眼，而且也是地方官吏一份荣耀。一举多得，所以留下来的故事也多。还有一个作用，皇帝所幸之地，常常要占许多的光彩，如，地方官员的进阶，城市档次的提升，名优特产的扬名等，都有着极大的好处。其实，好处再多，对于生活在社会最底层的平民百姓，未必有多大作用，但能够云山雾罩地说说一朝天子的奇闻逸事，过过嘴瘾，也是一种快乐。至于快乐过后的岁月里，国难当头的时候，那在逃荒路上奔命的人，却未必为国操劳。他们不一定会说"普天之下莫非王土"这样的文话，却未必不想：那都是皇帝老儿的事情，管它呢。正是因了这样的心态,所以才在八国联军总共只有一万八千多人的情况下,让三十多万京畿周围守军作鸟兽散。

当然,也有敢于担当的汉子。他们是中华民族的脊梁,不管皇帝来不来哪块土地,他们都觉得土地不是皇帝一个人的,是天下百姓共有的。因此,面对着滚滚东流的黄河,面对着负重前行的历史,他们喊出"天下者我们的天下,国家者我们的国家,社会者我们的社会,我们不说,谁说?我们不干,谁干?"喊过之后,拔剑而起,为民除害,为国杀敌,历尽千辛万苦而初心不改,抛头颅洒热血而视死如归。毛泽东就是这样的男儿,他和他领导的中国共产党就是这样的英雄群体。这群体像东方一轮刚刚升起的红日,照亮了全中国,也照亮了临清。那些曾经像上面的皇帝故事里的女孩子形象的人,正是从这样的发问中,领悟到了"从来就没有什么救世主,也不靠神仙皇帝。要创造人类的幸福,全靠我们自己"的真理。

皇帝故事的肥皂泡沫,随着新时代到来的大潮,一个一个全都破灭了。人们愈加相信,社会需要的,是真心实意为人民、为百姓着想的时代担当者。所以,当习近平把振兴中华的中国梦提出来的时候,临清人读出了一种振奋,一种信心。真正能拨动人们心弦的,还有比国家的富强更能让人激动不已的吗?所以,每年市里的人民代表大会上,那些让百姓质询了一遍又一遍的指标,那些曾经让不少干部脸红心跳的对话,终于折射出了社会主义核心价值观里面那两个足以让几辈人唏嘘不已的字眼:"民主"!——这是一个多么巨大的变化,在民主面前,曾经被夸张得神乎其神的皇帝故事,显得多么苍白无力。如果说过去讲皇帝故事是一种荣耀,那么今天除了那些可以作为文史史料加以考证或者研究的话题,恐怕多数玄而又玄的,该当作茶余饭后的笑话去听了。人们不再把那些一个皇帝走到哪里哪里就能千秋万代仙气缭绕的故事拿来,讲了又讲。他们最为关心的，是那将百姓的事情拿在手上，抓铁留痕、踏石留印的真人真事，是那些惩腐败一扫雾霾，打贪官手起刀落的快讯新闻。在他们的心目中，只有那用自己的铁肩扛起闭塞的闸门，放人民走向小康的人，才是中华民族真正的英雄。

临清传

The biography of Linqing

第十九章 临清的教育

要说临清人不重教育,那一定是假话。《山东通志》曾有这样一段话来评价临清的文化环境:"临清州,俗近奢华而有礼,士虽务名而有学。文教聿兴,科第接踵,衣冠文物甲于东方。"据我考察,临清有考棚街,就比周围的县早。临清文科进士在唐宋时期只有3人,元代无记载,而到了明代竟涌现出了63人,清代则出现了32人;文科举人,元代以前无记载,而明代则有162人,清代有79人。从以上数据不难看出,明清时期,临清真是人才辈出的一个阶段,这当然与其经济的发展不无关系。除了进士、举人而外,临清还出现了大批政治家、文人。政治家如明英宗时期的大理寺卿马豫,正德间的御史张凤鸣,嘉靖年间的陕西总督程轨等。文人则有谢榛、刑侗、汪大年、汪灏等,这些人才均为临清的繁荣做出了贡献。临清考棚街,是一条资格很老的古代街道,背靠元代运河,东靠明代运河,西靠卫运河。这一片区,在明代的时候,被文人骚客称为"中州",曾经作为"工部营缮分司"的衙门,在这里督造和解运贡砖。乾隆四十一年(1776年),朝廷在这里设立考棚。当时,临清市中央政府的直隶州,辖领夏津、武城和馆陶三县。考棚就是为这四个县的生童准备的应试之所。道光二十年(1840年),山东道又确立临清为乡试会考之所。黄门建筑面积呈长方形,屋顶为硬山式,垂脊饰以走兽,面阔三间,长十米八,进深五米五,正间四米三,两侧房间均为两米九,前后檐柱,斗拱望板明柱,雕梁画栋,具有清代府第大门的风格。清代科举制度废止后,它成为山东省立第十一中学。

抗日名将张自忠在此读书，画家李苦禅、诗人臧克家均曾在此任教。如今，这里还是临清回民中学的所在地。由此可见，临清人对教育是重视的。

但是，旧中国的教育体制，本质上缺少为劳苦大众服务的立意，它是面向科举考试为少数读书人服务的考试机构。压根就没有为全体社会人求学办学的思想。当然，当时的社会条件，执政者的发展眼光，都还远远达不到今天的水平，只能是那个时代社会教育水平的客观反映。特别是清代中期之后，清政府的腐败、帝国主义列强的侵略、河运改海运的漕运体制的变更，都对临清的教育事业带来巨大影响。尤其是平民教育迅速下滑的局面让许多人为之担忧。

这种社会教育处于较低水平的现状，呼唤着人们向不平等的教育发出挑战，呼吁新的教育制度的诞生与提高。

星星点灯，读书成为人们的追求

京杭大运河给临清带来的，不仅仅是经济的繁荣和城市的崛起，它带给这片土地最有价值的是，人们眼界的开阔以及对文化和文明生活的追求。南来北往的客商、吟诗作赋的文人、熙熙攘攘的官吏、威风凛凛的官兵，以及说不清道不明的三教九流、各色人等，他们之间进行交往和生活的态度与方式，让临清人耳目一新，他们从这些新派人物的所作所为中，感到了世道越来越新颖，人类越来越文明，新日子呼唤人们学文化，长知识。念书识字不再是少数人的咿咿呀呀，而是整个社会向前发展的潮流，是谁都阻挡不了的。于是，这读书风气、接受教育的意识，潜移默化之间成了人们的生活必需。

明代嘉靖十一年（1532年），临清西南南河口设清源书院。这所书院实际上是为本县生员应对科举考试所准备的专门学校，由当时临清州的副使齐之鸾领衔创办。书院除设山掌一人总理书院一切事物性工作之外，请州长或山掌延请和任命学有所长的举人、进士，充任教习或主讲，教学内容以四书五经为主，主要习作八股文，间或也议论时政、讨论学术问题，其教授执法，一般是个别钻研，互相问答，集中讲解相结合。这样的办学方式，虽然让临清有了自己的书院，但能够到书院学习的，实在是凤毛麟角，星星点灯式的光亮，所起的作用，就是用微弱的烛照给在黑暗中摸索前进的人们，标示一个方向，让星星之火成为可以燎原的引子。

终于，这个书院举办了二百年之后到清代乾隆二十年（1755年），临清县出了一位敢于上书言事的老先生马瑛，联合了一群知书达理的乡贤，向临清州的知州张维垣上书，请求重修书院，扩大招生员额，并由官绅置田捐俸，知州每月必须临课一次，从而较好地解决了书院的经费和优等生员奖赏的问题。然而，好景不长，十九年之后的乾隆三十九年（1774年），鲁北平原遇上了百年不遇的特大旱灾，周围三十四个县粮食大幅度减产。农民起义的战火不断。刚刚有了一些进步的临清书院，就被一场战争的大火给吞掉。直到两年之后的秋八月，才由知州陈宽重修州学考棚，改立考院，成为临清的乡试会考场所。同时，又于考院之东，重建了一处有三十六间房舍的书院，并由州长延师教学。这一体制，一直延续到清末民初，对临清的教育起到了奠基和引导的作用。但是必须说明，这些由县里来承办的书院，基本是对有资格进入乡试层面的准秀才们预备的，与让普通百姓的子女入学读书，还有很大的距离。

在普通教育方面，清代中期才开始有私塾，学前的儿童教育，那个时候大都被称作"蒙养童子"，到清朝末年才开始有"蒙养学堂"，多数由"义塾"改办。这类学校的儿童，一般上要到七岁，实际上是小学。能到这类学校读书的孩子，家庭经济条件都比较好，穷人家的孩子很少有人入学。

千古乞丐武训与临清的"义学"

教育成为只针对少数人的一个行业，在那个等级森严、官民距离甚大的时代，平民百姓的子女几乎完全被屏蔽在接受文化熏陶的栅栏之外。但是，并不是所有的人都对此置若罔闻。堂邑县柳林镇武家村有一个叫武训的人，在为东家当劳工屡屡受骗之后，就认识到了读书识字的极端重要性。他立志要办能让穷人读书的"义学"，在身无分文的情况下，以乞讨的方式和出卖尊严的诙谐，四处集资办学。从20岁开始，到59岁去世，先后在老家柳林镇、馆陶县、临清县创办了三所专供穷人孩子读书的"义学"。直到最后病死在临清的那所学校里之前，念念不忘的还是对孩子们的教育。现在回过头来看武训的所作所为，他的忍辱负重，的确有些超出人们普遍认为的人格尊严底线的地方，但是对于一个缺乏觉醒的社会和基本上没有民族振兴责任心的政府，一个靠个人努力，试图唤起社会觉醒的人的所作所为，都是应当让人尊重的。尽管以武训为原型的电影，在新中国成立初期曾经受到批判，但是，并不影响他在寻常百姓心中的地位。

如今六十岁以上的人，大都知道清代末年，山东省堂邑县柳林镇的武家村，曾经出过一个堪称千古奇丐的"义学迷"武训，他的事迹后来被拍

武训铜像(徐延林摄)

成一部影响颇大的电影《武训传》。这部电影在新中国成立之初,又受到批判。但是,知道武训事迹的人,却又很少有人知道这个堂邑县柳林镇的地理名称与临清县之间有什么关系。如果按照今天的说法,叫"飞地"或者"地邻",或许更为恰当一些。原来,这个柳林镇,是堂邑县"插花"到临清一个拐角地段的镇子,距离临清县城很近。武训的行乞与办学,不管从时间上还是从建起"义学"的数量上看,都是以临清为主。即使最后,老先生也是满怀着对义学事业的无限留恋,在临清的一处义学里离开的人世。因此,武训兴办义学对临清的影响,临清人对武训的怀念,都是地邻情节给这片连在一起的土地带来的分不开的一种至亲情怀。

武训,道光十八年农历十月十九日(1838年12月5日)出生在山东省堂邑县(今属冠县)武家庄一个贫苦农民家庭,因在家中排行第七,故取乳名"武七",人们也喊他"武豆沫",清廷为嘉奖其兴办教育的功德,取"垂训于世"之意,替他改名武训。武训七岁丧父,乞讨为生,求学不得。十四岁后,多次离家当佣工,屡受欺侮,甚至雇主因其文盲以假账相欺,谎说三年工钱已支完。武训争辩,反被诬为"讹赖",遭到毒打,气得口吐白沫,不食不语,病倒三日。由于吃尽文盲苦头,武训决心兴学救世,尽管这样的想法对于一个穷困潦倒的年轻人来说,有点不切实际。但是武训想,我就算当个要饭的叫花子,牙缝里攒、裤腰带上省,总能有些收入。只要横下一条心,就没有办不成的事。抱定行乞办学的主张,20岁那年,他当了乞丐。

从那时起,人们经常看到一个拄着拐杖,风里来雨里去的乞丐,背着要饭搭子,四处行乞。有不少时候,为了向人家讨要一两个铜板,不惜装猫扮狗,学驴叫,变成大马在地上驮着别人爬来爬去。嘴里还要不停地念叨:"不用马,不用套,不用干土垫磨道",甚至以让人踢打的方式,喊着"打一拳,两个钱,踢一脚,三个钱,半个医学不费难",来争取几个小钱。真是功夫不负苦心人,就这样疯疯癫癫乞讨了十年,到30岁的时候,他居然在堂邑、馆陶、临清三县置地二百多亩。

咸丰九年,武训开始着手实施他的"伟大"计划,到各地去行乞集资。他头发脏乱,面目污黑,烂衣遮体,但却很快乐,一边走一边唱着自己编的歌谣,四处乞讨,"边乞边佣"。几年下来,这个苦并快乐着的乞丐,足迹所至,遍及山东、河北、河南、江苏等地。他像一个苦行僧,只吃最粗劣的食物,边吃边唱:"吃杂物,能当饭,省钱修个义学院。"他有时还像个江湖杂耍艺人一样表演锥刺身、刀破头、扛大顶等节目,甚至吃毛虫、蛇蝎,吞石头瓦砾,以取赏钱。他还将自己的辫子剪掉,只在额角上留一小辫,装扮成戏文里的小丑模样,以获得别人的施舍。武七白天乞讨,晚上纺线绩麻,边做活边唱:"拾线头,缠线蛋,一心修个义学院;缠线蛋,接线头,修个义学不犯愁。"在农忙时他还经常给富人打短工,并随时编出各种歌谣唱给众人听。另外，他还为人做媒红，当信使，以获谢礼和佣钱。经过多年的辛劳，武七终于积少成多，存了一笔数目可观的钱。由于他居无定所，钱款无处存放，就打算找一富户人家来存放。他打听到本县有一位举人杨树坊，为人正直，名声很好。武七觉得这个人值得信赖，于是跑到杨府求见。由于他是乞丐，主人拒而不见，他便在大门口一跪就是两天，最后终于感动了杨举人。武七把乞讨积钱、兴义学之事原原本本叙述一遍，杨举人大为感叹。杨举人不但答应帮他存钱，并且表示要助他办学。随着款项的增多，武七开始典买田地，备作学田。同时他以三分息给他人放贷，以获得更多的资金。在他49岁时，武七已置田230亩，积资3800余吊。这在当时已经是相当的财力了，可是他依然没有放弃自己的乞丐身份而选择享受，继续过着赤贫的生活。这时他觉得时机已经来临，决定创建义学，于是向杨举人提出建义学之事，杨举人说不孝有三，无后为大，武七应先娶妻生子，武七唱道："不娶妻，不生子，修个义学才无私。"光绪十四年（1888年），武七花钱4000余吊，在堂邑县柳林镇东门外建起第一所义学，取名"崇贤义塾"。武七用了整整30年的时间来实现他的理想，在这30年里，他受尽苦难，但始终坚定地一步步迈向他的目标。学校建成后，他亲自到当地有学问的进士、举人家跪请他们任教，并到贫寒人家跪求他们送子上学。当年招生50余名，依循惯例分为蒙班和经班，学费全免，经费从武七置办的学田中支出。每逢开学第一天时，武七都要先拜老师，次拜学生，这种仪式持续多年。每次置宴招待老师，他都请当地名绅相陪，而自己则站立门外，专候磕头进菜，待宴罢吃些残渣剩羹便匆匆而去。

平时，他常来义塾探视，对勤于教课的老师，他叩跪感谢；对一时懒惰的老师，他跪求警觉。有一次老师睡午觉睡过了头，学生在学堂内打闹，武七径直来到老师的房前，跪下高声唱道："先生睡觉，学生胡闹，我来跪求，一了百了。"老师十分惭愧，以后再也不敢偷懒。对贪玩、不认真学习的学生，他下跪泣劝："读书不用功，回家无脸见父兄。"就这样，义塾老师对他十分敬惮，而学生也不敢有丝毫懈怠，大家都严守学规，努力上进，学有所成者甚众。光绪二十二年（1896年），武七靠行乞积蓄，并求得临清官绅资助，用资3000吊，在临清县御史巷办起第三所义学。武七一心一意兴办义学，为免妻室之累，他一生不娶妻、不置家。其兄长亲友多次求取资助都被他拒绝，他唱道："不顾亲，不顾故，义学我修好几处。"

山东巡抚张曜闻知武七义行，特下示召见，并下令免征义学田钱粮和徭役，另捐银200两，并赐名武七为武训。同时奏请光绪帝颁以"乐善好施"的匾额。武训的绝世奇行轰动朝野。清廷授以"义学正"名号，赏穿黄马褂。由此，武训和他的义学，成了堂邑、临清人引为自豪的"义学迷"。

光绪二十二年（1896年）四月二十三日，武训病逝于临清县御史巷义塾。根据《清史稿》的记载，"（武训）病卒，闻诸生诵读声，犹张目而笑"。当地的百姓都知道，武训先生是在众学童琅琅读书声中含笑离开了这个世界，享年五十九岁。出殡的那天，堂邑、馆陶、临清三县官绅全体执绋送殡，遵照武训遗嘱归葬于堂邑县柳林镇崇贤义塾的东侧。各县乡民自动参加葬礼达万人以上，沿途来观者人山人海，一时师生哭声震天，乡民纷纷落泪。

20岁时武训开始行乞集资。他手使铜勺，肩背褡袋，烂衣遮体，边走边唱，四处乞讨，其足迹遍及山东、河北、河南、江苏等地。将讨得的较好衣食卖掉换钱，而自己只吃粗劣、发霉的食物和菜根、地瓜蒂等。当他给人家推磨拉碾时，就学着牲口的叫声唱道："不用格拉不用套，不用干土垫磨道。"同治七年（1868年）武训将分家时所得的三亩地变卖，加上历年行乞积蓄，共210余吊，悉交人代存生息，而后置田收租。他唱道："我积钱，我买田，修个义学为贫寒。"堂邑县柳林镇的东门外的义学建成之后，光绪十六年，武训在今属临清市的杨二庄兴办了第二所义学。到了光绪二十二年，武训又靠行乞积蓄，并求得临清官绅资助，用三千吊资金，于临清御史巷办起第三所义学，取名"御史巷义塾"（今山东省示范化学校临清"武训实验小学"）。

武训的精神广为后人敬仰效仿，死后山东巡抚奏准"宣付国史馆立传"，建忠义专祠。十年后（1906年），清廷将其业绩宣付国史馆立传，并为其修墓、建祠、立碑。武训的业绩受到世人的钦敬，许多名家题词，全国出现以武训命名的学校多处，堂邑县也曾一度改称武训县。1945年，冀南行署在柳林镇创办武训师范。

这件事情对于临清产生的影响是巨大的，他们不仅是武训精神的受益者，而且亲眼看着这位为着穷人的孩子能上学，不惜牺牲人格、忍辱负重的人，含着笑容在学生们的读书声中闭上双眼。这让临清人受到了前所未有的震动。清代末年生活在社会最底层的一个乞丐，经过自己三十多年装疯卖傻，居然积累办学资金达万贯之多，冯玉祥将军听说后，称颂他是"千古奇丐"。1903年山东巡抚衙门为武训修葺了陵墓、建造了祠堂，立碑为纪。到了民国时期，为纪念清末闻名中外的"平民教育家""义学正"武训，时任山东教育厅厅长何思源先生拨款重建了武训祠。何思源还在武训祠堂立了尊武训汉白玉雕像，这座雕像比真人略大。据解放后当地曾见过武训的老人们都说，这座雕像酷似武训本人。

辛亥革命以后，人们对武训先生的行动及精神推崇备至。蔡元培、黄炎培、李公朴、邓初民、何思源、冯玉祥、张学良、杨虎城、张自忠、陶行知、郁达夫、臧克家等各界人物，或撰文赞颂，或题词纪念，或为以武训为名的义学捐款。武训被大家誉为普及教育之先导，私人兴学之表率，中国教育事业的楷模。

武训的兴学事迹被正式列入学校教科书中。全国共有七省三十多处学校以武训名字命名。特别是"大量办义学，急务此为最"的冯玉祥，在1932年至1935年，在山东创办了十五所武训小学。后来陶行知创办育才学校，张伯苓创办南开学校都与武训精神的影响有很大关系。全国甚至出现了武训出版社、武训街这样的名称。江苏南通的一所师范学校还将武训像与孔子像并列。山东民众甚至称其为"武圣人"，足见武训在当时地位之高、影响之广，是令人叹为观止的。

中国共产党主办的《新华日报》曾发表过称赞武训的文章，1945年12月1日，《新华日报》发表郭沫若在纪念武训特刊上为武训的题词："武训是中国的裴士托洛齐，中国人民应该到处为他树铜像。"同月6日，《新华月报》发表黄炎培、李公朴、邓初民、潘梓年等人纪念武训的文章。为纪念武训，柳林镇更名为"武训镇"，堂邑县更名为武训县，并在武训诞辰纪念日举行了各种纪念活动。

应当说，20世纪50年代之前，中国不同社会阶段的历届政权，对武训和武训精神的态度都是一致的。无论是在清王朝时期，还是民国时期，都认为武训是正面的、被赞扬的、受崇敬的形象。然而，新中国成立后，随着一部《武训传》电影的被批判，武训精神却受到了空前的批判与否定。如果说乞丐兴学的人物形象塑造太逼真，这种用卑微态度创建高尚事业的做法，与国人倡导的自力更生、艰苦奋斗和百折不挠的精神相违背，那也是可以讨论的。无非一位"无声教育家""平民教育家"在极端贫困情况下，采取非正常手段筹资办学的事，此类事情作为国家的政权机构可以不去提倡，但作为一种精神是不应当废除的。人们之所以如此重视武训，因为武训精神在当时有着深刻的社会背景和时代背景。旧中国是个有着四万万人口的大国，而且是一个穷国，文盲比例非常高。教育能否普及兴盛是一件关乎国运的大事。武训办学的实质是让学堂的大门向所有人敞开,这是一次把精英教育转向平民教育的伟大尝试。从这个方面来说,武训是世人皆醉中的独醒者之一,百年蒙昧中的先觉者之一。尽管他是个文盲加乞丐,他的独醒和先觉在有知识的人看来,也许过于质朴和简单。从武训兴办义学的出发点来看,走的是教育救国的道路。其兴学活动多少反映了下层农民朴素的改良主义意愿。尽管任何改良主义在近代中国最终免不了被颠覆被否定的命运,但从深刻而惨痛的历史教训来看,改良主义无疑是较优选择,只可惜中国屡屡与之失之交臂。武训对社会底层表现出强烈的同情心和博爱精神,体现了中国自古以来"仁者爱人"的传统。当时没有人会把武训精神狭隘地理解为只有行乞来办学才是武训精神的真谛。事实上,人们把当时一切对教育有所助益的义举和作为都称赞为具有武训精神的行为,并把那些竭尽全力推动民族教育的人称为武训式的人物。话说回来,20 世纪 50 年代对电影《武训传》的批判,主要是对电影及电影创作指导思想的一场运动,没有过多地涉及对武训本人如何。我们在厘清事件经过的同时,不应当将文学艺术方面的争论同历史人物和事件等同起来。

从乞丐兴学到群星回照

武训先生靠乞讨兴办义学的精神，既然产生了如此巨大的影响，对他的故乡堂邑县、对他用极大精力办起了"御史巷义学"的临清县，不言而喻会产生一种读书热的良好社会风气。我同曾在临清市做过领导干部的一位朋友谈到这个问题的时候，老先生说，风起于青萍之末。临清历史上就出现过许许多多名望颇大的读书人，临清运河码头开凿之前，就曾有过在唐太宗李世民时期做过太常博士、太常丞的吕才，他一生著述很多，虽大部分已经散佚，但从《旧唐书》中仍然可以看到，那些闪耀着朴素唯物主义思想光芒的《叙宅经》《叙禄命》《叙葬书》，以及对《大藏经》中部分内容的讲解《因明注释义图序》和音乐专著《秦王破阵乐》等，留给人们深深的思考。

北宋时期的王岩叟（1044—1095），是临清市萧寨乡杜洼村人，18岁乡试、会试、廷对，皆为第一名，被称为"三元榜首"。王岩叟先后任栾城主簿、泾州推官，又任皇帝身边的起居舍人，中书省中书舍人，元祐六年（1091年）任枢密院直学士。王岩叟为官人品高洁，光明磊落，爱民忠君，刚直不阿。他向皇帝进言：正人在朝则安，邪人一进便有不安之象，邪人进往往应之者众，上下蒙蔽，不知不觉中便祸患滋生。"君子在内，小人在外则泰；小人在内，君子在外则否。小人即进，君子必引类而去，若君子与小人竟则危之基地。"王岩叟一生对国家的政治建设、军事边防、廉洁作风等方面，都做出极为重要的贡献，司马光说：岩叟尽忠皇上，凡有过举，知无不言，进谏无隐，此乃国之干城。

明代京杭大运河的全线贯通，带来了临清经济和社会的全面繁荣，首先是商业贸易的兴旺发达，表现在文化上，就是精英辈出，群星璀璨。这期间，先后有明代"后七子"之一的谢榛、著名的书法家方元焕等一批文化名人和反抗贪官马堂的义军首领王朝佐等人物。及至清代，又有吕恒安等一批文臣武将相继出现。武训的出现，是近代临清历史上的重要事件。他创办义学的举动，最直接的影响就是带动了一批当地的莘莘学子为国家强盛而读书的生动局面。细数这段历史，人们会看到，吴秋辉、张廷焕、刘振亚、张自忠、李朝杰、黑若仙、颜竹林、李光华、黑白龙、黑白里等一大批优秀人才的出现。这其中，张自忠将军可称得上是中华民族名标青史的壮烈人物。

张自忠（1891—1940），字荩忱，临清县唐园村人，出身于名门望族，其父张树桂曾任江苏省赣榆县任职，被清廷加封五品官。父亲去世之后，张自忠返回临清，就读于临清高等小学堂。1911年考入天津政法专科学校，第二年转入济南法正专科学校。1914年，他投笔从戎，赴奉天入陆军第二十师车震部。1916年又投入西北军冯玉祥部。先后担任排长、营长、团长、旅长。1927年任二十八师师长。1929年，调入宋哲元部，任十一军副军长兼二十二师师长。1933年，任二十九军三十八师师长兼张家口市警备司令，1935年11月，又兼任察哈尔省主席，次年5月任天津市市长。"七七事变"前夕，一度代理冀察政务委员会委员长兼北平市市长。1938年3月，任二十七军军团长兼五十军军长，同年7月任十三集团军总司令，10月，任第五战区右翼兵团总指挥。

军人，总是为着国家的安全而存在，为着战争一旦发生的时候，能用自己的一腔热血和誓与敌人血战到底的决心，去报效国家，捍卫民族的利益和民众的生存。对中国大好河山觊觎已久的日本侵略者，从1931年"九一八事变"侵略中国以来，一直张着它的饕餮大口，想把整个中国吃掉。1933年年初，他们开始向长城一线逼近，试图从东北打开侵略中国的缺口，进而绕道北京以北，逐步

任第33集团军总司令时的张自忠将军（靳国君供）

形成三面包围的态势，然后逐步吞灭整个中国。张自忠作为前线作战总指挥，怎么能让倭寇进入自己的防区？终于，在宋哲元将军"宁为战死鬼，不做亡国奴"的号令下，一场你死我活的战事在三月的喜峰口展开了。

1933年3月1日，北平军分会授予我军团任务，为确保冀北，对兴城、绥中西方面进之敌，迟其前进，进入山地，各个击破。我军团命三十七师前进支队（由二一七团任之）停留建昌营，派队向冷口外监视由兴绥方面入侵之敌；命三十八师张自忠部及暂编第二师刘汝明部集结蓟县、遵化附近。

1933年3月7日，我军奉命接替喜峰口防务。三十七师接替喜峰口东西之线防务，三十八师集结遵化为预备队。第一阶段：从3月9日日军服部、铃木两旅团联合先遣队进犯喜峰口，我军二十九军一〇九旅王长海从遵化赶往喜峰口御敌起，至14日日军后撤，第一个阶段，战斗异常激烈，二十九军扬长避短，发挥大刀优势，与敌肉搏，夜袭敌营，攻其不备。日军的几次增兵总攻也被我军成功抑制，张自忠率领他的军队，成功粉碎敌人两天内占领长城的计划。共砍死砍伤敌人逾千名，缴获坦克十一

辆，装甲车六辆，大炮十八门，机枪三十六挺，飞机一架，还有日军御赐军旗、地图、摄像机等。遭袭后的敌营里，到处是敌人的尸体，日本兵半夜被惊醒，吓得高喊"大刀队来了，快跑呀！"此后，不少日本兵晚上睡觉，脖子上还要戴上一个自制的铁护圈，以防脑袋被砍掉。这是坚守防御四十多天以来最让人扬眉吐气的一场恶战。

喜峰口抗战胜利的消息传到上海，当时担任"上海歌咏界战时服务团"领导者之一的作曲家麦新（1914—1947），热血奔涌、心潮澎湃，以火山喷发般的创作激情，连夜谱写了高亢激昂的《大刀进行曲》："大刀向鬼子们的头上砍去，二十九军的弟兄们，抗战的一天来到了，抗战的一天来到了！前面有东北的义勇军，后面有全国的老百姓，咱们二十九军不是孤军。看准那敌人，把它消灭！把它消灭！冲啊！大刀向鬼子们的头上砍去，杀！"它的副题为："献给二十九军大刀队。"《大刀进行曲》最初是为了鼓舞"二十九军的弟兄们"坚持抗战，后来，随着它雄壮的旋律响彻全国军队和民众，"二十九军的弟兄们"便改成了"全国武装的弟兄们"。《大刀进行曲》塑造了挥舞大刀向鬼子勇猛冲杀的中国军人的英雄形象。它就像抗日的号令，形成了抗日战争开始时最典型的时代音调。

1940年5月1日这一天，日军纠集十万兵力，在一百多辆坦克和七十多架飞机的配合下，分三路进攻襄樊。张自忠奉命御敌。他亲笔手谕将士："为国家民族死之决心，海不枯，石不烂，绝无半点改变！"就在他集结部队准备反击日军进攻的时候，五战区指挥部命令张自忠率部向钟祥敌后攻击。当他杀出重围，率部转移到宜城洪山时，日军也尾随而至，并率先占领了西侧山头，集中火炮和飞机向张部扫射。张自忠率部退守南瓜店一个山头，带伤同日寇作战。虽经浴血奋战，但由于双方力量对比悬殊，张部伤亡特别严重。张自忠本人身中六弹，于5月16日鲜血流尽，为国殉难。他是第二次世界大战五十多个同盟国中，殉职的最高将领，也是抗日战争中为国捐躯的唯一的国民党上将级军官。对于张自忠的殉难，一直跑到四川的蒋介石，也不得不表示哀悼。重庆国民党政府将他的遗体国葬于重庆北碚梅花山，蒋介石亲笔挽幛是："荩忱忠勇义烈，牺牲成仁光荣一死，炳辉千秋。"冯玉祥的挽幛是："荩忱不死！"

8月15日中共中央所在地延安隆重举行追悼大会，毛泽东、朱德、周恩来分别题写"尽忠报国""取义成仁""为国捐躯"。《新华日报》为张自忠将军的牺牲特别刊发悼词。1943年，当抗日战争进行到最为激烈的时候，周恩来先生专门写文章悼念："张自忠之志，壮烈之气，直可以为我国抗战军人之魂。""张上将之殉国，不仅为抗战树立了楷模，同时也是发扬我们民族至大至刚的气节和精神"。为了怀念这位殉国烈士，北京、上海、天津、武汉，都修建了"张自忠路""张自忠学校"等。1982年，中华人民共和国民政部追认张自忠为革命烈士。1989年，临清市人民政府在大众公园内修建了张自忠碑亭。曾任国防部部长的张爱萍，亲笔为张自忠碑亭题写了"张自忠将军故里"的碑铭。

一代抗日名将离我们远去了。但是，他留给人们的却是一份永恒的思念与敬仰。张自忠将军的精神，就是中华民族最为重要的爱国精神，就是尽忠报国的责任担当，就是"取义成仁"的道德高峰。他的大义凛然，与武训先生的丐食兴学，从表现形式上是两个极端，但是，能从武训百折不挠办义学的行动中，领悟到读书的极端重要性，并且以一个爱国知识分子的高度责任感，投身于伟大的抗日战争，拯救民族危亡，这正是张自忠最能体现民族气节的地方。清代末期以来，堂邑、临清出了一位以个人的一切来为普通百姓争取读书权利的武训，随之就有一大批为中华崛起而读书的志士仁人，在这块土地上茁壮成长。他们是一个闪耀着璀璨星光的群体，回照武训那粒在文明的暗夜里注着人们的星火，那就是文化教育照亮的这条道路会越走越宽。

一位学界泰斗的最后墨宝：齐鲁青未了

进入21世纪，中国的大事、喜事特别多。比如说，2010年要在上海市举办第四十一届世界博览会，这次会议的主题是"城市，让生活更美好"。它向世界展示的将是以"和谐城市"为基本理念的一次设计，来应对这次会议的主题。和谐城市是上海世博会主题的精髓。"和谐"的理念蕴藏在中国古老文化之中。中华文化推崇人际之和、天人之和、身心之和。

大道之行也，天下为公，选贤与能，讲信修睦。中国的先秦诸子著述中的这种设想，客观上迎合了诸西方先贤的理想。古希腊哲学家毕达哥拉斯系统地提出了和谐说，和谐包含着对立和统一。有一位西方哲学家曾提出"看不见的和谐比看得到的和谐更美好"的主张。而在到了柏拉图，在他的《理想国》和《法律篇》里，也开始寻求"整个社会将获得非常和谐的发展，各个阶级将获得自然赋予他们的那一份幸福"的美好状态。

数百年来，人们对"和谐城市"模式的探讨，从来没有停止过。从"乌托邦"到18世纪的"理想城市"，再到"田园都市"一系列的理论、主张和模型无不在探索如何建立城市在空间上、秩序上、精神生活和物质吐纳上的平衡与和谐。自20世纪80年代以来，随着环境问题和发展问题的日趋严重，可持续发展的理念应运而生。各国政府提出的发展战略大多围绕如何重建人与城市、人与自然的和谐，最终达到与未来的和谐。由此可见，对"和谐生活"和"和谐城市"的追求和实践贯穿于人类社会的发展历史，并且正越来越彰显在人们为明天城市所描绘的蓝图之中。进行这样一次前所未有的博览会，将有240个国家和地区前来参展和参观。从一定意义上说，这是一次延续丝绸之路传统，进一步拓宽"一带一路"最新格局的盛会。

我曾有幸承担了山东展馆办公室主任的职务。从2008年开始，便投入了紧张的工作。

建立"和谐城市"，是从根本上立足于人与自然、人与人、精神与物质和谐，在形式上体现为多文化的和谐共存、城市经济的和谐发展、科技时代的和谐生活、社区细胞的和谐运作以及城市和乡村的和谐互动。为此，就要涉及城市多元文化的融合、城市经济的发展、城市科技的进步、城市是社区的形成、城市与乡村的互动等重大课题。在经过了半年多的精心准备之后，山东省的展馆基本完成。最后的工序将是请一位德高望重、在世界上有一定影响的人物来题写一块馆名的匾牌。我们想到了季羡林这位学界泰斗。省里领导决定派一位宣传部的副部长去北京请季羡林先生为家乡的展馆题写馆名。2009年初春，省里负责联系季老题写馆名的同志来到北京，此时老人家已经九十八岁高龄，且常年在医院疗养。但是，听说要给家乡参加上海世博会的展馆提名，还是愉快地答应了。当季羡林先生题写的"齐鲁青未了"的馆名在上海世博会的现场亮相的时候，季羡林先生已经去世。人们都说，山东世博会的这个馆名，可以说是季羡林先生最后的一篇墨宝了。

顺着这份墨宝的踪迹，我们回溯先生的行踪，发现季先生本身就是沿着丝绸之路，从世界的东方走到世界西方、又从西方学成归来回到故乡的一位文化使者。当许多人在以经济活动的方式穿行在风沙漫漫的丝绸之路的时候，季羡林却以一个东方大国学子的身份，牵起一片放射着东方文明之光的彩绸，搭起了东西方文化交流的彩桥。谁会想到，这位被人们称为学界泰斗的人，就出生在大运河岸边临清县一个偏僻的小村庄呢？尽管先生曾经在他的晚年三次提出，辞去"国学大师""学界泰斗""国宝"的称谓，但他留在大地上的脚印，却向人们证实着这些称谓的实至名归。我们不妨把先生相关的一段履历抄录如下：

季羡林（1911年8月6日—2009年7月11日），山东省临清人，字希逋，又字齐奘。国际著名东方学大师、语言学家、文学家、国学家、佛学家、史学家、教育家和社会活动家。历任中国科学院哲学社会科学部委员、聊城大学名誉校长、北京大学副校长、中国社会科学院南亚研究所所长，是北京大学的终身教授，与饶宗颐并称为"南饶北季"。

早年留学国外，通英文、德文、梵文、巴利文，能阅俄文、法文，尤精于吐火罗文（当代世界上分布区域最广的语系印欧语系中的一种独立语言），是世界上仅有的精于此语言的几位学者之一。为"梵学、佛学、吐火罗文研究并举，中国文学、比较文学、文艺理论研究齐飞"，其著作汇编成《季羡林文集》，共二十四卷。

1911年8月6日，出生于山东省清平县（现临清市）康庄镇官庄一个农民家庭，六岁以前在清平随马景恭老师识字。1917年，离家去济南投奔叔父，进私塾读书，学习了《百家姓》《千字文》《四书》等，分别于济南山东省立第一师范附设小学、济南新育小学就读，课余开始学习英语。1923年小学毕业后，考取正谊中学，课后参加一个古文学习班，读《左传》《战国策》《史记》等，晚上在尚实英文学社继续学习英文。

1926年初中毕业，在正谊中学读过半年高中后，转入新成立的山东

季羡林先生工作照（靳国君摄）

大学附设高中，在此期间，开始学习德语。

1928年至1929年，日本侵华，占领济南，制造了惨无人道的五卅惨案，屠杀了六千多中国人。战乱与惊恐中的季羡林，辍学一年。在这一段时间里，他用自己亲身经历和观察的事实，创作了《文明人的公理》《医学士》《观剧》等短篇小说，署笔名希道，在天津《益世报》上发表。引起了社会上一些人士的关注。1929年秋季，季羡林转入新成立的山东省立济南高中。

1930年，开始翻译屠格涅夫的散文《老妇》《世界的末日》《老人》及《玫瑰是多么美丽，多么新鲜啊！》等，先后在山东《国民新闻》趵突周刊和天津《益世报》上发表。

高中毕业后考取清华大学和北京大学。后入清华大学西洋文学系，专修方向是德文。在清华大学四年中发表散文十余篇，译文多篇。1934年，清华大学西洋文学系毕业。应母校山东省立济南高中校长宋还吾先生的邀请，回母校任国文教员。

1935年，清华大学与德国签订了交换研究生的协定，报名应考被录取。同年9月赴德国入哥廷根大学，主修印度学。先后师从瓦尔德史米特教授、西克教授，学习梵文、巴利文、吐火罗文，及俄文、南斯拉夫文、阿拉伯文等。1937年，兼任哥廷根大学汉学系讲师。1941年，哥廷根大学毕业，获哲学博士学位。以后几年，继续用德文撰写数篇论文，在《哥廷根科学院院刊》等学术刊物上发表。

第二次世界大战一结束，1946年季羡林就辗转取道回到阔别十年的祖国怀抱。同年秋天，经陈寅恪推荐，回国后受聘为北京大学教授兼东方语言文学系主任，创建东方语文系。

季羡林回国后，着重研究佛教史和中印文化关系史，发表了一系列富有学术创见的论文。新中国成立后，继续担任北大东语系教授兼系主任，从事系务、科研和翻译工作。1956年2月，被任命为中国科学院哲学社会科学部委员。1954年、1959年、1964年当选为第二、三、四届全国政协委员。并以中国文化使者的身份先后出访印度、缅甸、东德、苏联、伊拉克、埃及、叙利亚等国家。1978年复出，继续担任北京大学东语系主任，并被任命为北京大学副校长、北京大学南亚研究所所长。当选为第五届全国政协委员，中国外国文学会副会长。1979年，任中国南亚学会会长。1980年，任中国民族古文字学会名誉会长。1981年，任中国外语教学研究会会长。1983年，当选为第六届全国人大常委会委员，兼任中国语言学会会长、中国敦煌吐鲁番学会副会长。1984年，任北京大学校务委员会副主任，兼任中国史学会常务理事、中国高等教育学会副会长。1985年，任中国作家学会理事、中国比较文学会名誉会长。1988年，任中国文化书院院务委员会主席。并曾以学者身份先后出访德国、日本、泰国。1990年，任中国亚非学会会长。季先生一直深深地眷恋着故乡，年轻时为寻求救国道路，四处奔波，回国后在教育战线担任着繁重的教学、科研和领导工作，却经常过问家乡的情况。直到2009年去世之前，还给家乡上海世博会的展馆题写馆名。

这么长的一份简历，就足以看出，季羡林先生的学贯中西，可不是一般文人相互之间的溢美之词，他是一位潜心求学的大师，他扎实的学问根基，都是自己负笈远行、远涉重洋、脚踏实地一点一滴学习来的，是来不得半点虚假与沽名钓誉的。先生幼年时期，随马景恭识字，在高中开始学德文，并对外国文学产生兴趣，1929年入山东省立济南高中后，又恰好遇上鲁迅先生的朋友、著名翻译家董秋芳担任其国文老师，真是三生有幸。季羡林之所以五六十年来笔耕不辍，很大程度上是当年董老师之赐。对此，季羡林先生多次表述过自己对董老师毕生难忘的怀念之情。

同样，曾经在临清一中担任过三年半语文老师的臧克家先生，早就仰慕先生的大名，却一直未能相遇。直到1946年，臧克家到南京国立编译馆去看望老同学李长之，恰好季羡林在，在这里臧克家第一次见到季羡林。1949年春，臧克家从香港来到北平，和季羡林重又相见。20世纪50年代初，臧克家支持季羡林入党。1978年臧克家见到过一次季羡林，见他头发半白；两年后再次会面，已满头雪白。这让比他大6岁的臧克家颇动感情。那天，臧克家触景生情，随即赋诗一首，赠给季羡林：

年年各自奔长途，
把手欣逢惊与呼！
朴素衣裳常在眼，
遍寻黑发一根无。

透视季羡林这位在当代可以称得上大师级文化名人，对于临清这块漕运码头的背景，有没有必然的联系呢？我想，舳橹相接、运力繁忙的河道，客商辐辏、文人咸集的环境，带给一方水土的影响，不管是季羡林还是为了让穷人的孩子能有书念的武训，骨子里都有一种百折不挠的求学精神。当这种精神转化成学习的动力，促成人们学有所成的时候，回报故乡、当好传播文明大使的责任感就有了动力。季羡林先生去世之前，弥留之际交代了自己的后事：一定要把我埋在老家，让我回到母亲身边。

这就是一个运河儿子的心声。

The
biography
of
Linqing

临清 传

诗人臧克家与临清

第二十章

临清中学的三年

为临清这样一个名气很大变化很多的县级城市立传，真的不是一件容易的事。就一套围绕着"一带一路"而形成一个系列的丛书而言，临清在其中的位置仅仅是个县级市，它与当下的京津沪以及广州、青岛、深圳、大连、福州、厦门、南京等一大批入选的城市相比，似乎有某种地位不对称的感觉。但是，作为古老的京杭大运河岸边的一座古老城市，它却曾经是明清之际中国最为繁华的商品集散地和最大的漕运码头。翻开中国历史的画卷，当我们对照一个民族前行的步履的时刻，竟然发现，漕运作为一种与国家命运紧密相连的经济手段而存在的时刻，从秦代建立统一的王朝之后，历朝历代，皆为国之"要政"。中国古代各个王朝通过水道将各地的粮食等物资运至京师，以满足官俸、军饷和宫廷的消费。虽然随着历史的发展和自身功能的拓展，漕运的含义有了更为广泛的社会性，但是，作为中国古代漕运重心的格局，却形成一个越来越强大、越来越紧密和广泛的社会关系。只要你认真地阅读临清运河漕运的历史，许多重要的人和事，在这里似乎没有断头路。转来转去，说不定就在哪个路口与人相聚了。这不，话音未落，臧克家先生便从运河大堤上行色匆匆地走过来了。

臧克家（孙震提供）

臧克家(1905—2004)，笔名少全、何嘉，山东诸城人。中国现当代杰出诗人，著名作家、编辑家。臧克家自小生活在一个文化气氛非常浓厚的环境里。祖父、父亲、叔父都爱读诗、吟诗，他直接受到传统文化的熏陶。小时候的农村生活，使他感受到农民的辛劳和苦难以及社会的不公，这些在他幼小的心灵上深深埋下了同情劳动人民的种子，成为他一生诗歌创作的主题。1930年臧克家报考山东大学中文系，数学考了零分，看语文考卷极严的闻一多先生，给他的作文卷子打了98分。打动闻一多先生的是三句杂感："人生永远追求着幻光，但谁把幻光看成幻光，谁便沉入了无底的苦海。"这三句杂感极富哲理，表达了一个热血青年追求真理、向往新生、对人生社会的强烈感受。闻一多先生破格把臧克家录取了。

臧克家上学期间，在许多全国文学刊物上不断发表诗作。1933年出版了诗集《烙印》，受到闻一多、梁实秋、茅盾、老舍、韩侍桁等名家的肯定与赞扬。闻一多在《烙印》序文里说："克家的诗，没有一句不具有一种极顶真的生活意义。"当时茅盾先生断言："在目前的青年诗人中，《烙印》的作者也许是最优秀中间的一个了。"1934年至1937年，臧克家在山东省立临清中学任教，出版诗集《运河》和长诗《自己的写照》，创作了散文集《乱莠集》。这些诗歌和散文，是臧克家在临清中学任教时候，目睹当时的社会现实有感而发的。《运河》收录诗人1934年至1936年的诗作24首。书前有《自序》一篇。除《大寺》和《运河》外，其余的都是短诗。它写运河与古城，黄风和古槐，写春旱和水灾，元旦和集市，疯婆和野孩子，写春，写秋，写闲暇和明月，具有北方农村浓郁的乡土气息。诗集中一些诗作反映了中国农村荒凉破败的景象和农民流离失所、家破人亡的悲惨命运，如《春旱》《水灾》《冰花》等诗，对农民的苦难发出了悲愤的呼声。《吊八百死者》对于帝国主义欺凌、压榨中国人民的罪行进行了愤怒的声讨。另一些诗，如《要活》《野孩子》《依旧是春天》《二十四年的秋天》等，则孕育着强烈的反抗意识，是一种无声的却又有力的呐喊。这个诗集中最引人注目的是长诗《运河》。诗人把古老的运河塑造成为一位历史见证者，它经历了历史的变迁、时光的流转和人世间的盛衰沉浮，它目睹帝王们的荒淫享乐、穷兵黩武，奴隶们的忍辱受难、血泪辛酸。它看尽了罪恶，看尽了悲凉，看尽了苦难。在诗中，运河成为一条线索，它贯穿古今，成为将历史传说故事和现实生活情景交融于一身的载体。看到它，就像看到一部古老的中华民族的兴衰史。运河源远流长，历史发展到了今天，诗人感慨万端，禁不住向运河发问：

　　运河，你这个一身风霜的老人

盛衰在你眼底像一阵风

你知道天阴，知道天晴

统治者的淫威，

奴隶们的辛苦，你更是分明

在这黄昏侵临的时候

立在这一列残骸上

容我问你一句

我问你：明天早晨是哪向的风？

这最后一句的有力发问，把心中无限的感慨与激情，和对光明未来的深切希望压缩成短短一句话，使之铿锵作响，雷霆万钧。这首长诗成功地运用了象征寄兴的手法，把强烈的盛衰兴亡之感融于对运河这一艺术形象的塑造之中，含蓄蕴藉，寓意深厚，加上充沛贯通、不可阻挡的气势，读罢使人激情澎湃，热血沸腾，同时又启人沉思。长诗保持了诗人凝练质朴的诗风，是一首现实主义与浪漫主义成功结合的不同凡响的杰作。

作者站在古城上，俯瞰运河，遥想历史，考问天地，诅咒帝王。厕身于乡镇集市，饱餐民俗风情，收揽人世百相。作者在《自序》中说，诗应该紧合时代节拍，用你整个的生命做抵押；诗当然必须讲究技巧，但以深入浅出，人人能懂为上乘。集中多数诗篇体现了这种主张。由此可以看出，临清中学任教的这三年，对臧克家目睹和分析中国的现实起了至关重要的作用，是他走上革命道路之前积累能量的一次心灵炼狱和意识栽培。临清，对臧克家成为一位人民的诗人，起了极为重要的作用。抗日战争时期，臧克家走上了革命道路，写下了大量诗歌散文。新中国成立后，他继续从事诗歌创作、评论及《诗刊》编辑工作，对我国诗歌及整个文学事业的发展做出了不可磨灭的贡献。臧克家曾担任人民出版社编审、《诗刊》

主编、中国作家协会书记处书记、中国诗歌学会会长、中国毛泽东诗词研究会名誉会长、中国写作学会名誉会长等职务。他的诗作《有的人》《老马》等，散文《毛主席望着黄河笑》一度被选入中学课本。臧克家是毛泽东的诗友，毛泽东常就新诗问题与他切磋。2002年，凝结臧克家一生汗水和心血的十二卷本《臧克家全集》出版。

与季羡林的交往

臧克家，1905年10月生于山东省诸城县臧家村；季羡林，1911年8月生于山东省清平县（现临清市）康庄镇官庄。二人同为中国现代史上的文化名人，尽管臧克家长季羡林6岁，但两人同为齐鲁同乡，志同道合。

1946年，臧克家到南京国立编译馆看望老同学李长之的时候，第一次见到季羡林。他们一见如故，倾心交谈。当时给臧克家的印象是，季羡林虽然留学德国十年，但身上毫无洋气，衣着朴素，本真敦厚，言谈举止，依然带着山东人的气质和风度。这使臧克家油然而生敬意。一周后，臧克家到了上海，担任《侨声报》副刊主编，居虹口东宝兴路138号报社宿舍。说来有缘，季羡林亦步尘而至。他带来了五六大箱书，与臧克家住在一起，或席地而坐，或抵足而眠，一盏"泡子灯"照着两人彻夜长谈。

1949年春，臧克家从香港来到北平，和季羡林再次相见。当时，季羡林住翠花胡同，此处是北京大学的宿舍区，臧克家则住笔管胡同，两人时常互访。季羡林住的是两间西房，几架书籍，占去了屋之大半。院落廓大，杂树阴森，古碑数幢。臧克家每至此地，不乏荒漠凄冷之感。季羡林却并不感到寂寞，反而以为环境悠远清静，正宜读书。

20世纪50年代初,臧克家到济南参加人代会,恰遇季羡林在家(此时季羡林已被北京大学聘为东语系主任),乃往访。季羡林热情地留臧克家在家吃饭。饭罢,季羡林推心置腹地对臧克家说:"我准备申请加入中国共产党,更好地为党做事,你看我条件行吗?"

臧克家听了很受感动,当即说:"咋不行呢,你多年来工作出色,党和人民都信任你,你应该写申请书!"

季羡林高兴地点点头,果然按臧克家说的去做了。

1979年,臧克家至八宝山参加游国恩先生追悼会,以为一定能够与季羡林相逢,结果季羡林未到,这使臧克家觉得惊异。思及季羡林极重友情,又办事认真,更何况是治丧委员,何故缺席呢?后来见面问及此事,季羡林幽默地对臧克家说:"那一天,比较重要的会议有三个,只好向逝者请假告罪了。"

因为工作之需,季羡林经常出国。出国前总免不了先告知臧克家一声,打电话或写信。出国归来,又总是带点外国"小玩意儿"送给臧克家,以作纪念。有一次,他要到非洲去,对臧克家说,飞机一翅子十万八千里,在短短的几天里要跑七八个国家。1951年前后,他去印度,回来带给臧克家一束孔雀翎毛,二十余支,臧克家保存了四十多年,翠色未变。季羡林由国外回来,又总喜欢写几篇散文,发表在报刊上,记叙和描写出国访问的状况,真挚诚恳,富有文采,臧克家读后颇觉耳目一新,便给季羡林写信,希望他多写一些。

割舍不下的临清情结

从臧克家在临清中学执教到现在，历史已经走过了80多年。然而，时至今日，临清人中的几代学子，仍然忘不了曾经用诗的语言撩起青年学生心灵火苗的那位老师。是他，用滚烫的诗句唤醒学生迷茫的心；是他，用飞溅的火花点燃青年人抗日的怒火。他笔下的运河与古城，黄风和古槐，春旱和水灾，元旦和集市，疯婆和野孩子，分明就是那个时期临清人的脸谱，有北方农村浓郁的乡土气息。一转眼，时光逝去了，换了人间。

20世纪70年代末期，临清县编写革命历史回忆录，向臧克家先生征文，老人家回首往事，心潮澎湃，于是，作为对临清的回复，也是对自己几十年前那首《运河》的回应，他又挥笔写下了《临清，你这运河上的古城》这首抒情诗：

  临清，你这运河岸上的古城，
  像一只飞鸿，我会在你身边留影，
  留影也留声，我的几百篇诗歌，
  就在你这土地上产生。

那时候，心头上压着块石头，

今天回忆起来还觉得沉重，

那时候，内忧外祸一重又一重，

像运河的浊浪冲击人的心胸！

当时的临清守着个安静，

"大寺"的喧腾，高塔的投影，

孩子的天真，"大仓"的歌声，

给了我欣喜，给了我无限的诗情。

临清，像一池春水，

革命烈火在地下进行，

一个又一个青年学生，

就是一粒一粒火种。

一声炮响，作了悲壮的别曲，

人别离了，牵着彼此系恋的感情，

有的加入了抗战的行列，

有的向圣地延安远征。

从此，各自天涯，万里鹏程，

从此，烽火遍地，无影无踪，

从此，年轻的身影在我心中幢幢，

从此，我胸怀里老装个临清。

今天，暮年的我见到当年的同学，

从此，年轻的身影在我心中幢幢，

从此，我胸怀里老装个临清。

今天，暮年的我见到当年的同学，

从一闪的神情上去回忆年轻的面容，

383

一道姓名，似乎不相识，
　　从新名字上去追想当年的旧名。
　　今天，这些肩负重任的国家干部，
　　就是当年十六七岁的初中学生，
　　分散了，我们又团聚，
　　谈起往事，句句带着浓情。
　　临清，你这鲁西北的名城，
　　战火最先烧身，化腐朽为新生。
　　临清，我向你欢呼，向你致敬，
　　你哺育了无数革命的精英！

　　读着这样的诗句，就像见到一位白发苍苍的老人回到自己的故乡，面对着年迈的双亲和同胞，朝着脚下的黄土地，深深地跪下去……这，正是临清这块土地上的大运河留给臧克家最深的印象。这首诗写于1976年6月9日，当时作者已经71岁高龄。按说，不再是容易热血沸腾的年纪，但是，一说到临清，他就不能不激动。于是，他就能引吭高歌，就能写出激情迸发的诗歌。

　　1988年，临清群众文艺创作团体"清渊诗社"成立，准备出版一本名字叫《清渊诗词》的内部刊物。主办这件事情的人说，咱们临清最大的优势就是名人多，我建议这本刊物请臧克家先生题写刊名，请季羡林先生为之作序。这个建议赢得了大家热烈的掌声。接到邀请后，83岁的臧老和77岁的季老，欣然作了该诗社的名誉社长。臧克家先生十分高兴地题写了刊名，季羡林先生写了序言。一个县级单位的内部诗刊，居然得到了两位大家的鼎力相助。诗社成立五周年的时候，臧老又题词"清渊诗风，愈臻昌盛"，给予支持和祝贺。

临清传

The biography of Linqing

第二十一章 走进宛园

丝绸之路,是一条连接世界东西方友谊的路,也是一条奋斗者的拓荒之路、奋进之路。前人把这条路踩出来,后人就不会让它变窄或者荒废。曾经作为丝绸之路上重要的运河大码头的临清,继承了丝路拓荒的传统,生成了将丝路精神发扬光大的秉性。虽然自清代后期河运改海运始,京杭大运河北段运输功能逐渐弱化,但是作为丝绸之路上的一个重要节点,它留给临清人一笔习惯于开眼看世界的精神财富。因此,临清人的丝路故事越来越多,脚下的路子越走越宽。我们在临清的时候,曾亲眼看到临清号的国际货运列车,满载着中国人民的深情厚谊等待出发的指令。当飞驰的列车在年轻的京九线上高歌猛进的时候,呈现给人们的是,经久不衰的丝路精神正在新一辈临清人的精心构思中,生成九万里风鹏正举的壮丽画面。而支撑这壮丽景色的,正是一批又一批祖上就在大运河的河道里"玩船"的船工们的后代。他们像循节令而南北迁徙的雁群的领头雁,呐喊着,呼啸着,扇动着不知疲倦的翅羽,沿着那条由来已久的金线线,锲而不舍地飞奔。使临清这座古老而又年轻的城市,延续着"地居神京之臂,势扼九省之喉"的区位优势,繁荣昌盛了六百余年的福地,继续着它的美誉和富庶。

宛园话题

说到临清这座城市的繁荣，不能不提到宛园。

宛园是什么——它是一座充盈着江南园林风格的仿古私家花园。如果突然间说，山东临清有一家江南风格的园林，听这话的人或许不信，或许对你提出反问：如果临清也有江南园林，还能叫这样的名字吗？是的，落差有点大。黄河以北的临清怎么能有苏州园林风格的私家花园？——别急，这大概就是运河漕运的功劳，虽然历史的车轮已经碾过数百年的车辙，但是作为一种文化，一种文明，一种饱人眼福的景致，却真的是借鉴了苏州园林的风格，并且由苏州著名的设计师亲自设计和指导施工的。从最初的立意到园内景点和空间的布局、建筑材料选用、体现古代建筑风格特点文物重构等，全都采用了江南园林艺术的元素。因此，说它是江南风格的园林，不是没有道理。

但是，我更倾向于它是运河文化的传承，是丝绸之路精神发展到"一带一路"的表征与延伸。

它的名字叫宛园。但是，这并不妨碍它就有江南园林的风格，就像苏州的园林叫拙政园、叫虎丘公园，扬州的公园叫个园、何园一样。只要把一个地方的特点做足做好，在哪里都可以是自成一景，不必拘泥于某种既成的模式而形成雷同。在见到园林的主人宛秋生时，他谈起宛园的建设，这是一处集怀旧与展望于一体的景点。临清在明清时代就是大运河上最为著名的商业城市，那个时候，临清作为公家重要的商业码头，集八方来客，汇天下贤才，有不少供人们设坛议事、闲谈阔论、陶冶性情的游乐场所。到了我们这个时期，随着大运河北端航运的萎缩和对文化场所建设的忽视，许多旧时的场所被拆除。不仅让城市悠久的历史文化像断了尾巴

宛园（徐延林摄）

的蜻蜓一样，接不上茬口，同时也给今天人们的生活带来许多不便，活生生的文化资源、旅游资源、文物古迹被毁于一旦。宛秋生一直在想，临清这座城市，作为大运河上曾经的航运码头，那樯橹如林、车马辚辚、衙署林立、廨宇连接、街道整齐、民房鳞次栉比的旧景，囊括了多少脍炙人口的往事和鲜为人知的故事。如果筹建一处可以供人们陶冶性情的高品位花园，不仅能钩沉起人们对城市印象的记忆，说不定还能让许多已经流入社会、珍藏于民间的象征古代文化的器物（如：运河遗迹、碑碣拓片、甲骨陶瓷、字画、生产工具）、民间故事（如：口头文学、讲唱文学、滥觞于勾栏瓦舍的鼓词小调、文言小说）、家传手艺等，重现于今天的社会。说不定以此为突破口，更能激发起临清人民重新构架新型城市的积极性，在前人的肩膀上站立起一批社会主义新时代的能工巧匠和大国工匠。

宛秋生二十年前的这个想法，就曾遭到人们的质疑：你就是一个普通下岗工人，想这些没边没沿的事情，不怕人家笑你？宛秋生说：笑什么，先不要妄自菲薄。北京城里的紫禁城还离不开咱临清砖呢，我就不信咱临清人连个像样子的花园也建不起来！

从那个时候起，这位运河商人的后代，就开始琢磨修建公园的事情了。

运河商人的遗风

如果不是写作《临清传》进行长时间的考察与了解，对于"运河商人"这样的话题，真的不好开口。了解了，知道了，尽管停留在对历史知识的"听说"与考究少量实物的基础上，但是，我仍然觉得，运河商人，就是那种踏着时代的脉搏，为获取最大的商业利益而不怕吃苦、历尽千难万险、克服重重困难、努力捕捉商机并为之绞尽脑汁、鞠躬尽瘁的智者。

明清时代，随着商品经济的发展，社会的市场行为日益增多，南北物资交流的需求大增，漕运一方面带动刺激了运河沿岸商业活动的发展；另一方面，漕运本身越来越商业化。先是漕运中私带货物，由少到多。朝廷见禁不住，转而主动明确允许漕船北上时可以附带一定的货物，漕船南返时允许载客运输。这种漕运政策的变化是政府务实的做法。一方面，漕船走私已是既存事实，没法遏止；另一方面可以补贴漕工的生计，同时，官绅大贾们也有这种需求。漕船所带货物数额日益增长，漕船贸易日趋活跃，运河沿岸兴起了很多商业城镇。如通州、直沽（即天津）、沧州、德州、临清、徐州、淮安等。宛秋生的祖上，是一位名叫宛葛斯的西域人士，其后裔大都分布在沿大运河两岸的商业城市。这些人明清之际曾经是中国南方的丝绸、茶叶、糖、竹、木、漆、陶瓷等源源不断运往北方，北方的松木、皮货、煤炭、杂品等也不断由运河南下的参与者或操盘手。传到宛秋生这一辈，随着时代的变化，尽管经商的不多，但他们骨子里贮存的那种运河商人的精明、肯吃苦的基因却没有丢弃。出生于20世纪60年代初期的宛秋生，从小浸润在这样的经商环境中，不到十岁就利用放假和星期天时间，跟随父亲练摊。他13岁时，就曾用地拉车贩来几个大西瓜，摆了个西瓜摊。到傍晚卖完西瓜，竟然挣了一块多钱。从那时起，一种"只要肯下力、能吃苦，就能挣到钱"的信念，在他心灵里牢牢扎下了根。

从那时起，宛秋生从一名临清色织厂的下岗工人，梦想着修建一处能代表临清特色、传承运河文化，又能联通临清与国内外来往的公益文化事业。这个事业，就是他谋划二十年，实施十多年的大手笔项目——宛园。

揣着这样的小九九，宛秋生把破土于2008年的宛园，当成自己心仪的临清传承，经历了十多年的叼泥衔草，从小到大，逐步发展，到2017年正式对外开放，得到了国内外来客的一致好评。许多来此观光的人士都说，这处私家园林的建设，让人们看到了临清城市的底气和临清人的志气。说建一处江南园林风格的公园，还真的建起来了。不光从整体设计和布局上有江南的味道，更可宝贵的是园林内部的许多景点再现了当年临清大运河城市的风情，并且其中的陈列馆、展览馆、博物馆集中展现了明清时代的运河漕运、临清砖的烧制工艺、临清历代名人、临清的红色文化以及重要文物和名家书画作品等历史珍藏。这样的园林，不但填补了临清旅游设施的空缺，也是一处综合展现城市风貌的极好去处。

走走当年的"猫路"怎么样？

为了建设这座园林，宛秋生真可谓开动脑筋，费尽心血。

发生在2003年的那场"非典"，曾一度形成国内市场物资交流的中短，造成产品的积压。低迷的市场，让年轻的宛秋生突然想起了猫走路的道理。何不趁此机会，像当年那些抱着自己的宠物到中国来的西域商人一样，到国外走一走？当年那些从遥远的波斯湾抱着自己的宠物猫来临清经商的人，不就是用自己的心血打了一个时间差，才让我们的陶器、丝绸、中药等商品同西方的火油、香料等互通了有无，才有了丝绸之路的繁荣，才有了临清的豁达与开放吗？为了把张扬临清文化的宛园建设好，宛秋生在自己的商业经营中开始用走猫步的悄无声息，默默地开始了产品结构的调整。他迅速调整了自己企业的产品结构，上马当时畅销国外市场的蜡印布，拿到广交会后，许多外商根本不相信临清会有规模如此之大的蜡印布企业。宛秋生就把他们请到企业来，让他们亲眼看一看、亲自感受一下企业的生产规模、技术水平！宛秋生亲自陪同参观，并介绍说，"一般印染企业都是买坯布加工成蜡印布，而我们是自己进棉花、自己纺纱、自己织布，然后再加工成蜡印布。企业产业链长，产品质量好、成本低、交货准时，是二色企业的优势"。外商们亲眼看到了临清第二色织厂硬件建设、技术优势和独特的发展潜力，订了不少货。从那以后，企业的蜡印布开始供不应求，一举成为聊城市出口创汇大户。紧接着，又从国外购进先进设备，扩大生产线。为拓展国际市场，公司还在香港成立了日升贸易有限公司。经过技术改造，企业实现年销售收入34.2亿元，利税4.28亿元、外贸出口1.92亿美元，三和牌蜡印布荣获了"山东名牌产品"称号。2016年，全国色织布年会在临清三和集团召开，还给临清授予了"中国棉纺织蜡染名城"称号。

走了几年猫步，宛秋生于悄无声息之中，做大了自己的企业，也对丝绸之路和"一带一路"的精神有了更为深刻的理解，眼界也更宽了。这个时候，他的心思又回到宛园的建设上。他觉得，作为一个企业家，把企业的经营搞好，固然义不容辞，但是美化绿化自己的家园，让城市变得漂亮，给人们提供休闲娱乐和陶冶性情的场所，更是自己的责任。在投资兴建了润林牧业、三和置业公司、宛园文化传播有限公司之后，集中精力对动工了十年的宛园进行了精雕细刻。

移一片江南春色到临清

若干年前的一个夏日，宛秋生站在大运河的鳌头矶上，望着烟波浩渺的大运河，陷入深深的沉思，像是对这座城市曾经飘逝的美好岁月的回味，又像是对一个即将到来的人间仙境的深情展望，交替的镜头在他的脑海里迅速地推拉摇移，化入化出的场景不时停留在苏州园林那令人心醉的杨柳依依、亭台楼榭、仙乐袅袅、鲜花盛开的分镜头上。他是看过白先勇先生改编的昆曲《牡丹亭》的，舞台上那延青引翠、梅开柳动、流水潺潺、小鸟啁啾的布景，他甚至不止一次地认为，这样的美景不应当仅仅是属于江南的专利，谁敢说那当年临清的画面能差到哪里去？于是，他的心目中便开始了对临清生态环境的设计。按照他的蓝图，临清不仅有水的先天优势，也有地域广袤、土地平坦的优势，把这些优势中最为鲜活的元素调动起来，用当下中国园林建设的领先技术加以完善，未必不能在北方打造出苏州风格江南园林。

他是个想好了说干就干的人。自从拿定了主意，宛秋生用了两年的空暇时间，下苏杭、走上海、访福建、看山西、问西安、记扬州。这两年的时间，让他生出了一套用苏州式私家园林带动周边大面积湿地建设的主张，并且看好了外地许多可以买来做成自己园林景观的原料，包括砖瓦、门窗、楹联、牌匾、雕饰、奇石、家具、书籍……如果将这些老辈人传下来的零星瑰宝汇聚到临清，建一座富有特点的私家花园，就可以集乱石而成山景，岂不是既挽救了行将消失的文化遗产，又为我们这个时代承接历史的遗产开辟了一个崭新的接口？

长时间的构思，踏破铁山的寻觅与追求，终于在这位胸藏玑珠的山东汉子的内心深处形成了一个完美的方案。他要把这个集苏韵京味于一体的艺术珍品献给一个崭新的时代，要让曾经是中国最大商贸城市的临清不仅再现当年的富丽堂皇，而且要把它打造成富有苏州园林风格和京派气质的"山水诗、山水画、山水园"。

宛秋生在工作间（靳国君摄）

园林开工的日子，正好是1999年，距离敲响进入21世纪钟声的日子已经不远了。一期工程只有十几亩，这个只占设计总面积不到百分之十的场地，却是整个园林的起始，就像一个书法家浓墨重彩的第一笔，写下去就让人看出它的气派、它的底蕴、它的风采。就在这次奠基的时候，宛秋生就提出，一定要让整个园林体现出运河文化的内涵，布局紧凑灵活，空间划分时闭时合、曲直相间、气氛各异，采用曲折幽深、小中见大、以少胜多、引人入胜，缩千里江山于方寸间等多种建园造林手法，创造有江南苏州园林文化神韵的山水鉴赏文化意境和诗情画意。按照这样的立意完成一期工程之后，宛秋生和负责设计的苏州园林设计院的艺术大师们望着一部大作品的初稿，立即做了将园林扩大十倍的修改。他们提出，宁愿将工期拖后十几年，也绝不急于求成，要做，就做在全国数得着、让人一看便耳目一新的工程。于是，这次会商，将原有的十亩地一下扩大到一百一十亩，主要建筑面积一万九千平方米，水面面积一万五千平方米，由苏州园林设计院设计、承建，集园林、展览、游览休闲为一体。技术人员提出，要为黄河以北地区打造一处精美、端庄，具有时代特点的中国社会文化设施。他们把园林景观空间规划建设为：入口区、山林区、中心湖区等六个区域，宛园建设崇尚自然，叠山理水、廊桥相连；湖面萦回、亭台巧布；花木掩映、曲径通幽。置身园中，远眺飞瀑、近观锦鳞；步穿柳帘、观赏奇石；步移景换、开阔视野；感悟自然，心旷神怡，形象直观、淋漓尽致地再现了古代山水诗人所欣赏的那种清远、恬静的山水景观，创造出了唐代诗人王维所描写的"人闲桂花落，夜静春山空"的空间景观和意境，遍布园内各个建筑和景点。在这里，自然奇石与名人书法艺术及园林建筑空间巧妙地交融在一起，既有质朴厚重，又有优雅闲逸；漫步其间，既可亲近人文，又可赏析玩味，还能收获学养，真是欣赏园林山水、奇石、名人书法艺术的最佳之处。来这里游览，可饱赏具有纯真江南园林文化神韵的园林景色。打造这样的园林，不能急于求成，它是需要建设者们拿出功在千秋的工匠精神，进行成年累月的精雕细刻、且琢且磨，去认真打造的。宛秋生说：我们需要的就是对国家、对人民极端负责的工匠精神，你们干吧。只要交出合格的答卷，咱们不怕时间长。西班牙的高迪为设计一座城市奋斗了一生，被认为是现代派运动中最出名、最具创造力、最伟大的建筑大师，作品奇特而又美轮美奂。你们也要学习高迪的精神，学习他对色彩、材料以及各种曲线的运用精妙娴熟，创造出世界上最奇妙、最富观感的建筑的做法，不光让这座园林漂亮，而且通过它的建设，为整个临清的城市建设注入独特的韵味。宛秋生长远的眼光，设计及施工人员认真负责的态度，为这座大运河岸边的苏州式园林，赢得了良好建筑质量的社会赞誉，经过十五六年的精心打磨，时尚中蕴含着中国美学传统韵味的宛园，以其独到的风格亮相在鲁西北平原上的大运河岸边。如今，宛园成为临清的标志性建筑，络绎不绝的游客来到古城，除了探访古老的运河漕运码头留下来的世界人类文化遗产漕运遗址，非去不可的莫过于到宛园一游。近几年，宛园作为影视界选拍外景的理想场所，已拍过几十部电影和影视剧。想必读者也很想到此一游，那就随着我的介绍走一趟吧。

入宛园正门，映入眼帘的是一座浑圆硕壮、拔地柱天的石峰，正面刻着季羡林先生为家乡新添如此美景，亲笔写下的八个大字："壶中天地，曲径通幽"。背面为中国著名书法家沈鹏先生书写的"观鱼惊月"四个行书大字，气势恢宏、檐牙高啄。走过"知鱼槛"往西半壁廊上，镶嵌着国学大师季羡林、中国书法家协会主席沈鹏，以及书画名家康殷、黑伯龙、孙大石、刘炳森等人的各体书法精品。石刻后便是一湾湖水，湖面平静，在颇具古典美的通道点缀之下美不胜收。不少游览者用"覆篑土为台，聚拳石为山，环斗水为池"来形容宛园的奇妙，可以说道出了它的真实写照，而以假山为奇，土石相间，湖水为镜，红荷为妆，绿柳为袂，更是集众美之长，增自然之美。沿着通幽曲径走来，院子里的景点便一一映入眼帘。

运河文化资料馆：第一展室。通过图片和实物，展出了临清的历史沿革，运河开凿变迁过程。大量资料让临清几千年来的变迁，在文字和图片的交替下，形象地呈现到观众眼前。这一展区，还展出了历代名人和临清本土书法家的书法真迹等。第二展室展出的是临清的名胜古迹和风物，从有史学宫以来凡能搜集到的景点图片，城区主要官衙、学宫、廨宇设置的布局图、照片；运河主要工程、闸门、码头、粮仓设置图片和文字说明；

如诗如画的宛园景色（徐延林摄）

主要地图、图册等。其中包括临清八景、十六景等极为珍贵的资料。第三展室主要是临清历史名人事迹，有唐代哲学家吕才、明代文学家谢榛、抗日民族英雄张自忠、当代著名学者季羡林等。尤其是近代以来在中国革命和建设事业中做出突出贡献的先驱和名人，占了十分重要的比重。

奇石馆：有大自然的神工鬼斧雕琢而成的各种各样、千姿百态的奇石。这些石头经过岁月的打磨，被大自然雕琢得栩栩如生，它们像大荒山无稽崖下受了天地灵气的灵通宝玉，或弯腰驼背形似老翁，或像洞明世事、久经磨砺的空空道人，或像面壁读经的高僧达摩，或像山顶迎客、虬枝招展的苍松，演绎着宇宙的神秘与古老，细看才知道，那具有各种形态的石头，居然有的是五亿年前寒武纪的"燕子石"、有的是几百万年堆积而成的"钟乳石"、有的是惟妙惟肖的"菊花石"，等等。它们在经历大自然突变的瞬间，用自己特有的方式，幻化成这些在今天的人们看来依旧有着极为重要的研究价值的石头，昭示着人们要把历史的真实一代一代传递下去。

连接各个展馆的幽径，蜿蜒在水榭亭台之间，画在水中，人在画中，妖娆的芙蕖与富贵的荷花列队相迎，咕咕的蛙鼓与开合有序的蚌锣齐奏佳音。大自然的天籁与人文精神的追求在相向而行的步调中实现了整齐划一的相互融入与一致。

一位从事明清文学教学工作的教授，走在宛园的曲径回廊，蓦然间念起了"梦回莺啭，乱煞年光遍，人立小庭深院"。"你道翠生生出落的裙衫儿茜，艳晶晶花簪八宝填，可知我常一生儿爱好是天然？恰三春好处无人见，不提防沉鱼落雁鸟惊喧，则怕的羞花闭月花愁颤。"我知道，这些许多人听来像是痴言诳语的话，来自《牡丹亭·惊梦》一出中那位杜丽娘的自白，说明行走在宛园中的这位先生，已经完全被融进了昆曲牡丹亭的戏曲舞台场景，这大概就是宛园艺术感染力对人的感官所起的作用吧。倘若如此，宛园带给人们的审美效果是显而易见的。

如今，宛园已经成为黄河以北极为重要的私家园林和旅游胜地，前不久陪一位来自江苏扬州的朋友徜徉其中，朋友不无感慨地说，这样的园林，不比我们扬州的那些园林差，真的是一个好去处。可以断定，这片占地110多亩，建筑面积21000多平方米、水面1.8万平方米，山林绿化3.3万平方米，总投资3.15亿元的私家园林，汇集众家名园精华，布局精巧，疏密得当，移步易景，曲径通幽，内涵丰富，意境深远的布局结构和砖雕、木雕、泥塑、青砖灰瓦及假山构筑均出自苏州工匠名家之手；亭台楼阁全部采用榫卯衔扣，结构稳定，精致美观，体现了"山水诗、山水画、山水园"相融合的设计意境的去处，从不同角度、不同层次展示了运河名城丰厚的历史文化底蕴和广博内涵，得到了社会各界的普遍喜爱和高度赞誉。

成功,会让人变得越来越文明

一个曾是下岗工人的成功人士,在他获得了诸多荣誉的时候,最要紧的是,记住自己来时的路。宛秋生谈起这个话题,不无感慨地说。

这些年,宛秋生为民族团结和社会各项公益事业捐款捐物达一千多万元,他因此被评为聊城市慈善之星、临清市慈善大使。宛秋生先后帮助四百多名失学儿童重返校园,使一百多名上不起大学的学生圆了大学梦。十多年来,宛秋生坚持每年春节以每人一袋面、十斤牛羊肉、十斤油的标准,救济特困下岗职工一千五百多人,救助当地回汉两族城乡残疾人一百三十多人。人们提起他的这些善行,常常把这些事情与他诸多的荣誉称号联系起来,他总是笑笑说,应该的。

临清市实验中学高三学生栗学忠父母双亡,生活非常困难,宛秋生给予资助,后来栗学忠顺利考上了东北电力大学;河北省临西县一位叫赵连菊的小姑娘,父亲去世、母亲患精神病,还有一个七岁的弟弟,他知道后亲自给小姑娘送去了全套的生活用品,并每月发给三百元的生活费,一直到她成年;临清市实验中学的学生刘雨亭,父亲患精神病,母亲去世,她跟姑姑生活,家庭十分困难,宛秋生知道后,每学期都按时给她交学费、买生活用品,使其得以顺利完成学业;农村青年李培厚,在一家个体企业打工受伤后,两个胳膊粘连在一起无法生活,给宛秋生写信求救,宛秋生派人送去一万五千元,为其治好伤;宛秋生从当地《聊城日报》上看到阳谷县城一个残疾人的儿子患上了白血病,家庭十分困难,就让工会主席当天拿着报纸找到这位残疾人,送去一万元。在努力关心社会各界困难群体的同时，宛秋生对本企业职工的帮助与关心，更是让人交口称赞。目前，临清城区常住人口大约在十万人，而在他的三和集团上班的职工就有一万五千多人。也就是说，在这座城市里，每6.6个人当中就有1个在三和集团上班。宛秋生说，对职工的严格要求与对职工的关心，本事就是并行不悖的事，只有让职工对企业有了家的感觉，才能有企业的发展，家庭的幸福。临清这地方从明清运河大码头的时候就这样，当下的企业自主不能忘本。

宛秋生把企业做大之后，始终考虑一个问题：作为社会主义国家的企业负责人，企业的财富都是由全体职工创造。企业主必须把职工的利益放在心上，让他们享受到社会主义制度优越性给人们带来的好处。家大业大，承担的责任也大。只有用自己的肩膀拉起岁月的纤绳，为职工撑起一片蓝天，才能营造良好的发展氛围。

他先后拿出三百多万元款物，救济和帮助特困职工及特困市民。职工在网络中留言说："中国的私营业主应向宛秋生这样的有良心的老板学习"。宛秋生主动关心职工，职工就拿出百分之百的劲头努力工作。他说，企业的发展，离不开职工的聪明才智和辛勤劳动。离不开农民兄弟的真诚相助，要确保企业长盛不衰，就要在经营企业的过程中，充分考虑周边农村农民的切身利益，在良好的工农关系的基础上，共同发展壮大。

风雨多经人未老，关山初度路犹长。谈起这些事，宛秋生内心充满着说不尽的感慨。

The
biography
of
Linqing

临清 传

生长着的城市

第二十二章

我的城市 我的责任

当人们回首历史经过的岁月，会看到许多或高或低的峰谷，踮着脚、昂着头向前行的历史注目。拂去岁月的征尘，人们从历史老人深情的目光里看到，有对子孙后代殷切的期望，有对自己所在的那个时期创造的历史辉煌会心的一笑，有对曾经的苦难与不幸的深切的愧疚与歉意，当然还有许多说不清道不明的懊恼与忏悔……各种各样的表情，都逃不过历史的鉴定。它会把各种曾经的鲜活抑或呆滞，凝固成千姿百态的固体，哪怕是一片碎瓦、一口枯井、一片沙地、一艘沉船、一截铁片，留给后人，留给岁月。当后来人"自将磨洗认前朝"的时候，这些被历史凝固了的物件便开始了它的喋喋不休。

进入21世纪，经过几十年社会主义经济建设和改革开放的人们，忽然就有了与历史老人来一场在时间隧道里相互对话的热情。尤其是2017年，习近平在党的十九大报告中宣布中国从此进入社会主义社会新阶段的宣言被十四亿人民点赞称颂的时刻，这场对话便带着对治国理念的思考，由对经济增长方式的转变向全面建成小康社会、全面深化改革、全面依法治国、全面从严治党的战略布局转变。大运河岸边的临清，当然不能例外，它是一个生长着的城市，是一个充满着顽强生命力的城市，是一个曾经在民族发展史上有过"中国商贸城"名号的城市。宛如一株快要成材的大树，正好赶上这么好的水肥条件。"好风凭借力，送我上青天"，多么让人发奋图强的时代！不忘初心，方得始终。回顾临清的历史，那始终支撑并引导着社会发展的巨大引擎，最根本的就是一切为了人民！不管你曾经有过"富庶甲齐郡""繁华压两京"，还是"南有苏杭，北有临张"的美誉，今天都要用崭新的思维来继承它，发扬它，超越它。在新的历史条件下，书写新的历史辉煌。在人类把肩挑人抬作为推进物流发展重要措施的昨天，一条人工开凿的大运河，教会了人们如何运用水陆交错、工商并举的措施，把东南西北连接成互通有无、促进发展的桥梁，今天临清不仅大运河的优势依旧存在，更重要的是，它已经形成京九铁路横贯南北、济南到石家庄、太原的铁路纵连东西的高铁运输枢纽，加上密如蛛网的高速公路已经延伸到全县，通信设备、网络工程建设已经成为人们日常生活中须臾不可离开的交流方式，趁着这么好的条件，再次重振中国商贸名城的雄威，正是一个牵一发而动全身的绝好时机。只要跟上这班车，那就不仅仅是经济的迅猛发展，更重要的是，人们的思想观念将会有一个脱胎换骨的改变，社会主义核心价值观引领下形成的发展理念，将让这座古老的运河之城，涅槃成一只浴火重生的金凤凰。为此，临清市委市政府推动"互联网+"，培养"中国化服务"的市场主体，全市发展电商，重点培育粮食市场、棉花市场、汽车配件市场，形成了新形势下重振商贸发展的新格局。围绕新旧动能转换，全市将改造纺织、造纸等传统产业；着力打造有色金属及金属深加工、绿色化工、纺织服装等产业集群，站在新起点，面对新要求，临清市正在进一步加大新旧动能转换的工作力度，推动质量变革、效率变革、动力变革。如今，宛秋生的临清三和纺织集团有限公司是全国五百家最大民营企业之一，拥有完整的纺纱、织布、印染产业链条，

三和纺织（徐延林摄）

主导产品为蜡印布、印花布及各类棉纱、色织布、毛呢面料等，年生产蜡印布6亿米，产品全部销往非洲，市场占有率达30%，三和集团现已成为全球最大的蜡印布生产基地。

近年来，三和集团一直坚持"科技、时尚、绿色"的发展理念，面对新的挑战，三和纺织集团提出，现在不能一味专注发展速度，而是要绿色、智能化，企业才能获得长足发展。必须更加注重创新方面的投入，让发展保持在一个合理的步子上。2017年公司实现销售收入56.7亿元，同比增长19.4%；进出口总额4.65亿美元，同比增长28.6%。宛秋生把企业发展的设想定位为四个方面：一是加快生产设备的智能升级，推动企业向生产智能化转变。选用国际先进的纺纱设备，包括德国特吕清梳联、瑞士立达精梳联、意大利萨维奥络桶机、印度朗维细纱机、节能型喷气织机、数码印花机，装备水平达到国内外一流，实现生产过程自动控制，节约人力成本，提高生产效率，降低能源消耗，确保提升主导产品品质。二是注重工艺的创新，推动企业向技术引领型转变。如今，三和纺织正在申报建设国家技术中心、省级试验室，与高等院校建立合作，推动印花过程中的染化料、助剂、松香、糊料等替代品的开发应用，以及实施染色过程中的特殊仿印工艺，实现清洁生产，提高产品品质。三是重视新产品研发，推动企业向品牌高端化转变。2017年，三和纺织开发的仿双蜡纹产品、仿带蜡印花产品、仿手工扎染产品等得到市场青睐；毛纺厂开发的水波纹面料获得中国纺织"第三十六届维尔佳优秀新产品奖"和"天竹联盟新型纤维产品开发应用奖"。下一步将继续瞄准非洲市场，产品设计融入当地文化，丰富印花布设计的人文因素、功能因素、时尚因素等。另外，开发高纱支品种及高档毛呢、色织、印花面料，拓宽与知名品牌的合作，走向高端市场。四是创新产业模式，推动企业向产业融合化转变。注重招才引智，延伸产业链条，将传统的纺、织、印生产制造模式向面料开发、服装设计等终端产品拓展，做好文化与企业经济发展的融合，助推集团持续协调绿色发展。做好这四篇提高企业层次的文章，将使三和集团向生产智能化、管理信息化、产业融合化、品牌高端化迈进，在实现企业转型升级的同时，使临清在丝绸之路方面固有的传统优势，进一步得到发扬光大，成为一辈接着一辈沿着"一带一路"不断前行的中国企业家。

临清毕竟是有过大运河漕运经历的城市，在历史的长期磨砺与现实中出现的三河纺织企业集团常年靠向非洲出口产品而把企业做大的经历，让诸多企业都在咀嚼历史留给临清人长于走四方这块蛋糕的美味。近几年来，全市提出"架起'一带一路'双向支点、全力推进临清内陆港口建设"的理念。为此，市里专门开通了"临清号"和"鲁疆号"两趟专列运输火车，将本市生产的产品直接出口到立陶宛、拉脱维亚、俄罗斯、美国等国家。截至2018年4月，临清市山东永翔轴承有限公司已向俄罗斯、匈牙利、土耳其、德国自营出口轴承4100多万元；临清鸿基集团生产的彩涂板实现出口1亿5500多万元；临清市成信经贸有限公司生产的建筑模板、胶合板等产品实现出口5400万元……依托"临清号"集装箱班列和"鲁疆号"集装箱快运班列，临清市还打通了冀鲁豫周边地区通往中亚、中欧以及海上丝绸之路的双向通道，形成衔接"一带一路"的重要支点。为深度参与"一带一路"，全面对接泛济南青岛烟台新旧动能转换综合试验区规划，打造外向型经济发展新亮点，为辖区内的进出口企业提供全方位的物流和港口运营服务。随着工作的深入，临清市重点推动临清内陆港项目建设成为冀鲁边内陆地区对外开放的重要窗口，并重现和大大超越当年樯橹如林、运力繁忙的动人情景。如今，临清内陆港项目以物流服务为主营业务，并引进报关、报检、签发提单等港口服务功能，将内陆港与物流园建设紧密结合，提升物流运输服务能力，丰富港口运营功能，使临清成为"一带一路"的双向支点和"沟通东西、连接南北"的重要铁路物流节点城市。几位八九十岁的运河老船工，看到临清内陆港口的建设，激动得喜极而泣。他们说，当年我们玩船的时候，虽然费了那么大劲，码头也看着挺红火，可是与现在的效益没法比。如今，火车一响，临清生产的东西用不了几天就走出国门。临清内陆港的建设，必将极大地提升临清市的交通区位优势，加快外向型经济发展的步伐；有利于提升区域国际贸易整体发展水平，降低企业物流成本，简化企业通关手续、提高通关效率，加快推动临清市由内陆城市向口岸城市转变，培育开放型经济发展新优势。临清市将把"鲁疆号"集装箱班列向中亚、东欧延伸，打造联通中亚及中东欧的国际集装箱班列，带动冀鲁豫周边区域与中亚及中东欧诸国的双边贸易。前期规划、备案及建设手续已基本完成，目前正在施工建设，青岛港的场站管理系统已安装试用，待一切运转正常后，与青岛港场站管理系统进行对接，实现集装箱信息的及时传递与共享。

历史是一位永远年轻的老人。论年岁，大概没有任何事物能与他比肩；论眼光，也没有任何活体能如他锐利；论公正，那更是洞察一切，是非分明，没有任何借口敢与他抗衡。即使是在整个社会都被暂时的雾霾遮蔽的时刻，历史老人也总是智慧地告诉人们，走着瞧吧，历史不会被假象迷惑。经过几十年发展的临清，如今可真的是赶上了好时候。这片全市版图面积950平方公里的地盘上，生存的84万总人口中，城镇人口45万多人。这样的人口结构，在过去是连想也不敢想的。明朝的时候，它是中国三十个迅速崛起的大城市之一，可那个时候哪有那么多的城市人口？即便是所谓的城市人口，也大都是半农半商，绝对脱离农业生产的，无非是那些本钱较大、经商时间长、经验相对较多的行商坐贾，他们既没有现代化的技术手段做支撑，也没有现代化的机器设备作保障。统而言之，当今中国县域视角下的农村，正在向着一种文明程度较高、城乡融合度越来越紧密的方向跨越。有着一千多年历史的临清，本来就有省级历史文化名城的积淀，随着社会主义新阶段诸多因素的植入，一个人人爱城市爱家乡的良好风气正在形成。走在临清大街上，望着那些提醒人们爱护每一株小草、热爱每一朵花束的广告，我真的为它们高兴。人类终于可以与大自然和谐对话了。

善良，临清的名片

在前面的章节里，我曾不止一次地书写过临清人崇尚善良、与人为善和团结友爱、互相帮助的故事。不管是宛秋生舍财助残、怜贫惜孤还是武训丐食兴学，王朝佐不堪受欺、揭竿而起，都闪耀着临清人追求善良、主张公道、惩恶扬善、和谐友好的人本思想的光芒。但是，我又觉得，仅仅有这些描写是远远不够的，"善良"是临清的名片，是黄河冲积平原和古老的大运河留给这方水土的一份珍贵遗产，是孔孟之道、儒家思想在山东这块土地上潜移默化形成的百姓品格、人文精神。因此，我必须用一个章节，来记述那些发生在临清土地上的真善美的故事。尤其是在社会主义核心价值观越来越成为人们的行为准则的当下，回顾我们的历史，就更能让人们深刻领会用先进的文化和价值观引领人们不断提高思想修养水平的深刻含义。

就先从郑某人孝敬继母的故事开头吧。几乎整个山东，上了岁数的人都知道有一句俗话："在家敬父母，何必远烧香？"这话讲的就是老郑的故事。老郑是临清城北郑庄人，幼年丧母，由继母抚养。没几年，父亲也因病去世。继母把年幼的郑某当成自己的亲生儿子，为了把儿子养大成人，就到富人家浆洗衣物，打扫卫生，靠挣来的工钱与儿子相依为命，苦度时光。数年之后，郑某长大成人，母亲却积劳成疾，瘫痪卧床。眼看着母亲体力难支，郑某心如刀绞，就天天睡在母亲身边，擦屎倒尿，梳头洗脸，驱蚊灭蝇，照顾得无微不至。为了维系艰难的日子，郑某在乡亲们的帮助下，办了一个烧饼铺。每天的第一个烧饼，从来不对外出售，都是送到继母嘴边。他对人们说，没有继母对我的养育，说不定我早就死了。如今老人卧病在床，我必须照顾好她，让她早日好起来。一传十十传百，连台上顶上的道长都知道了这件事。就在年三十这天夜里，替他在香案上点燃了一炷香。当临清那些每年都来抢烧第一炷香的人赶到时，道长告诉他们，第一炷香已经有人点了。第二年年三十晚上，这帮香客去得更早，可是，碧霞祠的掌门依旧为这位孝敬继母如亲娘的人，点上了第一炷香。香客中有愤愤不平者问为何这样？道长告诉他们："在家敬父母，何必远烧香？"从此这个故事传遍了整个山东。

　　如果说的故事属于历史和昨天，那么今天的临清人，不仅把老辈人传承的故事变成了现实，而且相互之间你帮我、我帮你的事情到处可见，用敦厚善良的临清风土养育的仁义与友爱，正在成为人们践行社会主义核心价值观的自觉行动。这个市的青年办事处，有一位名叫马文利的中年妇女。她用自己的孝心精心伺候已经成为植物人的公公婆婆，连续十年如一日，让"久病床前无孝子"的老皇历成为历史。她的家在城市的老街巷区车营街，拐好几个弯，访者才在一条小巷的尽头，找到那个类似于四合院的院落，里面住着三户人家。东北角那个屋子里，就是常年卧病不起的"植物人"公公王泽凤和婆婆王玉志。屋里的光线虽然有点暗，却一点儿异味也没有。马文利今年五十三岁，头发乌黑，说话慢声细语，不急不躁。她说："别看二老都是植物人，但是照顾起来并不费劲。这些年都习惯了，我也没有感到日子难熬。"马文利把公公的胳膊举起来，用手在他身上挠来挠去。不一会儿，公公把腿蜷起来。马文利知道，公公这是累了。于是，她走到公公床前，小心翼翼地帮他翻了一个身。

她的婆婆是70岁那年煤气中毒后成为植物人的。一个人伺候两位植物人，困难是可想而知的。我们看到，马文利把老人能吃的食物嚼碎，嘴对嘴喂老人。每天早上六点左右，马文利就早早起床。给两位老人换上尿不湿、裤子，接着再给他们擦脸擦手擦脚。后来两位老人只能吃流食，马文利尽可能地给他们增加营养——早上氽丸子、蒸鸡蛋糕、喂豆腐脑，然后二位老人再加一袋牛奶。这样的日子，已经持续了十多年。年轻的时候，跟公婆在一个企业上班，她说："那时候，我的公公婆婆对我都好，就跟亲生闺女一样。我是怀着一颗感恩之心照顾老人的。我的孩子小的时候，都是公婆照顾，是奶奶一手带大的。我什么都不用管，吃了饭就上班去。将心比心，老人家对咱那么好，咱能不好好伺候他们吗？更何况，赡养老人本来就是儿女的责任和义务。"马文利照顾两位植物人老人的事，成了临清城里街谈巷议的美谈。

还有一位在会通河中勇救落水老人的青年人的故事，如果不是网络上有人拍下视频，他还真的会成为无名英雄。2015年4月7日早上八点左右，35岁的市直机关工委干部丰光辉，上班途中路过会通河青年桥时，听到桥下人们大声呼叫"有人落水了"。他跳下自行车向桥下奔去。这时，一名老年妇女在四五米深的河水中扑腾挣扎，他连衣服都没来得及脱掉就跳入了河中，游到妇女身边，抓住她的衣服，奋力把她拖回岸边。落水老人被救上岸后，丰光辉与围观市民一起为老人控水，120急救车来到后，丰光辉悄无声息地离开了救人现场。原来，落水老人是62岁的退休工人项女士，早晨在会通河岸边散步，突然血压升高，一阵眩晕掉入河中。要不是这位不愿留下姓名的青年人相救，后果不堪设想。

临清市大辛庄街道办东周店村村民许庆，丈夫是新疆一名边防战士。

2017年5月7日夜里,"双龙双凤"四胞胎相继出生。由于是早产儿,器官未发育完全,直接进了温箱,每天花费都在1万元以上,几天时间就借了15万元。现在,每个月都要去医院给孩子输营养液、做康复训练,每个疗程的费用又是一万多元。许庆说:"能借到钱的亲朋好友都借遍了,实在没钱再去给孩子做康复训练了。"大人省吃俭用,可是小孩凑合不得,每月光喝奶粉就得花3000多元。许庆的丈夫杨存尧请假回来,他在电话中告诉记者:"在部队特别想念家中的四个孩子,现在天气冷了,特别想回家看看。"11月5日下午,杨存尧的五天假期时间结束,他又要踏上归队的火车。丈夫大部分时间在部队里,家里就靠许庆和公婆照看四个孩子,尽管日子很艰难,许庆不舍得丈夫回部队,希望他能在家里搭把手,但为了生计,也只能一次次送走丈夫,又一天天盼望他归来。一位不愿透露姓名的企业家,听到此消息,立即送来三箱奶粉和部分资金。许庆说:"在我们家有困难时,很多素不相识的好心人给予我们无私的帮助,再次表示感谢。作为一名卫国戍边的军人,我只有紧握手中枪,以保卫好人民的幸福、国家的安宁的实际行动来报答他们。"

"讲诚信"成为临清这张善良的名片上的一个重要内容。作为一个曾经承载过中国最为活跃的商业城市的所在地,诚信本来就是临清的精神文明建设中的重要内容。说起这个话题,许多临清人都说,习近平主席把"讲诚信"列入社会主义核心价值观的重要内容,可真说到咱临清人的心里了。那些喜欢讲故事的老人,便又翻开他们的老皇历说:"人心不可欺,诚信不可变,自古以来都知道,人善人欺天不欺。咱临清那'无能名'匾额的传说就是例子。"

"无能名"楷书大匾早年间悬挂于临清柴市街鼓棚之上,金光闪烁,耀眼夺目,字体端庄,苍劲古朴,观者无不喝彩。然而题书者何许人也?"无能名"又缘何而起呢?

相传清代中期，临清蝎子坑畔柴市街心有座关帝庙，在庙里，住着一个山西流浪者，姓王名奇，他平日里以割柳条编笊篱换钱为生，有空帮人搬搬扛扛、装装卸卸，除去吃穿用，尚有节余。他常想：自己是蒲州人，住的是关爷庙，此恩不报，于心不忍，理应给关二爷修修庙宇，塑塑金身。可惜眼下心有余而钱不足。只有铢积分累，发当生息，天长日久，才能偿还夙愿。他找到开杂货铺的贾掌柜，和他说了自己的想法，表示要把自己从事柳编挣来的小钱存放在贾掌柜这里。贾掌柜精明能干，做事猴精，掐指一算，如果把他挣来的钱经营我的生意，等于借鸡下蛋，我再给他来个利息减半，最后再跟他算总账，也还是合算的。于是，就立了借贷合同。

一晃几十年过去了，王奇鬓发斑白，夙愿欲偿。贾掌柜奸买巧卖暴发巨富。一天，两人对饮方酣，王奇提出修庙用钱要求结账。贾掌柜却故作惊讶，否认此事。二人越说越僵，王奇说贾掌柜"黑心赖账"，贾掌柜大骂王奇"刁徒混账"，并叫来三个儿子将他连推带搡轰出大门，王奇昏迷过去。一位好心人趁四下无人的时候悄悄地把王奇扶起，对他说："这贾家横行霸道没人敢惹，要想出这口气，去找罗举人吧。"罗武举膂力过人，更爱文墨，又有路见不平常抑恶扬善的美名。王奇来到罗宅，向他哭诉原委。罗举人慌忙扶起，嘱咐他："不要急，不要怕，我帮你去告他。"说罢展纸挥毫刷刷刷写完状子交给了王奇。临清新任知州胆小怕事、优柔寡断，他手捧状纸一再掂量。被告是商会理事，有钱有势。原告呢，虽说流浪此地，但是有举人代笔，申诉义正词严，稍有不慎，定出意外。知州夫人出主意说："倘若自己实难断案，那就让双方去城隍庙求神显灵吧！"于是，一天中午，王奇和贾掌柜头顶黄表，手执信香双双走进城隍庙，双膝跪倒，焚香燃表，对天盟誓。王奇高声说道："小民王奇，山西蒲州人，流配临清四十五载，编织为业，先后交付贾掌柜京钱壹仟零八十二吊，言明月息一厘，因是好友，减半收息。所言若有半句虚假，皇天有灵把我五雷轰。"贾掌柜听在心里，神色有些恍惚，含糊其辞地说："我……贾怀仁生在蝎子坑边，出门就是坑，卖烟酒开茶馆，从来没有把人坑。家有万贯是富户，怎么能把他穷酸坑。皇天爷，显显灵，我要是赖账也遭天打雷轰。"一些围观群众撇着嘴说他做贼心虚，说话脸黄。贾怀仁心里有鬼，说完之后，突然两眼发黑、身子摇晃，一头撞在明柱上鲜血直淌，三个儿子急忙上前架起他爹走出殿堂。贾怀仁回家之后，全身发烧，不断抽筋，忽然两腿发怔，惨叫起来："不要杀我……关老爷饶命……我还账……我还。"三个儿子真的以为关老爷显灵，慌忙筹集银两送到知州那里。

知州接到银两，清点过后却又发现数目远远超过王奇的借贷，又踌躇起来。又是夫人向前说道："不义之财受之遭殃，还是请武举老爷过衙共商吧。"第二天，罗武举陪着王奇一同进衙。席间，知州请武举定夺，武举则让王奇处理，王奇说："钱是身外之物，对我无缘，捐给关帝庙吧。"消息传开，民众无不称颂，纷纷表示出工、出力、出钱相助，并公推罗举人操办。热火朝天，群策群力，日夜大干，不满三月工程告竣。但见关帝庙雕梁画栋，金碧辉煌，武圣人金身耀彩、威武雄壮。庙前新建鼓棚飞檐挑角巍峨壮观，檐下"无能名"金字大匾大放光芒，抱柱之间可通车马，过路人等可借此遮风挡雨避暑乘凉。

落成典礼那天，太狮会、秧歌队、高跷架鼓都来助兴。参观者成千上万，一街两巷，挤得水泄不通。罗举人在台上指着王奇对群众说："他就是施主王奇，他一生勤俭、积资施善、创修鼓棚，壮我临清，其功可嘉，其德可风。"转而请王奇讲讲。但王奇说道："我无才、无能、无名、无声，修庙建棚，是罗老爷之功……"罗武举急忙插话："我受大家的委托，不敢贪功，施主王奇义举我深受感动，因为他总是说自己无能、无名，所以把匾写成'无能名'，将本人落款罗企睿改成罗企襄，是学施主王奇之高风。"于是挥手宣布吉时已到——"鸣炮"。霎时，烟火燃放、鞭炮齐鸣，歌声、笑声、锣鼓声响彻云霄，宛若霹雳，震得那刁徒狂人黄粱梦醒，震得那贾怀仁气绝身亡，永留骂名。这段充满着宗教色彩的故事，虽说属于杜撰，可是在临清人的眼里，却把它升华成一种诚实守信、童叟无欺的理念。后来，有说书人将这故事进行了改编，走街串巷，传遍勾栏瓦舍。那开头的几句也成了"说书唱戏劝人法"的训词。那话是这样讲的：

无能名匾耀古今，
无名英雄乐隐身，
无官不倚贤内助，
无人处世敢欺心！

传到今日，更成了临清人借题发挥的佐料。倘若有哪位事理上处理得不公正，那开头的几句话便是："可不能欺人欺心，头顶三尺有神明。没听说过'无能名'的故事吗？"于是，那一闪念的欺心也就悄悄地退了。说到这里，臧宝兴是一位六十六岁的老人，给我们讲述了一段他亲身经历的故事。他是新中国成立初期临清市委原副书记的长子。生在此地，长在此地，对故乡的风土人情有着深刻的理解。他对自己童年的那段回忆，正是临清人诚实守信品德的一个生动写照。

那是1955年初冬，母亲带着我和弟弟回到临清的时候，父亲已经从下堡寺调回了临清。我们在距离烟酒专卖公司不远的纸马巷租了一间房。纸马巷位于临清城的中心部位，行政名号是福德街，是与考棚街垂直的一条南北巷子，以两端各有一个城楼式的亭桥（当地人称"皋"）而著称于临清城。据说"皋"是明朝的建筑，是过去县衙的一部分。虽然看不出它具有什么县衙的功能。在临清只要说在"皋"里头住，都知道你是纸马巷的居民。这纸马巷的中间还连着两条更小的东西向胡同：往西通锅市街的胡同叫耳朵眼，两头狭窄中间宽阔并且曲里拐弯的形状；往东的胡同叫许家串厅，比耳朵眼长，拐的弯一点也不比耳朵眼少，一直走下去，可以到达鸡市口。从纸马巷拐进许家串厅，路北有一个小院。院子里有南屋一间，北屋、东屋和西屋各三间，除了西屋是全砖带抱厦的瓦屋，其他都是半砖半坯的平顶房。北屋的住户姓花，房子只有窗户没有门，其实它是北院的南屋，只在这边采光，不在这边出入；西屋的主人是济美酱园一个姓龚的职员，租给了烟酒专卖公司的老杨，杨家的人不常住。我们家租住的是那间南屋，背阴，漏雨，没有窗子，黄泥墙，靠近厕所，几乎住房所有的缺陷它都具备，唯一的优点是房租便宜。这间房子就是我们的第一个家。把父亲在单位的单人床抬来，旁边再绑上一块木板就成了我们一家四口睡觉的卧榻。其他家具就是两个包装箱：一个包香烟的纸箱做衣柜，一只装酒坛子的木条包装箱做饭桌。全部家当还包括用砖垒的煤火炉子，一只铁锅，和几副碗筷。东屋的人家姓秦，是老住户，所以街坊都称这个院落叫秦家院，整个院里常住的其实就秦家和我家两户人家。秦家夫妇有四个孩子，其中一个男孩叫连群，比我大两岁。还有一个女孩叫小凤，比我稍小，后来因为误食野生的曼陀罗而夭亡。连群的奶奶有六十多岁，天气一冷就哮喘，气管呼噜呼噜的，不停地吐痰。秦家的男人身体也不好，大概没有什么正式的工作，有了钱，就买点猪下货，喝点小酒，没有钱全家只能挨饿。有时中午一家人没有饭吃，直等到傍晚外出干活的男人带钱回来，赶紧派孩子去买几斤面子（苞米面）回来蒸窝头吃。秦家的日子过得很市民，绝对的城市贫民的生活。

一年后，父亲的杨同事家搬走了，我们换到了西屋去住。传说那屋里曾经死过人，我的父母亲倒不大在乎。三间屋子，里间做房东的仓库，放置了一些木材家什。我们住外面的两间。1957年12月29日，我的三弟保华就出生在这间屋子里。保华的名字是父亲给起的，比我和二弟有时代感，也多一些气概。临清的风俗，婴儿出生之后，多睡在沙土布袋里面：把干燥的细沙土加热到体温，装入一个有三个口的布袋，婴儿静卧其中，脑袋从大口露出，两个小口露出双手，大小便尽在沙土之中。这也是古老的黄河对冲积平原上的老百姓的馈赠，一来黄河故道，精细的沙土唾手可得；二来沙土布袋代替尿布，成本低廉，替换清理简单方便；同时，还可以让婴儿的身体在适宜的沙土里腿脚蹬动自如，大人尽管放心离开去忙自己的事情，婴儿怎样挣扎啼哭，也不会掉下床来。父母亲听别人一说，决定让三弟试试。我陪父亲去北大洼用地排车拉回家一车细沙土，在同院秦奶奶的指导下，用箩筛去杂物，放沙土于铁器里加热到手温。小弟弟裸体躺进沙土里，尽情地蹬腿扭动。为了保持沙土的温度，母亲在布袋的周围放置了烫壶和热玻璃瓶，全部设施用棉被蒙上，小弟如同安置在一个堡垒中，只露着一个小脑袋。后来我继续考证，沙土布袋的使用，不仅局限在临清周围，鲁西冀南的广大区域，都流行这种古老的风俗。我后来认识一些男子，头颅背面的后脑勺不是硕圆的形状，而是平平的若一只木铲，那都是婴儿期长时间睡沙土布袋的后遗症。脑壳都睡变了形，身体的其他部位所受的伤害可想而知。相比之下，我的三弟算是幸运的。

我们家租住的西屋，房东姓龚。龚先生五十岁左右，家在农村，从小一个人在城里学买卖，大半生的努力小有积蓄，成了济美酱园的股东，还在城里有了两处房产。公私合营以后，龚先生失去了股东身份，在济美酱园的一个门市站柜台做售货员。两处房产自己不住出租给别人，多少有些收入。我们家住他的两间西屋，每月的租金是三块钱，聊胜于无而已。后来政府不允许私房出租，要把他出租的房子没收充公，龚先生大半生的心血遗失殆尽，还落了一个"业主"的坏名分，就悲愤地投河自尽了。母亲听到了这个消息以后，也流出了眼泪。这个悲剧发生的时间大约是1957

年年底或1958年年初。我们家腾出的南屋,搬进一户姓朱的人家。朱家有三四个孩子,家具也比我们家多,挤在一间小屋里,很拥挤。朱先生五十多岁,谢顶,瘦,头和脸却光亮,衣着整洁,眼睛有神。喝了酒之后,脸和眼睛都红红的,一副呆呆的表情沮丧得很。大概他曾经在街面上做事,有过风光,现在落魄了。朱家的长子叫朱洪恩,二十岁左右,每天挑一副担子去街上叫卖,出售瓜子、酥枣之类的零嘴,收入有限。一天,我发现朱洪恩挑子里的酥枣下面支撑着一个纸壳子,这样筐里的酥枣看上去比实际要多。我为自己发现了这个秘密而兴奋,并且决定从此再也不完全相信大人们了。以后凡说到奸商的时候,我就会想到朱洪恩卖酥枣的筐。那种故弄玄虚的假象,是从一个人还在少年时期就开始了的。这样下去,怎么能教育孩子做诚信的人呢?后来,我向父亲说起这件事,他告诉我,作为一个处在少年阶段的孩子,一定不要学习弄虚作假,要用真诚可信的生活态度,对待一切事物。

这样的观念,在临清人的意念里,已经成为一种美德,会不断传承下去的。

2018年春天,一个骑着自行车上学的青年人,看到一位上了年纪的残疾人,在自己孙女的搀扶下,在临清城里捡垃圾,就赶上去给老人送了二十元钱。小伙子赶了一段路,觉得还不对劲,就把这个情况编写了一条微信,发到了朋友圈。很快,十几位热心人从四面八方赶来,给这一老一小力所能及的帮助。老人激动地说:"临清人真好!"几十块钱,在今天人们的日子都比较滋润的生活条件下,或许算不了什么。可贵的是,竟然有那么多人,凭一条朋友圈子里的微信,专程赶来为这位残疾老人和他正在读书的孙女送钱。这让我想起了"嘤嘤齐鸣,求其友声"的诗句。它是人类社会文明发展到一定阶段,道德意识群体性觉醒的重要标志,是社会主义核心价值观深入人心沁人心脾后滋生出来的善根良芽。这些让人拍手点赞的事情，正是临清人善良、包容、诚信的表现。"好鸟相鸣，嘤嘤成韵。"一个城市，一个地方，有了这样的胸怀与品德，它的发展与进步将是永恒的。

生长着的城市

在我写作这本传记的时候,正赶上临清市一个颇有意义的校园活动。在临清市教育局的倡导与组织下,一场"京剧进校园"活动启动仪式,正在市属的京华中学顺利举行。这是一个意在做大临清"京剧之乡"的活动。近三十年来,人们通过组织票友协会、到各级京剧大赛中去参赛以及拜名师、教徒弟等形式,已经使国粹艺术京剧在全市深入人心。它正像一株需要人们不断浇水施肥的树苗,需要越来越多的京剧爱好者参与进来,形成一辈又一辈的接力传承,才能让这株开着艳丽鲜花的奇葩长成参天大树。

仪式上,市京剧团负责同志对活动具体实施方案做了说明。京剧团的老师们从京剧的历史、行当分类、京剧服装、脸谱、乐器等方面进行了细致讲解。随后,京华中学京剧社的同学们表演了《淮河营》选段,市京剧团演职人员为在校师生带来了《卖水》《甘露寺》《苏三起解》《钓金龟》《坐宫》等京剧名段展演,博得师生阵阵掌声。学校的领导和师生们说,要借着"京剧进校园",认真开展好中华优秀传统文化传承系列活动,通过现场演出、培训讲座等形式,让学生近距离接触京剧,感受京剧魅力,更深刻地感受中华民族优秀传统文化，在校园内广泛形成师生传承戏曲文化的浓厚氛围。看到青年学生对京剧如此热心，我不由得赞叹，到底是运河古城，别的县虽然也热爱京剧，但还没有达到这种程度。岂止是京剧，临清的体育也不错啊。记得上初中的1964年，报纸上登载的来自山东临清的李荣德在北京举行的全国田径比赛中，就曾经以八分两秒零六的优异成绩，取得男子三千米跑比赛冠军。那个时候的确从心底深处为山东人骄傲，觉得临清人真争气。一晃五十多年过去了，再来看临清的京剧进校园的活动，的确为他们高兴。这不光是让一门国粹艺术发扬光大，更重要的是通过这种形式，教育了年青一代，为他们注入了强大的爱国热情和基本常识。

从这所中学进行的京剧进校园活动中，我忽然感觉到，临清是一个正在生长着的城市。有了能让一门古老的文学艺术进校园的意识和行为，就有了主动接续五千年中华文明的自觉，就有了叶脉与根脉之间相互照应的良性循环，就有了老树长出新芽的希冀，就有了剥石见玉、画龙点睛的惊喜。京剧艺术的传承能这样做，其他领域也能这样做。就像当年挖掘会通河、把大运河变成从自己家门口淙淙流过的奇迹一样，临清市可以长成大树的。

与青年人的激情四射不同，临清老年人的生活方式，似乎显得更潇洒，更沉稳，也更耐咀嚼。日出日落的时刻，市区的公园里、体育场、运河的堤岸上，总有一些老年人以自己独有的方式跳舞、扭秧歌、唱歌唱戏、说大鼓书、抖空竹、赶陀螺、踢毽子……待到年轻人都去上班，那才真的是属于老年人的时段。于是，柳荫树下、湖畔河岸，那些刚才还在打把式练拳的人，撂下了"太极拳"的闹中取静，开始了锣鼓齐鸣、弦乐悠扬的京腔亮相，那架势，那身段、那唱功，真的让人们从内心深处为之点一个大赞。参加这些活动的人们，年轻时大都经历过三年自然灾害、生活

今日临清街景(王滨摄)

困难的历练,那个时候哪里想到会有今天?所以,老人们觉得,赶上这么好的时代,就要放开自己,好好地乐一乐。

2017年,临清人口出生率和自然增长率都有了明显的提高。许多带孩子的老人高兴地说,咱们年轻的时候,想多生孩子国家不让多生,现在放宽政策让生了,许多人又不想生。没有青少年的健康成长怎么行?咱们还是做做孩子们的工作,让他们至少要有两个孩子。临清的老人们,真的不在乎自己有几个孙子孙女,但是,他们希望自己的儿女能从国家利益的高度,来考虑自己的生育问题。

如今的临清,天时地利人和,不管是那敢于以一个县的勇气开通国际货运列车的项目,还是让自己产品的80%行销非洲市场的三和集团的举动,都在昭示着一辈新时代的临清人,正在把丝绸之路曾经的那段历史，不断扩展成更加宽宏大量的"一带一路"，就像经历了修剪和浇水施肥的一棵大树，在调结构、转方向、重环保、抓质量的过程中，转变生产方式，结出更新更美的果实。前些年已经形成规模的临清汽车配件，经过2015年以来的调整，产品的质量和市场占有率已经有了较大幅度的提高，并且沿着"一带一路"的方向，开始了对非洲、西亚一些国家的出口。

傍运河生活的人们，当然懂得农业生产的重要，更何况临清曾经有过仓廒成片、樯橹如林的过去。把握好农业生产，用现代农业的观念和技术手段经营好农业，始终都是临清市的重中之重。临清的粮食已经连续十四年增产，令许多人难以置信的是，这里的小麦玉米，连续多年单产都在1000斤以上。五十年前亩产只有一二百斤的小麦，如今一般情况下不低于1200斤；玉米单产不低于1400斤。这些天方夜谭式的神话，就在这片土地上神奇地冒了出来。那老棉区的风采，似乎已经不像20世纪80年代那么红火，在国家区域性战略的影响下，中国东部产棉区的任务已经向新疆等地转移，但临清却依旧是山东省的产棉大户，棉花的品种和质量都越来越好。不然，一个以纺织品出口为主的地方，光靠找米下锅怎么能行？

与粮棉和畜牧渔业相依为命的，当然是水利和林业。到2017年，市级以上农业产业化龙头企业发展到60家，其中国家级1家、省级4家，农民专业合作社1365家，家庭农场67个。畜牧、水产、蔬菜、林果等特色产业快速发展，润林湖羊、丁马甲鱼单体养殖规模居全国首位，丁马村被评为"中国中华鳖第一村"。全市投入14.9亿元实施了小农水、农村饮水安全、王庄及薛王刘灌区等现代水利项目，发展高效节水灌溉面积39万亩。发放各类涉农补贴6.9亿元。实施了烟店轴承市场升级改造、顾家商业中心、豪翰商贸城等现代商贸集聚区项目。新建铁临等4个现代物流园区，物流企业发展到70家，"临清号"成为济南铁路局、青岛港运行最好的集装箱班列。宛园、汇川休闲垂钓基地等文化旅游项目基本建成。这些新的生长点，让临清这座古老的城市，变得越来越年轻，与世界接轨握手的资信度越来越强。到2016年，全市生产总值达到389亿元，固定资产投资完成2854亿元。

临清对外影响力明显提升。先后荣获"全国科技进步先进市""全国纺织产业集群创新发展示范区""山东省新型工业化产业示范基地""山东省社会文化先进县"等称号。烟店镇被评为"中国轴承贸易之都"，轴承产业高层论坛暨展会成为全国知名的轴承产业盛会。承办了全国色织布行业年会、全国羊业发展大会、首届中国京剧票友艺术节等重大活动。会通河临清段、临清运河钞关列入世界文化遗产名录。南水北调东线一期工程临清段建成通水。高邢、德商在境内形成高速"黄金大十字"，京九高铁临清站址及线路完成初步规划，两条省道升级为国道，境内125公里国、省道完成高标准改造。

临清发展动力更加强劲。累计实施市级重点项目407个，其中山东省重点3个、聊城市重点105个，完成投资810多亿元，中色奥博特铜精加工、大唐临清热电联产、德能金玉米糖及糖醇等346个项目竣工投产。在深化与中色、诚通、巨能等企业集团合作的基础上，引进了大唐集团、新兴际华、启迪桑德、顾家集团等一批央企和知名民企，累计引进市外资金527亿元。规模以上企业达到464家，信息化和工业化深度融合，高端数控、远程控制、紧密纺等新装备、新技术、新工艺广泛应用到传统产业。有色金属加工、轴承、纺织、食品加工产业链条进一步延伸。高端装备制造、新材料等战略性新兴产业不断壮大，预计高新技术产业产值占比达到32.6%。拥有国家级创新企业四家、企业技术中心两家，省"专精特新"等创新企业28家、创新平台20家，获授权发明专利117件。成立了山东洛轴所轴承研究院和轴承产业技术创新联盟。主持、参与国家和行业标准制定十五项。省以上商标、名牌达到31个，获聊城市长质量奖5个。华美医院正式投用，市医院医养结合项目即将竣工。电商产业园已入驻商户百余家，京东商城、阿里巴巴均设立了服务中心。引进银行3家，新增地方金融组织8家，各类金融机构发展到59家。

城乡环境在不断改善。截至2018年，中心城区面积扩至近40平方公里，是2011年的1.7倍；城镇化率达到56.7%，较2011年提高7.2个百分点。完成了新一轮城市总规修编，编制了城镇化发展、南部新区、城市排水、供热等专项规划。城乡建设进一步提速。新建改造了解放路、兴临路、银河路等道路及配套设施，高标准打造了"五纵四横"路网格局，地下管网同步建设，教育、医疗、商业等设施统筹实施，建成和在建小区15个，环境整洁亮丽，功能日益完善。老城区，新建永济路、清泉街，改造温泉路、新华路、永青路、曙光路等道路，打通了站前路南段、育新路东段等十五条道路，同步铺设雨污管网，实施绿化、亮化，新安装路灯近两千盏。城市污水日处理能力达到十万吨。实施了桑树园、古楼、沙窝屯、车营等20个城中村、棚户区征收改造，85%以上拆迁群众喜迁新居。古城区，实施了元明运河环境整治及街巷硬化、亮化、排水设施等工程建设，保护了传统风貌，改善了群众居住环境。生态环境进一步改善。累计淘汰落后设备5317台（套），关闭土小企业93家。新增城市绿化面积205万平方米，造林8.6万亩，生态文明乡村覆盖率达到22.2%。PM2.5年均值同比下降18%。完成了卫运河、裕民渠湿地、镇办污水处理站及生活垃圾收集转运站等三十四项环境改善项目。两次通过国家海河流域水污染防治考核评估，为山东省获得第一名做出重要贡献。烟店轴承市场被评为省级内外贸结合市场。通过阿里巴巴"一达通"平台出口突破亿元大关，居全省县级第二位。累计进口26.3亿元，引进了一大批世界先进设备。香港泰和融资租赁、易高燃气LNG加气站等外资项目落地，累计利用外资6624.5万美元。润源实业在南非实施了"海外仓"建设，铁临物

鳌头矶前的登赢广场（王滨摄）

流与哈萨克斯坦北哈州签订了建立保税物流园区合作备忘录。人民生活持续改善。民生支出占财政支出比重达80%以上。累计修建城乡道路682千米，其中农村公路629千米。城南水库建成投用，张官屯水库主体工程已完工。完成了大众公园、火车站广场改造和济津河公园一期工程。建设改造城乡中低压配网1710千米。累计新增就业7.8万人。连续十二年提高企业退休人员养老金待遇，城乡居民社会养老保险制度实现全覆盖，城镇居民医疗保险和新型农村合作医疗保险完成整合，年度大病保险最高支付限额提高到50万元。各类养老床位达到4790张，八岔路中心敬老院被评为"全国农村五保供养工作先进单位"。率先创建为全国义务教育发展基本均衡县，累计建设校舍140栋、近29万平方米，高考本科录取率稳居聊城首位。农民艺术节被评为"山东省特色文化品牌"，每年送戏、送电影下乡5000余场，建成村级综合文化服务中心375个。

这些看上去有些枯燥乏味的数字，对于一本城市的传记，似乎有些不合时宜，但是，就像一棵大树上结满了密密麻麻的果子，尽管我在努力地为它剪枝疏果，却又不忍心把它们统统疏掉。所以，我还是把它们留下了。生长着的城市，血脉总是汩汩涌流的，多开几朵花，多结一些果实，本来就在情理之中。当然，生长着的城市，也像一棵树，不可能在一夜之间让所有的果实全都步调一致地成熟，任何成熟都有先有后，有甜蜜也有青涩，有丰年也有歉年。但是，我觉得，临清这座城市被它的主人们耕耘得很仔细，这里土质松软而肥沃，气候湿润而清新，是该结出更多又大又红的果实的时候了。

我的这本《临清传》，写到这里总有一种想搁笔的感觉。记载一个城市的历史，不是一件容易事。免不了失之偏颇或者挂一漏万。在这种时候，我突然想起了清末民初那位在澳大利亚出生的德国人乔·厄·莫理循。那是一位曾经给袁世凯当过政治顾问的洋人。他在中国的几十年间，曾经十分热切地关注中国的政情与社会。当然，也关心作为漕运大动脉的大运河的航行。在他的《清末民初政情内幕》的书信集里，多次谈到中国的漕运。并且在他南京的住宅里，望着北去的大运河，赞叹过中国的未来。许多年过去了，今日的中国已非昨日，今日的临清也更加富饶和漂亮。坐在京九铁路的高速列车上经过临清的时候，我看到碧波潋滟的大运河，在滤清了历史的尘埃之后，像一面硕大无朋的镜子，把那条灿若虹霓的金线线搂在怀里，向前延伸着，延伸着……

有人问我，作为《临清传》的作者，你对这座城市的前景作何评价？我有些怅然。思忖良久，我觉得我有过对这座城市的怀念与惋惜。我怀念它樯橹如林、舳舻相接的繁忙，惋惜它密如蛛网的街道巷子的毁于一旦。有许多的东西，不是想恢复就能恢复的，"世异则事异，世异则备变"。今

"南水北调"运河临清段（徐延林摄）

天的发展，只能依照今天的环境去谋划。比如，大运河的全线通水通航，这或许是一个时间上迟早的问题。但是，从目前来看，尽管每年都有人上书言事，目前尚未列入国家计划。南水北调东线工程，只是在山东境内实现了通水。从河北沧州到北京的一段，尽管距离不长，还得由中央人民政府将其列入计划，方能使整个大运河重现昔日的风采。

目前，中国的南水北调工程，第一条给北京送水的，是从湖北与河南省交界的丹江口引过来的长江水。至于东线工程剩余的这段距离，或许将随着雄安新区建设的推进，水源不足问题被提上议事日程。那个时候，南水北调东线的二期工程，将会被提上日程。好在古老的大运河，河道尚在，故事尚在。只要国家需要，德州大运河末端的大屯水库一开闸，这条曾经在中国的漕运和丝绸之路上发挥重要作用的城市，将以新的姿态融入一段新的历史。

　　大运河是历史的一部分，临清是大运河的一部分，大运河在，历史就不会中断。当大运河成为世界历史文化遗产被确定下来的时候，我就坚定地相信，作为中国历史的一部分，临清会变得更富庶、更年轻。当我从临清市城市博物馆走出来的时候，突然想起了古人的两句话："天行健，君子以自强不息；地势坤，君子以厚德载物！"

后 记

鲁北平原上的人，都知道"南蛮子憋宝"的故事。写作《临清传》的构思阶段，我在临清也听到了这个故事。所不同的是，临清这地方的宝贝，没有被外地人抢走。它变成一条自南向北、穿境而过的运河，承载着川流不息的漕运船只，滋养着两岸的沃土，让临清成为一座明清时期著名的商业贸易城市和贯通中国南北的水上交通枢纽，成了人们心上的一条金线线。这条金线线就是大运河。

有了这条河流，临清这座城市成了曾经号称当时中国最大规模的商业城市，有了南来北往的商旅，有了樯橹如林的舟楫，有了群贤毕至的风水，有了熙熙攘攘的游客，有了船工号子，有了泥瓦匠的夯歌，有了捕鱼人的下河调，也有了庄户人家的时调与柳琴。

终于有一天，一位独具慧眼的哲人，沿着古老的丝绸之路，发现了金线线的来龙去脉。那是一条闪耀着人类智慧结晶，凝聚着人类文明的金光大道。他把这条金线线定名为"一带一路"，让这条金线线成为连接世界四面八方的中轴线。于是，原本就有着"繁华压两京"底气的临清，突然间就火了，它真的成了活宝，成了"一带一路"上一个活跃的亮点；有了直达欧洲的"临清号"货运列车，有了一河清水向北流的潺潺风韵，有了多民族和谐共享的生动局面。

这活宝是披了金灿灿霞光的。它驮着一路东来的黄河浪涛，在与南北走向的大运河交汇之后，那原本习惯以呐喊和呼啸为能事的水性，在运河里渐渐地平静下来，它驯服地滋润着两岸的土地，把金子般的色泽留给了临清，让这里的每一片鳞甲、每一片枝叶、每一寸土地，都有一个动人的故事，都缀满了数不清的刚毅与辉煌，让所有的土地都生长着勤劳与智慧。于是，这片土地便有了密如蛛网的街巷，有了如同血脉相连的沟渠纵横。喧嚣的运河码头，麇集了最有特色平原上的叫卖，也给了这片天空最为圣洁的湛蓝与空灵，于是，这里便有了热血滚烫的王朝佐、张自忠，便有了踏遍青山人未老的季羡林、臧克家。我想，这或许就是临清吧。

面对着那条浩浩荡荡的大运河，我不止一次地谛听与探寻，到底是一种什么力量，让这片土地总是充满着一股"牛劲儿"——知难而上、百折不挠；奋发图强、自强不息？我读过临清的政史，嘉靖本的、康熙本的、民国本的、新中国成立后的县志，以及《明史》《清史稿》《榷税志》《船舶志》等书籍中关于临清的部分。但是，要写作一个城市的传记，仅仅有这些是不够的。它所涉及的，常常需要对周边相连接的区域以及在历史的走向里，纵向与横向的比较与鉴别，方能得出结论。比如，明代大运河修复工程中的会通河的开掘问题，是得益于其上游济宁、汶上与东平河段治理才能实现的，而这一段工程的治理，主要工作量不在临清，是发生在济宁、汶上河段上的一段治河工程。但其效益却展现在会通河的通水上。这样的经历，在临清的志书中并没有系统的记载；再如，关于临清铸钱局的记载，最早的记录是在如今的河北省临西县境内，当时属于临清，后来又搬到现在的临清；响马的消失，史书上记载的是河北一带，而当时的临清区划也在河北……我想，如此一些需要做出说明的地方，为了不误导读者我必须做出交代。

感谢中国作家协会副主席张炜先生对我的信任，把一个如此重要的任务让我承担。说心里话，为一个地方作传，我还是第一次。之前未写过具有方志性质的文学作品。如果说这部传记还能得到读者认可的话，我还要感谢临清市委市政府主要领导、分管领导及市直部门的有关专家、学者，尤其是《临清胡同》的作者刘英顺，《临清钞关》的作者井扬，临清市原京剧团团长、现美协主席徐雪涛，临清原天意丝绸公司总经理、临清哈达传人许贵华，临清市侨办主任、摄影家协会副主席徐延林，临清市史志办公室主任方玉群，临清市伊斯兰教协会会长杨万青，临清市武术协会主席魏庆新，临清狮猫品种保护开发协会会长张士伟，临清市作协主席杨红林诸位先生。为了写好这本书，诸位先生积极提供自己珍藏的实物、照片、文字资料等，把压箱底的藏品都拿了出来。没有他们提供资料，并对文稿反复提出修改意见，这部作品是不可能写好的。在此，谨向他们，还有许多为此书出版提供帮助和支持的领导和同志们，表示衷心的感谢！

在《临清传》的写作过程中，我曾试图按照时间的推移去表述一座城市的变迁，但这在实际中是行不通的。因此，读者不得不跟着我的笔锋去做一些认真的思考。这座有着悠久历史的城市，肯定会有它自己独特的奥秘与潜质，我在对它充满着敬意与回望的同时，深知自己的这部传记还有许多不够分量甚至有些描写失准或有所偏颇。临清是个活着的宝藏库，它不仅是中国华北平原上的一颗明珠，也是丝绸之路上的历史名城，在习近平同志提出的"一带一路"伟大建设迅速发展的当下，它会越来越发出更加耀眼的光彩。希望热心的读者给予批评指正的同时，迈开你的双脚到临清走一走，看一看，或许，你的感受会更深刻，更准确。

王树理

2018 年 8 月于山东济南

图书在版编目（CIP）数据

临清传：大运河文化的支点 / 王树理著 . -- 北京：新星出版社，2019.2
（丝路百城传）
ISBN 978-7-5133-3402-0

Ⅰ.①临… Ⅱ.①王… Ⅲ.①文化史－研究－临清 Ⅳ.①K295.24

中国版本图书馆CIP数据核字（2019）第011131号

出版指导：陆彩荣
出版策划：彭明哲　简以宁

临清传：大运河文化的支点

王树理　著

责任编辑：简以宁
特约编辑：纵华政
责任校对：刘　义
责任印制：李珊珊
装帧设计：冷暖儿

出版发行：新星出版社
出 版 人：马汝军
社　　址：北京市西城区车公庄大街丙3号楼　　100044
网　　址：www.newstarpress.com
电　　话：010-88310888
传　　真：010-65270449
法律顾问：北京市岳成律师事务所

读者服务：010-88310811　　service@newstarpress.com
邮购地址：北京市西城区车公庄大街丙3号楼　　100044

印　　刷：天津图文方嘉印刷有限公司
开　　本：660mm×970mm　　1/16
印　　张：28
字　　数：358千字
版　　次：2019年2月第一版　2019年2月第一次印刷
书　　号：ISBN 978-7-5133-3402-0
定　　价：89.00元

版权专有，侵权必究；如有质量问题，请与印刷厂联系调换。